普通高等教育“十五”国家级规划教材

俄罗斯国情多媒体教程

РОССИЯ
—мультимедийный курс

2

俄罗斯历史
История России

主编　戴桂菊　李英男

外语教学与研究出版社
北京

图书在版编目（CIP）数据

俄罗斯历史 / 戴桂菊，李英男主编. — 北京：外语教学与研究出版社，2005.12（2025.9 重印）
（俄罗斯国情多媒体教程）
ISBN 978-7-5600-5238-0

I. 俄… II. ①戴… ②李… III. 俄罗斯－历史－高等学校－教材
IV. K512

中国版本图书馆 CIP 数据核字（2005）第 132922 号

出 版 人　王　芳
责任编辑　周小成
封面设计　蔡　颖
出版发行　外语教学与研究出版社
社　　址　北京市西三环北路 19 号（100089）
网　　址　https://www.fltrp.com
印　　刷　北京盛通印刷股份有限公司
开　　本　850×1168　1/32
印　　张　11.25
版　　次　2006 年 10 月第 2 版　2025 年 9 月第 26 次印刷
书　　号　ISBN 978-7-5600-5238-0
定　　价　28.90 元（含 CD-ROM 1 张）

如有图书采购需求，图书内容或印刷装订等问题，侵权、盗版书籍等线索，请拨打以下电话或关注官方服务号：
客服电话：400 898 7008
官方服务号：微信搜索并关注公众号“外研社官方服务号”
外研社购书网址：https://fltrp.tmall.com

物料号：152380101

顾问：李莎

策划：蔡剑峰

主编：戴桂菊　李英男

编著：李英男　戴桂菊　郑明秋　周天瑢

程序设计：王光

制作：戴桂菊　孙芳　何双喜　邱慧娟　周天瑢　张毅　何芳　张忠华

朗读：李英男

责任编辑：周小成

监制：徐冀侠　王峻京　段炯海

审定：杨小虎

出品人：李朋义

本教程得到新世纪优秀人才支持计划资助

Supported by Program for New Century Excellent Talents in University

编　者　说　明

随着我国改革开放的不断深化，素质教育成为高校外语教学中一个越来越重要的指导思想。要想培养出适应新形势的合格外语人才，建设一整套与时俱进的外语教材是关键。就我国高校俄语专业本科阶段教学内容而言，除了抓好传统的听、说、读、写、译等俄语语言技能课的教材改革，还要加强语言背景知识课的教材建设。只有这样，才能使学生既有扎实的俄语语言功底，又有广博的知识面，从而为实现外语人才的培养由纯语言层面的刺激反应型向高层次的思维交际型过渡打下坚实基础。

《俄罗斯国情多媒体教程》是一部针对我国高校俄语专业大学本科生编写的普通高等教育“十五”国家级规划教材（新编）。作为高校外语专业教学内容和教学手段改进的一种尝试，该教材在编写中遵循了以下原则：

（一）树立精品意识，兼顾知识与技能的融合

如果说丰富的素材是一部精品教材的基本血肉，那么符合现代教育理念的创作思想则是该教材的灵魂。为使《俄罗斯国情多媒体教程》成为一部名符其实的国家级规划教材，首先需要对教材的内容进行精心构思和合理筹划。目前，我国高校中有许多俄语院系开设了俄罗斯国情课，其中一些院系还推出了相应的教材。在北京外国语大学，该课程的讲授已有二十多年的历史。在新教材编写过程中，我们考虑的第一个要件便是吸收同行们长期积累的丰富教学经验，将我国高校俄语专业俄罗斯国情课教学的优良传统发扬光大。与此同时，内容和观念的更新是一部新教材得以保持其生命力的关键所在。就课程特点而言，俄罗斯国情课在教学内容上具有明显的动态性。可以说，俄罗斯社会发生的任何一次重大变革都会引起俄罗斯国情课教学内容的相应变化。

因此，编写教材时，要依据变化了的现实，对现有教材中的结论进行重新审定和评价。同时，将现有教材中没有涉及到的新知识及时补充进去。努力做到尊重事实，评价客观，行文中尽量避免情绪化和主观色彩浓重的字眼出现。

在分析国内外同行相关教材的基础上，参照我国高等学校俄语专业教学大纲的要求，我们确定了《俄罗斯国情多媒体教程》的内容框架：全书包括《俄罗斯地理》、《俄罗斯历史》、《当代俄罗斯》和《俄罗斯文化》四个部分。其中，《俄罗斯地理》和《俄罗斯历史》为低年级教材，《当代俄罗斯》和《俄罗斯文化》为高年级教材。

在结构布局方面，该教材尽力做到尊重认知规律，突出知识的系统性。《俄罗斯国情多媒体教程》按照循序渐进的原则编纂而成，它的四个部分独立成册，内容自成体系。每个分册的内容均由正文、生词、测验和综合测试四部分组成。《俄罗斯地理》是一部兼文、理科知识于一体的综合性教材。它着重介绍俄罗斯的自然条件、自然资源及其利用情况，目的是使学生对俄罗斯的地理空间方位和投资环境有个宏观而初步的了解；《俄罗斯历史》对俄罗斯千余年的命运兴衰进行了梳理，它打破意识形态观念，把不同时期的历史事件纳入到俄罗斯整体文明史的背景中进行考察，目的是使学生对俄罗斯历史的主要发展阶段、重要历史人物及重大历史事件产生清晰的印象；《当代俄罗斯》讲授的是自苏联解体至今俄罗斯的政治、经济、外交和社会概貌。考虑到该部分的内容具有一定的时效性，教材编写时，尽力做到抓主脉，分专题讲授，使学生对近十余年来俄罗斯国家发展的基本轨迹有个全面的把握，从而为未来从事对俄罗斯交往以及进行俄罗斯问题研究打下基础；《俄罗斯文化》也是一部按专题讲授的教材，它对俄罗斯的文字、民间文学、习俗礼仪、音乐、戏剧、建筑以及绘画等主要文化形式做了简要而系统的介绍，目的是培养学生对俄罗斯人民的尊重和对俄罗斯研究的兴趣。

为了提高俄罗斯国情课的授课效益，使学生在获得俄罗斯国情知识的同时，在俄语语言能力方面也有所收获，本教材努力做到知识和技能的融合与统一。该书以俄、汉双语写成，共八十余万字，它囊括了俄罗斯国情学领域的各类常用术语，对俄罗斯古今重大事件和主要文化现象都做了简要介绍。正文中俄语表述深入浅出，言简意赅，可读性强。这些文本是俄语技能课程之一——阅读课的必要补充。另外，在该教材的电子版中，每一讲的俄文正文部分和俄文串讲部分都配有朗读。电子版部分在一些重要的知识点处还加上了俄语原文音频和视频片段，这些声像材料对于提高学生的俄语听力水平大有裨益，它是俄语中另一门技能课——听力课的有机延伸。可见，《俄罗斯国情多媒体教程》在内容上超出了传统的纯文字教材的框架，成为一部信息含量大、技能性强的综合性语言知识课教材。

（二）改变传统的教学模式，培养学生的独立学习能力

除了教学内容，本教材在教学手段的设计上也花费了大量功夫。众所周知，检验一部教材好坏的一个极其重要的标准是学生的接受效果。随着信息技术在教学活动中的普遍运用，传统的灌输式教学模式受到了强烈冲击。实践证明，采用新的教学手段，调动学生的各种感官能力和学习积极性是实现教学意图和保持教材生命力的必由之路。

在我国，计算机作为辅助手段进入语言教学中仅有近二十年的历史。在现代教育理念中，得到普遍认同的最佳学习方式是自主的、个别性的和探索性的学习，最好的教学方式是对话交流模式。这种学习和教学模式产生的思想依据是建构主义学习理论，即主张知识不是通过教师传授得到，而是学习者在一定的情景即社会背景下，借助他人（包括教师和学习伙伴）的帮助，利用必要的学习资料，通过建构意义的方式获得。由于俄罗斯国情课程的内容比较适合于拆分成带有图形、图像、音频和视频片段的知识点，而计算机手段恰恰具备将文本、声音、图像、动画和视频等多种视听素材有机整合的特点，它能使抽象的知识具体化和形象化，使复杂的事物简约化，使时空距离不再成为接受知识的障碍。基于上述考虑，我们选择了多媒体形式来编写这部俄罗斯国情教材。

该教材文字版和电子版同时推出，配套使用。《俄罗斯国情多媒体教程》电子版的最大特点是以学生为主体，注重培养学生的个性化学习能力。

打开电子光盘，首先出现的是《俄罗斯国情多媒体教程》的总片头。它以俄罗斯"自然景观——千年历史——人文景观"为主题，由俄罗斯电视台"НТВ"、"Культура"和"Школьник TV"频道的 20 余个视频节目片段加工而成，突出俄罗斯地理、历史、当代风貌和文化特征，对整部教材的内容起到提纲挈领的作用。总片头之后，出现各分册教材的名称。

《俄罗斯地理》的主界面设有"中文"和"俄文"两个按钮，单击即可进入。在俄文界面上，设有各讲及测试的提示文字，单击可以直接进入所选章节的正文。正文页面上设有 10 个按钮，分别代表 10 种不同的使用功能，单击即可运行。每一讲正文后面都设有"测验"栏目，每组测验由 10 个客观选择题组成。为了准确地检测学生对所学知识的掌握情况，这里设定了正确率和答题速度两个参数。选中正确的答案得分，同时"小闹钟"记录着完成测验题所需用的时间，每组题限时 4 分钟。如果超过规定的时间没有完成全部习题，没做完的部分便会自动消失，出现成绩统计页。最后以百分制的形式显示出完成这 10 道题所得的成绩。综合测试题在"俄文"平台的"测试"栏目中。由于其中含有一部分思考性的问题，其时间限制作了相应调整：测试 1 包含 35 道题，限时 15 分钟完成；测试 2 包含 30 道题，限时 12 分钟完成。需要说明的是，每一讲后面的测验题部分和综合测试题部分都可以自由翻页。这样，读者可以随时检测自己对某一个习题的掌握情况。课堂上，教师也可以随时点击所需要的习题，对学生进行个别知识点的考查与抽测。鉴于本教材的主要读者为高校俄语专业的本科生，教材的汉语部分没有设置测试程序。

为了进一步方便读者学习，《俄罗斯历史》、《当代俄罗斯》和《俄罗斯文化》分册的电子版部分对界面功能设置稍作调整和改进。主界面只保留俄文状态，主界面上增加了中俄文转换设置，单击即可直接浏览教材相应页俄文版正文的中文对照文字。在俄文界面上，各键的功能是专门针对俄文文本设置的。点击上、下翻页键，就会出现相应的俄文上、下页正文文字。如果点击中俄文转换按钮，就会进入相应章节的中文界面。随之，界面上的功能键也全部转向为中文文本服务。这时，可以通过点击各按钮对教材中文文本的章节进行浏览。另外，点击朗读按钮即可进行听力训练。《俄罗斯国情多媒体教程》电子版功能键的操作方法详见各分册电子版主界面的"帮助说明"页。

需要特殊说明的是，《俄罗斯国情多媒体教程》的《俄罗斯地理》分册光盘只在 Windows XP 系统下运行，《俄罗斯历史》、《当代俄罗斯》和《俄罗斯文化》分册的光盘可在 Windows 2000 和 Windows XP 系统下运行。当读者在 Windows 2000 系统下运行光盘时，如果课件中的视频部分不能正常播放，需要对 Windows 2000 系统中"DirectX"(应用程序编程接口)的版本进行升级。同时要把 Windows 2000 系统中的媒体播放机(Windows Media Player)版本升级到 9.0。重新启动计算机后，视频录像即可正常播放。在《俄罗斯历史》、《当代俄罗斯》和《俄罗斯文化》分册光盘的根目录下，我们提供了"DirectX 升级程序"和"媒体播放机升级程序"。读者只要运行安装该程序，即可对操作系统的"DirectX"和"媒体播放机"版本进行升级。

《俄罗斯国情多媒体教程》为学生提供了一个独立学习的平

台。学生可以根据自己的俄语语言水平、知识结构和学习目的有选择地使用这部电子版教材。譬如,在中学阶段没有学过俄语的零起点俄语本科低年级学生可以选择汉语界面进行学习;有一定俄语基础的学生可以以俄语界面为主,同时借助于当页中文提示来理解原文知识;俄语基础好的本科高年级学生和研究生可以通过俄语界面获取全部原文信息。使用这部多媒体教材,学生可以各取所需。这就改变了传统教学中"众口难调"的局面,对于组织水平参差不齐的班级教学尤为有利。此外,该教材还带有人机对话功能,学生能够亲手操作,随时检验对所学知识的掌握程度。

《俄罗斯国情多媒体教程》拥有更广泛的读者群。即使是没有俄语基础的读者,也可以通过阅读中文界面中的文字、图片和声像资料,获得相关的知识与信息。《俄罗斯国情多媒体教程》的电子版携带方便,有助于学生课前预习和日后复习。因此,学生上课时基本上能够做到有备而来。教师的角色也相应地由传统的独唱演员变成了导演。教材电子版中所列的问题只是客观测验题,至于大量的主观思考题,计算机无法提供令人满意的答案。这就需要教师在课上进行点拨。同时,教师还是学生自主学习的协作伙伴。他可以有目的地对学生的难点进行启发和诱导,帮助学生消化所学知识。

(三)营造浓厚的文化氛围,提高学生的学习兴趣

轻松愉快的学习环境是提高学生学习效率的必要前提。《俄罗斯国情多媒体教程》在页面设计上尽力做到美观,突出俄罗斯文化的丰富精神内涵。教材电子版的总片头和每一分册中各讲的主界面都是根据正文内容合成的。此外,总片头以及每个视频播放片段都配有与其内容相协调的背景音乐,这些音乐均来自俄罗斯音乐家的作品。如在介绍西伯利亚密林中的动物世界时,我们选用了比较轻柔的情调音乐作背景,以体现俄罗斯大自然的静谧;有关彼得堡城市风光的介绍则采用了柴科夫斯基第一钢琴协奏曲的片段作烘托，目的是突出这一欧式帝都的恢宏气势。在各分册的图片制作和加工过程中，也尽力融入一些能够培养学生审美情趣的成份和细节，力争使学生能够在一种俄罗斯艺术美的熏陶下汲取知识的营养。

为了消除习题演练中的枯燥与单调感，在电子版的测试部分还特地设置了小动画。点击每一道习题的选项，“卡通人儿”便用俄语将此项选择的正确与否说出来。答案正确时，出现一个小女孩儿高兴得手舞足蹈的动画场面。她的出现起到肯定选项者的成绩并鼓励他再接再厉的作用；答案错误时，则以敲打脑袋的方式告诫选项者要下苦功夫，三思而后行，切忌信口开河。这样，学生能够在玩“游戏”的过程中轻松地掌握知识。

总之，我们的初衷是：在前人研究成果的基础上大胆创新，利用现代化的信息技术手段建设一部高品位的、集知识性和趣味性于一体的高校外语教材。

* * *

本册为《俄罗斯国情多媒体教程》的第二部分——《俄罗斯历史》，它的电子版主体部分由文字、726 幅图片、各讲简介视频片段(13 个)和 49 个媒体插播片段组成，正文配有原文朗读(共 4 小时)，供高校俄语专业本科生低年级使用。周学时为 2 学时，每周 1 讲，分 3 个单元讲授：第一单元包括第 1—4 讲(8—17 世纪的俄国)，第二单元包括第 5—8 讲(18—19 世纪的俄国)，第三单元包括第 9—13 讲(20 世纪的俄国)。在每个单元之后各安排一次复习课(各占 2 学时)，最后进行综合复习和考试(各占 2 学时)，共需 36 学时完成。

俄国著名诗人亚·谢·普希金说过：“尊重历史——这是文明区别于野蛮的标志。”任何一个文明社会的成员，都应当尊重历史，既要尊重自己祖国的历史，也要尊重其他国家和人民的过去。历史是过去的现在，研究历史能够为解决今天的问题提供借鉴和指导。因此,要想真正认识一个民族的今天,必须了解它的历史。同世界各文明古国相比,俄罗斯的历史还不算悠久。然而,这千余年的历史进程却充满了坎坷和波澜。本书坚持唯物史观,力争在吸收国内外不同时期俄罗斯史学研究成果的基础上,简明扼要地向读者揭示俄罗斯国家的建立与发展、俄罗斯疆域的形成与扩大、俄罗斯社会的动荡与变迁、俄罗斯命运的起伏与兴衰以及俄罗斯民族的智慧与勇敢等丰富内涵。

在历史分期上,本书从文明史的角度出发,借鉴国内外最新研究成果,将俄罗斯千年历史分成远古—17 世纪末以前、18 世纪—19 世纪和 20 世纪三个阶段。在写作方法上,本书坚持学术观点不受任何主流意识形态的影响,从现代化的视角考察俄罗斯历史,博采众家之长,侧重史实描述,努力向读者展示俄罗斯由落后的农业国向工业(尤其是军工)超级大国转变的主要历程。

同纯文本文字教材相比,编写多媒体教材需要花费双倍的劳动——文字撰写和文字的媒体化转换。除了编写教材文字,《俄罗斯历史》的编写者们在教材文字的媒体化转换方面也同样花费了大量心血。该书电子版的图片是编者按照创造意图,由3 000余幅俄罗斯历史图像素材加工而成的。在图片制作中,尽力选取颇具典型意义和艺术感染力的作品作素材。在这里,诸如谢·伊万诺夫、尼·廖里赫、阿·瓦斯涅佐夫、维·瓦斯涅佐夫、瓦·苏里科夫、伊·列宾和瓦·韦列夏金等俄国著名画家的历史题材作品均被收入进来。其中,自远古至 19 世纪末以前的俄国史主要借助于绘画艺术来表现,而 19 世纪末—20 世纪末的许多历史现象则通过照片这种珍贵的史料再现出来。此外,每一幅图片都配有俄汉对照形式的说明文字(总计约 10 万字)。这些内容充实的图片分别被插入中俄文正文的相应位置,对正文起到注释、补充和强调等辅助作用。这样,正文叙述能够做到简明扼要,重点突出,而有关俄罗斯重大历史事件和重要历史人物的详细信息均可从图片中获得。为了更加形象和真实地再现历史，本书在每一讲中都配有媒体插播片段。这些片段是编者们从长期积累的原文音频和视频素材中截取的。并且，凡是留有音频和视频档案材料的重要知识点，都尽力插入现场录音和录像材料；对于那些没有留下上述史料的重要知识点，则通过俄罗斯电影艺术等模拟形式再现。

总之，颇具史料价值的图片、音频和视频资料能够增强教材的内容立体感，经过现代信息技术的有机整合，即使不看文字教材，读者们也能通过这些直观教学手段了解到俄罗斯历史的全貌。这时，多媒体教材较之纯文字教材能够获得双倍功效。

本册教材的文字版配有三套综合测试题，用以全面考查学生对俄罗斯历史知识的掌握程度。其中，前两套测试题由主观题和客观题两部分组成，测试题的答案列在本书附录 1 中，第三套测试题与电子版中的测试题（Тест 1 和 Тест 2）内容一致，答案可以在电子版中找到。

《俄罗斯历史》分册由北京外国语大学俄语学院和北京外国语大学教育技术中心共同完成。俄语学院共有 5 位教师参加了编撰工作：李英男教授负责俄文正文文字的编写及朗读；戴桂菊教授负责正文文字汉译、词汇编写、测试题命题与答案制作、全部图像、音频和视频素材的提供及图片上俄文文字的撰写，作为教程主编，她还承担了编写组织工作和出版协调工作；郑明秋教授负责该分册部分内容的策划；周天瑢副教授负责部分图片加工、部分媒体片段采集以及全部媒体片段的俄文文字（见文字版教材附录 2）听记等工作；青年教师何芳博士负责本册第 2—7 讲图片上俄文文字的汉译及全书原文朗读材料的媒体合成。此外，北京外国语大学俄语学院博士生孙芳同学完成了本册电子版全部中、俄文文字的媒体化录入、第 1 讲和第 8—13 讲图片上俄文文字的汉译、第 2—3 讲图片加工及第 1—8 讲电子版的图片插入工作。

北京外国语大学教育技术中心负责该分册的电子版程序设计及部分制作。程序设计由教育技术中心媒体制作室的王光主任完成;音频和视频材料加工与媒体化制作由何双喜、邸慧娟和张毅三位工程师完成;第9—13讲电子版的图片插入由张忠华工程师完成。电子版制作总监和总片头的制作者是教育技术中心的王峻京主任。

本书有幸得到我国俄语界资深专家李莎(Е. П. Кишкина)教授的指导。作为《俄罗斯国情多媒体教程》的顾问,她特地寄语,勉励读者在学好俄语的同时,还要认识和了解俄罗斯的历史及文化遗产。寄语的视频材料列在《俄罗斯国情多媒体教程》第一分册——《俄罗斯地理》电子版总片头之前*,寄语的文字列在每一分册文字版的扉页上。本书在编写过程中,还得到我国当代俄罗斯史学家郑异凡和闻一先生的指导。两位专家向我们提供了亲自拍摄和多年珍藏的一些苏联历史图片。另外,中国社会科学院俄罗斯东欧中亚研究所的薛福岐博士和北京外国语大学俄语学院的王燕、赵雪莹、刘衷真等同学利用赴俄留学机会,特地为我们拍摄了很多有关俄罗斯风情的图片及音像资料。在此,对帮助和支持《俄罗斯国情多媒体教程》编写与出版的所有人士深表谢忱。同时,欢迎各位同仁指出教材中存在的缺陷与不足,以便改进。

编　者

2006年2月8日　北京

---

* 光盘正常运行时,读者最先看到的依次是"外语教学与研究出版社"版权片头、"专家寄语"和本教程总片头的详细内容。为了节省时间,读者可以双击每个部分,直接进入教材的正文主页面。

专 家 寄 语

Дорогие студенты и преподаватели! Все, кто будет пользоваться этим курсом, все, кто интересуется Россией!

50 лет я преподавала русский язык в Китае и всегда была убедительна в том, что изучение языка неразрывно связано с изучением истории и культуры страны.

Россия — это огромный мир, это бескрайние пространства от Севера до Юга, от Запада до Востока. Это бурная, стремительно развивающаяся история и, конечно, самобытная и необычайно богатая национальная культура. Китай и Россия — страны-соседи, истории которых особенно тесно переплелись в 20-м веке. А нынешний 21-й век требует, чтобы мы продолжали сближаться и глубже узнавать друг друга, как это и положено при настоящей дружбе.

Я очень рада, что могу представить вам, мои друзья, этот новый мультимедийный курс, посвященный России. Его составители проделали огромную работу: собрали много материалов, разработали специальную компьютерную программу, подобрали много фотографий, много фрагментов из кинофильмов. Все это поможет вам своими глазами увидеть природу России, культуру ее народа, исторические достопримечательности и многое другое.

Надеюсь, что этот курс будет вам полезен и пробудит у вас большой интерес к стране, к ее народу и к русскому языку. Пусть этот курс станет для вас своеобразным путешествием в настоящее и прошлое России — путешествием необычным и запоминающимся.

Итак, в добрый путь, дорогие друзья!

Е. П. Кишкина

(Ли Ша)

29-го марта 2005 г., Пекин

亲爱的同学和老师们！所有使用这部教程和关心俄罗斯的朋友们！

我在中国讲授过50年俄语。我一直深信，学习语言同了解语言所在国的历史和文化是密不可分的。

俄罗斯是一个广漠的世界，无论从南到北，还是从东到西，这里展示给世人的是一片无垠的空间。这是一部波澜壮阔的、急剧发展着的历史，当然，也是一种独特的和异常丰富的民族文化。中国和俄罗斯互为邻国，两国的历史在20世纪交织得尤为紧密。当今的21世纪要求我们继续接近，进一步加深相互了解，真正成为好朋友。

朋友们，我很高兴能够向你们介绍这一部新的有关俄罗斯的多媒体教程。教材的编著者们付出了大量心血：搜集了丰富的材料，设计了专门的计算机程序，挑选了诸多照片和电影片段。所有这些能够帮助你们亲眼看到俄罗斯的大自然、俄罗斯人民的文化（遗产）、历史名胜以及其他许多耐人寻味的东西。

我希望，这部教程能对你们有所裨益并激发起你们对俄罗斯国家、对她的人民和对俄语的更大兴趣。愿它能够陪伴你们完成一次漫游俄罗斯今昔的独特旅行——一次不同寻常的和值得记忆的旅行！

好吧，亲爱的朋友们，祝你们一路顺风！

原全国政协委员、普希金奖章获得者、
我国资深俄语专家叶·巴·基什金娜
（李莎）教授91岁高龄于北京
2005年3月29日

Оглавление

目　录

Лекция 1. Киевская Русь

1. Восточные славяне

Русские — молодой этнос, который сформировался только в 14-15 вв. Предками русских были восточные славяне. В древние времена славяне жили на небольшой территории к северу от Карпатских гор. В 5-6 вв. н. э. они двинулись на запад, на юг и на восток. По пути они смешивались с местным населением и постепенно разделились на три большие группы: западные славяне — предки современных поляков, чехов и словаков; южные славяне — предки болгар, сербов, хорватов и некоторых других балканских народов; восточные славяне — предки современных русских, украинцев и белорусов.

В 7-8 вв. н. э. восточные славяне жили на Восточно-Европейской равнине — в лесах по берегам Днепра и к северу от него. Равнина, леса, обилие рек и озер определили характер их хозяйственной деятельности и направление развития общества. Равнина способствовала широкому расселению славян, плодородная почва открывала возможности для земледелия. Но земледелие это было еще очень примитивным: истощив пашню на одном месте, славяне легко покидали свое жилище и уходили на новые места. Таким образом, поселки славян имели первоначально очень подвижный характер. Лес и вода играли особую роль: восточные славяне занимались охотой, ловили рыбу, собирали дикий мед, грибы и ягоды. Кроме того, реки, вытекавшие из центра равнины во все четыре окраинных моря, служили важными транспортными путями, способствовали зарождению и развитию торговли с соседними племенами и с соседними странами.

На Восточно-Европейской равнине с древних времен жили не только славяне. Значительную часть лесной территории занимали балтийские и финские племена, а на юге в степях жили кочевники иранского, тюркского, монгольского происхождения. На юге самыми богатыми соседями славян были греки. Здесь находилась Византия, наследница Римской империи — сильное государство с развитой экономикой и культурой. Византийцы с удовольствием покупали меха, шкуры и мед, которые добывали славяне. От Балтийского моря по Днепру и далее по Черному морю шел важный торговый путь, который связывал север Европы с Византией. Этот путь называли "из варяг в греки".

С начала 9 в. на берегах Балтийского моря и на побережье Западной Европы стали появляться вооруженные отряды храбрых людей из Скандинавии. Они нападали на Англию, Францию, Испанию, даже Италию. В Западной Европе их называли "норманны", а в русской истории они известны как "варяги". Варяжские торговые и военные отряды часто шли по Днепру на юг — по пути "из варяг в греки". С середины 9 столетия в восточнославянских землях варягов было уже очень много, скоро они полностью ассимилировались со славянами.

2. Образование Киевской Руси

В древности восточные славяне жили родами, главою рода были старейшины, а важные вопросы решались на общем совете —

вече. Земля, имущество были родовой собственностью. С течением времени, когда племена и роды расселились на больших пространствах, связь между родами ослабела. Древнейшее родовое устройство постепенно заменялось общинным.

С развитием торговли в земле восточных славян стали возникать торговые города — Новгород, Киев, Смоленск и др. В городах собирались купцы из разных стран, обменивались товарами и направлялись дальше по торговым путям на греческие рынки. Охрана товаров на складах и на путях требовала вооруженной силы, поэтому в городах образовались военные дружины, в состав которых входили свободные и сильные люди разных народностей, чаще всего варяги. Во главе таких дружин стояли обыкновенно варяжские предводители — князья.

В 862 г. жители Новгорода пригласили из Швеции варяга Рюрика со всем его родом и дружиной, чтобы навести порядок в Новгородской земле. Рюрик взял власть и стал править в Новгороде, от него пошла династия Рюриковичей. Варягов в то время называли еще “Русь”. Имя “Русь” переходило и на славянские дружины, действовавшие вместе с варяжскими, и постепенно стало названием всей страны — Русской земли, а затем и русского народа.

После смерти Рюрика в Новгороде стал княжить Олег. В 882 г. он с дружиной спустился вниз по Днепру и захватил город Киев, сделав его своей столицей. “Пусть Киев будет матерью городов русских”, — сказал Олег. Ему удалось объединить в своих руках все главнейшие города по великому водному пути и многие восточнославянские земли. Таким образом вокруг Киева образовалось древнерусское государство, которое стало называться "Киевская Русь".

3. Крещение Руси

Восточные славяне на протяжении долгого времени были язычниками. Они поклонялись богу Солнца, богу ветров и многим другим богам, а также источникам, колодцам, деревьям и некоторым животным. У каждого племени были свои местные боги. Существовал культ Матери-Земли и культ предков — "дедов". Восточные славяне любили приносить своим предкам и богам жертвы, в том числе и человеческие.

Князь Владимир вначале был убежденным язычником. У него было много жен, так как язычество разрешало многоженство. Владимир несколько лет княжил в Новгороде, а потом победил других братьев и в 980 г. стал великим князем киевским. Он хотел сделать Русь сильным процветающим государством. Владимир прекрасно понимал роль религии и хотел использовать ее для объединения племен. Сначала он провел реформу язычества, упразднил многих местных богов, оставив 8 из них, и сделал главным богом Перуна, потребовав, чтобы все ему поклонялись. Однако эти реформы не достигли цели, и Владимир начал искать другую религию.

Он направил своих послов в другие страны, чтобы узнать, какая вера лучше. Ислам и иудаизм русским послам не понравились, а греческая (византийская) церковь произвела на них сильное впечатление. Вернувшись, они сказали Владимиру: "Не можем мы забыть такой красоты и не хотим никакой другой веры, кроме греческой". Послушался своих людей Владимир и крестился в греческую веру. Здесь под "греческой верой" имеется в виду христианство (православие). В 988 г. князь Владимир объявил христианство государственной религией Киевской Руси. Он велел уничтожить статуи языческих богов, а жителей Киева собрал на берегу Днепра, заставил войти в воду и окреститься. Это событие вошло в историю как "Крещение Руси".

Выбор религии сыграл очень важную роль в истории Руси. Единая религия постепенно вытеснила местные культы и способствовала образованию единой древнерусской нации и единого государства. С помощью своих реформ Владимир укрепил центральную власть и поднял международный авторитет Руси. Киевская Русь вошла в круг христианских стран Европы. Благодаря христианству на Руси начали распространяться письменность и литература. Славянский алфавит был придуман в 9 в. двумя братьями, греческими монахами Кириллом и Мефодием. Русский алфавит до сих пор называется "кириллицей". Переводная литература и первые письменные сочинения тоже появились в духовной среде. Самым главным историческим памятником Киевской Руси является летопись, составленная монахом Нестором в начале 12 в. — "Повесть временных лет". Принятие христианства способствовало развитию архитектуры и искусства. Еще при жизни князя Владимира в Киеве начали строить христианские храмы из белого мрамора. Их украшали фресками и мозаикой приезжие мастера-греки. В 1037-1054 гг. в Киеве был построен великолепный Софийский собор. На протяжении целого тысячелетия христианство в форме православия служило важной духовной основой русской культуры.

4. От расцвета к упадку

Раннее древнерусское государство быстро развивалось. Князь Олег успешно воевал с хазарами и освободил русские племена от хазарской зависимости. Вдохновленный победой, он задумал поход на Византию. С большим войском подошел он к столице Византии Константинополю (907 г.) и осадил город. Грекам пришлось вступить в переговоры с "руссами" и заплатить им дань.

Наследник Олега — сын Игорь также воевал с Византией, но уже не так удачно, ведь он не имел ни таланта воина, ни правителя. В то время одной из задач княжеской власти был сбор дани с окрестных местностей и племен. Каждый год осенью князья во главе вооруженного отряда выходили из города собирать дань — меха, кожи, мед, продукты сельского хозяйства и изделия ремесленников. Таким образом, в руках киевских князей сосредоточивались большие запасы различных товаров.

После смерти Игоря жена князя Ольга взяла на себя правление княжеством. Она пыталась прекратить внешние походы, провела ряд важных реформ. Сама она ездила в Константинополь и приняла там крещение. Сын Ольги Святослав носил уже славянское имя, но по характеру был еще типичный варяг-воин. Он привык к походной жизни, много воевал и погиб в походе.

Сын Святослава Владимир много сделал для процветания древнерусского государства. У него было много сыновей от разных жен. Еще при жизни он посадил их по разным концам державы, дал каждому свое княжество, надеясь таким образом сохранить единство страны. Но как только умер Владимир, его сыновья начали воевать между собой за власть. В 1019 г. в Киев вступил четвертый сын Владимира Ярослав. Через несколько лет военным путем ему удалось восстановить единство страны.

При Ярославе Киевская Русь достигла своего расцвета. Ярослав активно развивал международные контакты и международную дипломатию, особенно со странами Европы. Он много сделал для развития образования и культуры. При нем было открыто много школ, созданы первые библиотеки, построены красивые храмы. Недаром этого князя называли "Ярослав Мудрый". Во время его правления появился и первый свод законов — "Русская Правда", из которого можно увидеть устройство общества того времени и развивающееся социальное неравенство. "Русская Правда" показывает, что в Киевской Руси начали устанавливаться феодальные отношения.

В 11-12 вв. в Киевской Руси развивалось земледелие. Увеличивалась ценность земли, появлялась частная собственность на землю. Все больше земель переходило в собственность князя и членов его семьи, часть земель передавалась старшим членам дружины и церкви. На этих землях работали как свободные люди, так и рабы. В то время структура единого государства в Киевской Руси была еще очень непрочной. Она строилась на родовых представлениях о княжеской власти. Считалось, что Русской землей владеют все князья. При жизни князя-отца сыновья сидели наместниками в главных городах и платили отцу дань. После смерти отца земля дробилась на части по числу сыновей, каждый из которых становился князем. Киевский престол занимал старший в роде. Но на деле этот порядок постоянно нарушался. После смерти Ярослава Мудрого междоусобные войны, борьба за киевский престол на Руси шли постоянно.

На юге Руси, на берегах Черного моря, лежали просторы Великой Степи, которую русские называли Дикое поле. Здесь постоянно вспыхивали кровавые битвы. Кочевники нападали не только на границы Руси, но и на ее столицу Киев. Киевская Русь вела длительную борьбу с кочевниками.

Междоусобные войны и напряженная борьба с кочевниками истощали силы русской земли. Города погибали в пожарах, торговля останавливалась, население исчезало, разбегалось в леса. Русь пустела и беднела. К середине 12 в. Киевская Русь окончательно распалась на отдельные мелкие княжества. В начале 13 в. их было уже около 50-ти. Так распадом единого древнерусского государства закончился первый этап русской истории.

Слова

этнос 民族

предок 祖先

Ильмень(阳)伊尔门湖

обилие кого-чего 丰富,大量

расселение 分散居住

истощить［完］耗尽

зарождение 产生

кочевник 游牧人

наследница 继承人

ассимилироваться［完,未］с кем-чем 变得与……相同

старейшина(阳)酋长

вече 市民大会(古罗斯某些城市的最高权力机关)

склад 仓库
дружина 武士队
предводитель(阳)首领，头目
навести порядок 整顿秩序
княжить [未]作(公国)的王公
язычник 多神教徒
поклоняться [未] кому-чему 崇拜
крещение 洗礼
письменность(阴)文字
монах 修士
кириллица 基里尔字母
“Повесть временных лет” 《往年纪事》
фреска(水彩的)壁画
мозаика 马赛克
расцвет 繁荣
хазар 可萨人，7—10 世纪活动在伏尔加河下游、顿河和北高加索地区的一个突厥语游牧民族。
дань(阴)贡赋
свод 汇编
неравенство 不平等
представление 观念
наместник 地方官
дробиться [未]分散
престол 王位
муждоусобный 内讧的

Контрольная работа

1. Восточные славяне — предки современных ________.

   А. русских，украинцев и белорусов

   Б. болгар，сербов и хорватов

   В. поляков，чехов и словаков

   Г. венгров，румын и албанцев

2. Варяги — это храбрые люди из ________.

   А. Византии　　Б. Англии

   В. Скандинавии　　Г. Франции

3. От Балтийского моря по Днепру и далее по Черному морю шел важный торговый путь. Это был ________.

А. шелковый путь

Б. путь из Скандинавии в Киев

В. путь из Новгорода в Киев

Г. путь "из варяг в греки"

4. Династия Рюриковичей началась в ________ году.

А. 862 Б. 882 В. 988 Г. 1015

5. Основателем Киевской Руси был ________.

А. Рюрик Б. Игорь В. Олег Г. Святослав

6. ________ называется "матерью городов русских".

А. Москва Б. Новгород В. Псков Г. Киев

7. В ________ веке при Владимире Русь приняла христианство как государственную религию.

А. 9 Б. 10 В. 11 Г. 12

8. Основателями славянской письменности считаются ________.

А. Святой Владимир и Ярослав Мудрый

Б. Ярослав Мудрый и Владимир Мономах

В. Кирилл и Мефодий

Г. Святая Ольга и Святослав

9. В народе князь Ярослав называется ________.

А. Вещим Б. Красным Солнышком

В. Долгоруким Г. Мудрым

10. Первой летописью на Руси является ________.

А. "Русская Правда"

Б. "Слово о Полку Игореве"

В. "Повесть временных лет"

Г. "Поучение Владимира Мономаха"

Лекция 2. Московская Русь

1. Нашествие татаро-монголов

В 1206 г. на просторах монгольских степей образовалась империя Чингисхана. В 1237 г. монгольский хан Батый привел войска на Русь. Впереди этих войск шли отряды их союзников-татар, поэтому в истории говорится о татаро-монгольском нашествии. Враждовавшие между собой русские княжества не смогли оказать сопротивление могучей армии татаро-монголов. Батый взял по одному многие русские города и разрушил их. В 1240 г. пал Киев.

Разгромив русские княжества, Батый пошел дальше в Восточную Европу, но потерпел там поражение и вернулся в степи Нижней Волги. Здесь он основал столицу своего государства, которое называлось Золотая Орда. В состав Золотой Орды вошли Нижнее Поволжье, Прикаспийские степи, Северный Кавказ, Крым, Западная Сибирь. Золотая Орда была частью огромной монгольской империи. Батый не держал свои войска на русской территории, а управлял ею с помощью местных русских князей. Чтобы стать князем, нужно было получить ярлык (разрешение) от монгольского хана. Хан мог наказать князя, убить, лишить ярлыка. Князья часто ездили на поклон к ханам, привозили богатые подарки, чтобы сохранить свою власть.

Жители Руси должны были платить дань Орде. Сначала дань собирали сами монголы, вызывая тем самым большое возмущение среди русского населения. Тогда ханы поняли, что им выгоднее поручить сбор дани русским князьям. Князья охотно взялись за это дело и сами привозили дань в Орду. Если же русские не выполняли требований монголов, то те приходили на Русь и наводили порядок огнем и мечом, уводили в рабство русских женщин, детей и мастеров-ремесленников. Чтобы укрепить свое господство на Руси, ханы поддерживали православную церковь. Они не требовали, чтобы русские отказывались от своей веры, и даже освободили православную церковь от налогов и дали ей особые привилегии. Такое положение длилось на Руси 240 лет. В истории оно получило название “татаро-монгольское иго”.

2. Угроза с Запада

Татаро-монгольское нашествие способствовало окончательному разделению Руси на две половины: Северо-Восточную и Юго-Западную. Северо-Восточная Русь оказывается под властью татаро-монголов, а опустевшие земли Юго-Западной Руси начинает захватывать поднимающаяся Литва. Во второй половине 14 в. Литва объединяется с Польшей в одно большое государство. Здесь утверждается ведущая роль католичества. Таким образом потерявшая единство Русская земля оказывается разорванной надвое могучими силами Запада и Востока. Народ бывшей Киевской Руси с течением времени разделяется на русских, украинцев и белорусов.

В начале 13 в. на северо-западных границах Руси появляются немецкие рыцари. Очень скоро они начинают тревожить Псковскую и Новгородскую земли, однако получают сильный отпор. Во главе русского сопротивления западным агрессорам становится новгородский князь Александр.

В июле 1240 г. в реку Неву вошли на кораблях шведы, начавшие наступление на Псков и Новгород — города, не пострадавшие от монгольского нашествия. Жители Новгорода позвали на помощь русскую дружину во главе с молодым князем Александром Ярославичем. В кровавой битве Александр и его воины разбили шведов и прогнали их в море. За эту победу князь получил прозвище "Невский". В апреле 1242 г. Александр освободил Псков от немцев и нанес им страшное поражение на льду Чудского озера. В истории России это знаменитое сражение называется "Ледовое побоище". Новгород и Псков были спасены.

Александр Невский был не только талантливый полководец, но и дальновидный политик. Он считал совершенно нереальной как военную, так и политическую борьбу с татаро-монголами и старался поддерживать с ними хорошие отношения. Александр взял курс на союз с Ордой и противостояние западной агрессии, которая несла с собой католичество. Политика Александра Невского подала пример другим русским князьям. Позднее русская православная церковь признала Александра Невского святым. Его имя пользуется большим уважением у русского народа, считающего Александра покровителем русских воинов. Во время Великой Отечественной войны по указанию И. В. Сталина был учрежден воинский орден Александра Невского.

3. Возвышение Москвы

Название "Москва" происходит от финского слова, означающего "мокрое место". Впервые о Москве упоминается в летописи 1147 г., когда князь Юрий Долгорукий пригласил туда на встречу другого русского князя. Юрий устроил там обед, обменялся подарками со своим союзником. Этот год считается годом основания Москвы.

Развитию Москвы способствовали беды, обрушившиеся на Киевскую Русь. В 12-13 вв. многие жители ее городов и сел убегали на северо-восток, в глухие леса, спасаясь от разорения и гибели. Здесь на краю Руси жизнь была спокойнее. Русские крестьяне селились рядом с угро-финскими племенами, постепенно смешиваясь с ними, их жизнь, культура, язык принимали свои особые черты. Так Северо-Восточная Русь стала родиной русской нации.

Долгое время центрами Северо-Восточной Руси были другие, более древние города — Ростов, Суздаль, Владимир. Но удобное месторасположение и относительная безопасность создали условия для развития Москвы. Вначале она была самым южным укрепленным пунктом Суздальско-Владимирского княжества, играя военно-пограничную роль. Затем Москва выделяется в отдельное маленькое княжество, первым князем которого становится Даниил, сын Александра Невского. В начале 14 в. начинается многолетняя кровавая борьба за великое княжение между Тверью и Москвой, окончившаяся победой московского князя Ивана Калиты, который утвердился в 1328 г. на великокняжеском престоле. С этих пор великое княжение осталось за Москвой.

Важную роль в развитии княжества сыграла политическая ловкость московских князей. Хитрый князь Иван Калита часто ездил в Орду с подарками и установил хорошие отношения с ханом. И в течение 40 лет татары не приходили на Русь. Иван Калита получил также право собирать дань для татарского хана не только с Москвы, но и с других русских княжеств. Не все собранные деньги уходили в Орду, часть из них оставалась в Москве. За это Иван и получил прозвище Калита, что значит по-татарски "мешок с деньгами". Деньги использовались на то, чтобы покупать города, села и земли вокруг.

Срединное положение Москвы было важно и для церковного управления, поэтому сюда из Владимира переселились митрополиты, которые считали необходимым находиться в центральном пункте между севером и югом Руси. Во внутренних конфликтах митрополиты обычно вставали на сторону московского князя и поддерживали его своим авторитетом. Так в одно и то же время в Москве сосредоточилась и политическая, и церковная власть — прежде малый город Москва стал центром "всея Руси".

4. На пути к независимости

С течением времени в Орде назревали перемены. В середине 14 в. ханы менялись один за другим, Орда слабела, распадалась. А в это же время Московская Русь становилась все сильнее и сильнее. Один из ханских полководцев Мамай вступил в союз с Литвой и пошел в поход против непослушного Московского государства. Московский князь Дмитрий стал собирать войска, чтобы дать отпор Мамаю. Пришли дружины и из других княжеств. Битву с татарами благословил святой монах Сергий Радонежский, который пользовался в народе огромным авторитетом. На врага встала вся Северо-Восточная Русь.

Князь Дмитрий повел навстречу Мамаю огромное войско. 8 сентября 1380 г. русские дружины встретились с татарами на Куликовом поле, на берегу реки Дон. В страшном бою русские победили татар и полностью разбили войско Мамая. Много было погибших, и сам Дмитрий был тяжело ранен, но вся Русь праздновала победу. За эту победу князя Дмитрия назвали Донским. Хотя после этого Москва не стала независимой и продолжала платить дань Орде, но русские поверили в свои силы и поняли, что могут разбить врага. Политическое же и национальное значение Куликовской битвы заключалось в том, что она дала толчок к решительному объединению народа вокруг Московского государства.

Важную роль в укреплении Московского государства сыграло правление Ивана III. Когда Иван III вступил на московский престол, его княжество было окружено почти отовсюду владениями других русских князей (Тверь, Ярослав, Рязань и др.). Иван III подчинил себе все эти земли или силой, или через мирные соглашения. В конце жизни он практически был государем единой русской народности.

Долго шла борьба между Московским княжеством и Новгородской купеческой республикой. Перед лицом московской угрозы в Новгороде образовались две группировки: одна за союз с Литвой, другая — с Москвой. Иван III призвал наказать новгородцев за измену Руси и православной вере. Он собрал большое войско и совершил несколько походов на Новгород. В конце концов "Господин Великий Новгород" подчинился великому князю Московскому, его обширные земли вошли в состав Русского государства, а Иван III стал по праву называться "государем всея Руси". Исход борьбы между Москвой и Новгородом определил политический выбор Руси в сторону развития самодержавия.

Объединение государства помогло Руси окончательно освободиться от зависимости от Орды. Иван III прекратил платить дань, отказывался ехать в Орду. В ответ летом 1480 г. татарский хан привел свои войска на Русь. Он остановился на берегу реки Угры, а московское войско встало на другом берегу. Силы были почти равными. Ни та, ни другая сторона не осмеливались начать сражение. Так они и стояли несколько месяцев до глубокой осени — наконец татары не выдержали и повернули назад. Это событие — "стояние на Угре"считается концом татаро-монгольского ига. Вскоре Золотая Орда окончательно распалась.

В 1453 г. под ударами турок пала Византия, которую на Руси считали всемирным центром православия. Где же теперь искать опору? Монах Филофей в письме к великому князю Василию III ответил так: "Слушай и знай, благочестивый царь, что два Рима пали, а третий (Москва) стоит, а четвертому не бывать". "Москва — третий Рим" — эта идея глубоко запала в мысли русских правителей.

Новым поводом для такого утверждения стал брак Ивана III с племянницей последнего византийского императора Софьей Палеолог. Женившись на ней, Иван III стал считать себя наследником византийских императоров. Кроме того, Иван III взял себе византийский герб — двуглавого орла，который с тех пор стал гербом Русского государства.

Идея Третьего Рима привела московскую власть к намерению сделать Московское княжество “царством”，а московского великого князя — царем（как раньше назывался византийский император）. Таким образом，в конце 15 в. Московская Русь превратилась в единое централизованное государство — Россию，и в последние годы правления Василия III в Восточной Европе возникло крупное государство，которое занимало огромное пространство — от устья Невы до Северного Урала，от Волги до Любеча на Днепре. Сформировавшееся Московское государство，хотя и тяготело к Западу，но в своей внутренней структуре и политической культуре сохранило много восточных черт.

Слова

нашествие 入侵
сопротивление 抵抗
Золотая Орда 金帐汗国
ярлык 册封
поклон 鞠躬
уводить［未］带走
рабство 奴隶地位，奴役制度
привилегия 特权
иго 桎梏
католичество 天主教
разорванный 破裂的
надвое（副）（成为）两部分，两半
рыцарь（阳）骑士
тревожить［未］骚扰，打搅
отпор 反击
агрессор 侵略者
швед 瑞典人
битва 战役，战斗
разбить［完］击溃
нанести［完］给予，使遭受

святой(名)圣人
покровитель(阳)庇护者
орден 勋章
упоминаться [未]提及
летопись(阴)编年史
разорение 破产
гибель(阴)灭亡
нация 民族
безопасность(阴)安全
пограничный 边防的
престол 王位
ловкость(阴)灵活性
прозвище 绰号
митрополит 都主教
авторитет 威信
независимость(阴)独立
полководец 统帅
благословить [完]祝福
толчок 推动力
объединение 合并
господин 主宰者
осмеливаться [未]敢,胆敢
сражение 战役,会战
выдержать [完]支撑住
стояние 僵持
опора 支柱
благочестивый 虔诚的
запасть [完]铭刻,印入
правитель(阳)统治者
повод 理由
утверждение 论断,论点
орел 鹰
герб 国徽
идея 思想
царство 王国
патриарх 牧首
централизованный 中央集权的

Контрольная работа

1. В ________ году монгольские войска во главе с ханом Батыем напали на Русь.

   А. 1242　　Б. 1240　　В. 1237　　Г. 1238

2. В 1240 г. новгородцы во главе с князем Александром разбили ________ на берегу Невы.

   А. немцев　　Б. шведов　　В. монголов　　Г. поляков

3. Ледовое побоище произошло на ________.

A. реке Неве Б. Чудском озере

В. Онежском озере Г. озере Ильмене

4. Основателем Москвы был ________.

A. Иван IV Б. Александр Невский

В. Дмитрий Донской Г. Юрий Долгорукий

5. В 1380 г. ________ русское войско впервые одержало победу над татарами.

A. в Невской битве Б. в битве на Чудском озере

В. в Куликовской битве Г. в битве под Москвой

6. В ________ году Северо-Восточная Русь освободилась от татаро-монгольского ига.

A. 1242 Б. 1325 В. 1450 Г. 1480

7. В 14 в. ________ присоединилась к Литве.

A. Северо-Восточная Русь Б. Юго-Западная Русь

В. Киевская Русь Г. Московская Русь

8. ________ стал называться “государем всея Руси”.

A. Иван III Б. Василий III

В. Иван IV Г. Федор Иванович

9. В годы правления ________ двуглавый орел стал гербом России.

A. Ивана III Б. Василия III

В. Ивана IV Г. Петра I

10. В конце ________ века Московская Русь превратилась в единое государство — Россию.

A. 15 Б. 16 В. 17 Г. 18

Лекция 3. Укрепление российского централизованного государства

1. Первый русский царь Иван IV

В 1530 г. у великого князя Василия III родился сын Иван. От природы мальчик получил гибкий ум и хорошую память. Он прочитал много книг, прекрасно владел письменной речью и ораторским искусством. Но тяжелое детство наложило глубокий отпечаток на его характер. В 7 лет Иван IV остался круглым сиротой, без отца и без матери. Страной правила Боярская Дума. Бояре устраивали интриги и заговоры, ссорились между собой, унижали и оскорбляли маленького Ивана. Иван вырос нервным и подозрительным. Он привык думать, что вокруг него враги и ему надо бороться за свою власть. В 1547 году Иван IV принял титул царя в Успенском соборе в Кремле и стал править страной самостоятельно.

2. Преобразования Ивана IV

Как известно, Боярская Дума как совещательный орган управления существовала еще в Киевской Руси. С образованием единого централизованного государства Боярская Дума превращается в высший государственный орган страны. В состав Боярской Думы входит княжеско-боярская аристократия. Злоупотребления бояр вызвали сильное недовольство Ивана IV.

Возмужав, он сразу взялся за ограничение боярских привилегий, опираясь на служилых людей — дворян. Его идеалом была сильная царская власть.

В 50-х годах с целью усиления централизации власти Иван IV провел целый ряд преобразований. Он сформировал новое правительство из преданных ему людей и назвал его Избранной Радой. В состав правительства вошли некоторые дворяне и старомосковские бояре, заинтересованные в государственном могуществе России. В 1549 г. в Кремлевском дворце было созвано первое собрание представителей сословий — Земский собор для обсуждения и решения важнейших государственных вопросов. В Земский собор вошли представители боярства, духовенства, дворянства, купечества, ремесленников и государственных крестьян. В 1550 году был составлен новый Судебник — сборник законов. Его характерной чертой явилось стремление улучшить отправление правосудия и поставить его под контроль представителей местного населения. В 1551 году был созван собор для "улучшения церковного порядка". На этом соборе был принят документ под названием "Стоглав", ограничивший имущественные права церкви. Иван IV также значительно расширил органы государственного управления, которые назывались тогда приказами, увеличил их число и изменил порядок управления городами и другими крупными и мелкими административными единицами. Избранная Рада назначила во все города и земли начальников-воевод, которым государство платило деньги за службу, а сбор налогов и судебные дела поручила специальным чиновникам, выбираемым из числа дворян. В 1550 г. по указу царя Ивана IV было образовано постоянное войско, значительная часть которого состояла из стрельцов. Так завершилось формирование вооруженных сил России.

Преобразования 50-х годов имели комплексный, программный характер. Они способствовали укреплению центральной власти, ограничили привилегии бояр и повысили роль дворян в управлении страной.

3. Опричнина

Если первая половина правления Ивана IV отличалась позитивными результатами, то вторая половина оставила в истории мрачный след. В 1564 г. Иван IV неожиданно выехал из Москвы и объявил, что хочет изменить устройство государства. Он разделил всю страну на 2 части — опричнину (название "опричнина" произошло от слова "опричь", то есть "кроме") и земщину. Опричниной управлял сам царь, который при себе держал 6 000 опричников, своих телохранителей. Земщину же царь отдал боярам, но фактически без его воли они ничего не могли делать. Опричники строго следили за всеми и обо всем доносили царю. Одетые во все черное, они ездили повсюду с метлами и собачьими головами — в знак того, что метут Россию и грызут врагов царя.

По всей стране шли кровавые казни. Нередко царь лично участвовал в пытках и расправах. Были убиты не только многие бояре со всеми семьями, но и священники, дворяне, крестьяне и простые люди. Иван пытал и казнил даже некоторых своих жен (он был женат 8 раз) и незадолго до смерти в припадке гнева убил своего старшего сына Ивана — наследника царского престола. С тех пор в народе его стали называть Иваном Грозным.

Чрезвычайными мерами Иван IV достиг своей цели — ликвидации сепаратистских сил, выступавших против централизации царской власти, но его безумный эксперимент нанес тяжелый ущерб русскому государству.

4. Расширение земель

Одновременно с внутренними реформами Иван IV вел энергичную внешнюю политику. В отличие от своих предшественников он пытался завладеть главным образом землями, где жили неславянские народы. В 1551 г. Иван IV начал войну с Казанским ханством. Несмотря на ожесточенное сопротивление татар, в 1552 г. русские взяли Казань штурмом. В 1555-1560 гг. по приказу Ивана IV в честь победы над Казанским ханством в Москве на Красной площади был построен Покровский собор (храм Василия Блаженного). К концу 50-х гг. 16 в. под властью Москвы оказалась вся Волга, от истоков до устья.

С 15 века русские уже начали двигаться на восток, вышли на Каму. При Иване IV они преодолели Уральские горы и покорили Западную Сибирь. Это произошло в 1581 г. В поход на сибирского хана Кучума отправились казаки во главе с Ермаком. Они разбили татарское войско и вместе с царскими войсками покорили Сибирь. Вслед за казаками в Сибирь пошли русские переселенцы — купцы, охотники, крестьяне, которые искали свободную землю.

На западе Иван IV вел многолетние войны с Ливонией, на юге воевал с крымским ханством, но все эти войны оказались неудачными. Россия не смогла решить свои геополитические проблемы и так и не получила ни одного выхода к западным и южным морям.

Слова

царь(阳)沙皇

гибкий 灵活的

ораторский 演讲的

наложить отпечаток на что 对……留下烙印

сирота(阴,阳)孤儿

интрига 阴谋

заговор 串通

подозрительный 可疑的,多疑的

титул 封号

преобразование 改革

совещательный 咨议的

аристократия 贵族阶层,显贵

злоупотребление 滥用

возмужать [完]长大成人

опираться [未]на кого-что 依靠

Избранная Рада 重臣拉达

могущество 强盛

сословие 阶层

Земский собор 缙绅会议

духовенство 神职阶层

судебник 法律汇编

правосудие 司法

приказ 政厅,衙门

система кормлений 食邑制

воевода(阳)(地方的)军政长官

стрелец 火枪兵

опричнина 特辖区,特辖制

земщина 普通区

телохранитель(阳)保镖,侍卫

доносить [完]告密,告发

метла 扫帚

грызть [未]咬

пытка 拷问,刑讯

расправа 镇压

припадок 爆发,发作

ликвидация 消除

сепаратистский 分离主义的 устье 河口
ущерб 损失 покорить [完]征服
предшественник 前辈 переселенец 迁徙者
ожесточенный 激烈的 геополитический 地缘政治的

Контрольная работа

1. Первым царем в истории России был ________.
   А. Иван III Б. Василий III В. Иван IV Г. Петр I
2. Впервые в России церемония венчания на царство проведена в ________ году в Успенском соборе Кремля.
   А. 1547 Б. 1589 В. 1530 Г. 1564
3. В 1549 г. в Кремлевском дворце был созвано первое собрание представителей сословий России — ________.
   А. Государственная Дума Б. Избранная Рада
   В. Земский собор Г. Боярская Дума
4. На соборе 1551 г. для улучшения церковного порядка был составлен ________.
   А. Судебник
   Б. Стоглав
   В. указ о Юрьевом дне
   Г. указ о заповедных летах
5. Постоянное войско из стрельцов было образовано при ________.
   А. Иване III Б. Иване IV
   В. Петре I Г. Екатерине II
6. Устанавливая опричнину, Иван IV стремился к ________.
   А. ликвидации сепаратистских сил

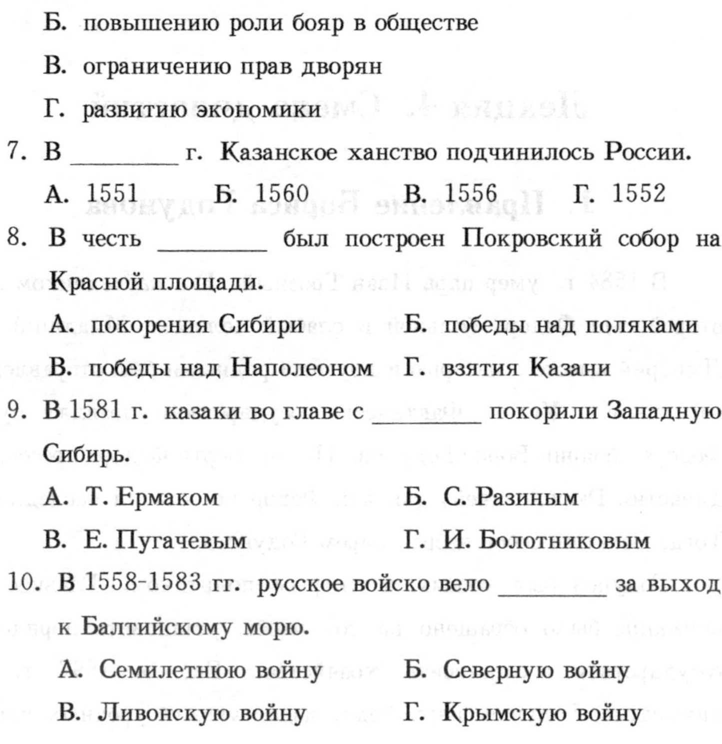

Б. повышению роли бояр в обществе

В. ограничению прав дворян

Г. развитию экономики

7. В ________ г. Казанское ханство подчинилось России.

А. 1551 Б. 1560 В. 1556 Г. 1552

8. В честь ________ был построен Покровский собор на Красной площади.

А. покорения Сибири Б. победы над поляками

В. победы над Наполеоном Г. взятия Казани

9. В 1581 г. казаки во главе с ________ покорили Западную Сибирь.

А. Т. Ермаком Б. С. Разиным

В. Е. Пугачевым Г. И. Болотниковым

10. В 1558-1583 гг. русское войско вело ________ за выход к Балтийскому морю.

А. Семилетнюю войну Б. Северную войну

В. Ливонскую войну Г. Крымскую войну

Лекция 4. Смена династий

1. Правление Бориса Годунова

В 1584 г. умер царь Иван Грозный. Его наследником стал второй сын Федор, больной и слабый человек. Младший сын Дмитрий вместе с матерью и другими родными был отправлен из Москвы в г. Углич. Фактически государством управлял шурин Федора, боярин Борис Годунов. После смерти Федора пресеклась династия Рюриковичей, так как Федор не оставил наследника. Тогда Земский собор избрал царем Годунова.

Годунов был умным и хитрым политиком. Главное его внимание было обращено на то, чтобы установить порядок в государстве, восстановить хозяйство. Еще в 1597 г. по инициативе Годунова царь Федор издал указ об урочных летах. Теперь же крестьяне были почти окончательно прикреплены к земле и к своим помещикам. Такое лишение свободы и жесткий режим, который установил Годунов, естественно, вызывали недовольство народа. В стране начались крестьянские волнения. Возмущение народа вызвала и внезапная смерть младшего сына Ивана Грозного царевича Дмитрия. Люди говорили о том, что царевича убили по приказу Годунова. Годунов все больше терял поддержку общества, в стране назревал общий политический кризис.

2. Смутное время

В 1601-1603 гг. в России случились невиданные неурожаи и голод. Цены на зерно выросли в десятки раз, сотни тысяч людей погибли от голода. Голодные годы привели к тому, что политическое напряжение перешло в социальный взрыв. Началась длительная гражданская война, в которую вступили все классы и сословия русского общества, защищая каждый свои интересы. Этот период (1603-1612 гг.) в русской истории получил название Смутного времени, а его знаменем стало имя царевича Дмитрия. Под этим именем несколько раз выступали самозванцы, вокруг которых группировались определенные политические силы. Самозванцев в народе называли Лжедмитриями.

Летом 1604 г. Лжедмитрий I при поддержке польского короля выступил в поход на Москву во главе собранного им войска. В России у него сразу появилось много сторонников среди дворян, крестьян и казаков. Русские города открывали ворота самозванцу без боя. В начале 1605 г. неожиданно умер Борис Годунов. На юге России и в Москве начались народные восстания, и в июле Лжедмитрий вошел в Москву как освободитель. Но политика Лжедмитрия не понравилась русским боярам, а его женитьба на польке Марине Мнишек и появление поляков в Кремле вызвали недовольство народа. В результате заговора, во главе которого встал боярин Василий Шуйский, и восстания москвичей Лжедмитрий был убит. Бояре выбрали царем Василия Шуйского, но народной поддержки он не получил. Летом 1606 г. начинается настоящая крестьянская война под руководством Ивана Болотникова, в которой участвуют крестьяне, казаки и мелкие дворяне. Шуйский с большим трудом подавил это восстание, но его власть была подорвана.

В 1608 г. появляется новый самозванец Лжедмитрий II, которого активно поддерживают казаки и польско-литовские отряды. Самозванец делает своей столицей село Тушино, в нескольких километрах от стен Кремля, угрожая Москве. Шуйский обращается за помощью к Швеции. Шведские отряды занимают Новгород на севере страны. Осенью в открытую войну против России вступает и Польша, которая мечтает посадить своего короля на московский престол. Часть бояр заставляет Шуйского отказаться от власти. В 1610 г. поляки входят в Москву. Таким образом на территории России возникает несколько "столиц" — политических центров, борющихся между собой. Война идет повсюду. Распад России кажется неизбежным.

В это время, осенью 1611 г., в Нижнем Новгороде начинается движение за восстановление национальной государственности. Во главе этого движения становятся князь Дмитрий Пожарский и купец Кузьма Минин. Пожарский руководил армией, а Минин собирал для нее денежные средства. Осенью 1612 г. армия во главе с Пожарским подошла к Москве и вместе с казаками освободила столицу. Польские и шведские отряды были изгнаны из страны. Единая государственность России была восстановлена. В память об этом событии день 4 ноября — дата освобождения Москвы от иноземных захватчиков — объявлен в России праздничным днем — Днем единения России.

3. Начало династии Романовых

В начале 1613 г. в освобожденной Москве собирается Земский собор для того, чтобы выбрать нового царя. Им становится 16-тилетний Михаил Романов — эта кандидатура по разным причинам устраивала всех. Фактически же государством при Михаиле много лет управлял его отец, патриарх Филарет. При Михаиле развивалась крепостническая система, государственная жизнь постепенно стабилизировалась.

При сыне Михаила Алексее Михайловиче большую роль в управлении страной по-прежнему играли бояре. Часто собирались Земские соборы. Самый известный из них Земский собор 1648-1649 гг. принял кодекс законов Русского государства — Соборное уложение, которое включило в себя вопросы государственного, гражданского и уголовного права. Соборное уложение, отвечавшее интересам дворянства, окончательно оформило крепостное право и сословную систему.

Таким образом, с 1613 г. начинается династия Романовых, пробывшая на престоле более 300 лет. В начале царствования первого Романова Московское государство находилось в тяжелом политическом и экономическом состоянии. Несколько десятилетий понадобилось, чтобы преодолеть трагические последствия Смутного времени и вывести страну из кризиса. В период правления Алексея Михайловича средневековое Русское государство достигло своего расцвета.

В первой половине 17 века границы России быстро расширяются

на восток. В это время русские казаки-землепроходцы создали крепости на Енисее и Лене, увидели "славное море" — Байкал. В 1639 г. Иван Москвитин прошел реками из бассейна Лены к Охотскому морю. Нерчинский договор 1689 г. установил границу между Россией и Китаем. По договору земли к югу от Станового хребта оставались во владении Китая.

Экспедиция Семена Дежнева в 1648 году первой прошла Беринговым проливом, разделяющим Азию и Северную Америку. Завершил 17 в. — век Великих русских географических открытий поход В. Атласова на Камчатку. В этот период Россия стала огромной евразийской державой.

В середине 17 в. Россия значительно расширила свои границы и на Западе за счет присоединения части Украины. В 1648 г. на Украине и в Белоруссии началось восстание, которое возглавил Богдан Хмельницкий. Под его руководством казацкое войско вступило в войну с поляками. Понимая, что самому ему разбить поляков невозможно, Хмельницкий искал поддержку и союзников на стороне. Московские власти долго не решались открыто поддержать его, боясь нарушить мир с Польшей. Наконец, в октябре 1653 г., Земский собор, созванный в Москве, вынес решение принять Украину "под свою высокую руку" и начать войну с Польшей. 8 января 1654 г. Богдан Хмельницкий объявил об этом народу. Война между Россией и Польшей продолжалась 13 лет. В результате России удалось вернуть Смоленск и др. земли, потерянные в Смутное время. Кроме того, Россия получила Левобережную Украину.

4. Народные бунты

Усиление социального неравенства, окончательное закрепощение крестьян привели к обострению социальных противоречий. В середине 17 в. вспыхивают одно за другим мощные городские восстания, особенно в Москве, где возникают Медный бунт, Соляной бунт и т. п. Недаром 17 в. называли "бунташным" веком.

Самым крупным народным выступлением 17 в. стало восстание казаков и крестьян под руководством Степана Разина. В 1670 г. восставшие двинулись с Дона к Волге, по пути к ним присоединялись массы голодных и бедных людей, восставали города. Крестьяне убивали дворян, сжигали их имения. С помощью городских жителей были взяты Астрахань, Царицын, Саратов, Самара. Пламя восстания охватило огромную территорию, в него включились татары, чуваши и другие народы Поволжья. Напуганные крестьянским движением, власти собрали сильную армию. Под городом Симбирском войско Разина было разбито. Раненого Разина привезли в Москву и после пыток казнили на Красной площади. Восстание было жестоко подавлено, но сам Степан Разин остался в памяти людей как народный герой.

5. Церковный раскол

В середине 17 в. поднялось сильное религиозно-общественное движение, известное под названием "церковный раскол". Поводом к нему послужила церковная реформа, начатая в 1653 г.

патриархом Никоном при поддержке царя Алексея Михайловича. В ходе реформы за основу изменений церковных книг и обрядов были взяты греческие образцы. Хотя реформа затрагивала только внешние детали (например, обязывала креститься тремя перстами, а не двумя, как раньше), она встретила сильное сопротивление у сторонников "старой веры". Здесь проявился не только консерватизм русского общества, но и общее недовольство изменениями условий жизни. К тому же Никон вводил новые обряды насильственными мерами, приказывал уничтожать старые книги, где писали "Исус", а не "Иисус", как требовал он.

В результате часть бояр, многие купцы, стрельцы и особенно крестьяне встали на борьбу за "старую веру". Их духовным вождем был протопоп Аввакум, яростный противник Никона. Так возник раскол в русской церкви. Тех, кто не принял реформы Никона, стали называть "староверами". Церковь и царские власти преследовали их с упорством и жестокостью. Староверы, в свою очередь, открыто не подчинялись властям, поднимали бунты и восстания, сжигали себя целыми группами или уходили в леса, в отдаленные местности. Борьбу с "раскольниками"-староверами русская православная церковь и правительство продолжали многие годы.

По мере укрепления самодержавия усиливались разногласия между церковной и светской властью. Непомерная гордость Никона столкнула его с царем. Алексей Михайлович не мог потерпеть амбиций патриарха, и в 1666 г. тот был осужден церковным судом. Таким образом, в отношениях между русской церковью и государством был установлен приоритет государственной власти.

Слова

шурин 妻兄弟，内舅
пресечься [完]停止，中断
урочный 限定时间的
прикрепить [完]что к чему 把……固定在……上
лишение 使失去，剥夺
жесткий 强硬的
волнение 骚动
внезапный 突然的
царевич 王储
назревать [未]成为不可避免
смутный 混乱的，动乱不安的
взрыв 迸发，爆发
знамение 特征，标志
самозванец 僭称王
Лжедмитрий 伪德米特里
король(阳)国王
сторонник 拥护者，追随者
освободитель(阳)解放者
женитьба 结婚
полька 波兰(女)人
денежные средства 钱财，经费
изгнать [完]赶出
причина 原因
стабилизироваться [完，未]稳定下来
кодекс 法典
соборное уложение 会议法典
оформить [完]办完手续，确定下来
землепроходец 新土地开发者
крепость(阴)要塞
столкнуться [完]с кем-чем 发生冲突
Нерчинск 涅尔琴斯克(尼布楚)
освоение 开发
объявить [完]宣布，公布
воссоединение 恢复统一
бунт 暴动
закрепощение 农奴化
обострение 尖锐化
противоречие 矛盾
восставать [未]起义，奋起反抗
сжигать [完]烧毁
имение 地产，领地
пламя 火焰
напуганный 被吓倒的
раскол 分裂
послужить [完]充当
деталь(阴)细节
креститься [未]划十字

консерватизм 保守主义

насильственный 强制的

протопоп(东正教)大司祭

яростный 强烈的

старовер 旧信仰教徒

преследовать [未]追捕,迫害

раскольник 分裂派教徒

Контрольная работа

1. Смертью царя ________ закончилась династия Рюриковичей.
   А. Федора Ивановича Б. Ивана IV
   В. Бориса Годунова Г. Василия Шуйского
2. Знаменем Смутного времени стало имя ________.
   А. царевича Дмитрия Б. Бориса Годунова
   В. Федора Ивановича Г. Василия Шуйского
3. В 1605 году ________ стал русским царем.
   А. Лжедмитрий I Б. Лжедмитрий II
   В. Василий Шуйский Г. польский царевич
4. В ________ году Москва была освобождена от польских интервентов.
   А. 1603 Б. 1605 В. 1611 Г. 1612
5. В ________ году в России началась династия Романовых.
   А. 1598 Б. 1605 В. 1612 Г. 1613
6. ________ был первым царем династии Романовых.
   А. Михаил Романов Б. Алексей Михайлович
   В. Иван Алексеевич Г. Петр Первый
7. В истории России ________ столетие называется веком Великих русских географических открытий.
   А. 16 Б. 17 В. 18 Г. 19

8. Первый договор о границе между Китаем и Россией был подписан в ________ году.

   А. 1581 Б. 1547 В. 1551 Г. 1689

9. В ________ г. на Украине началась антифеодальная война во главе с Богданом Хмельницким.

   А. 1601 Б. 1602 В. 1606 Г. 1648

10. После реформы ________ возник раскол в русской церкви.

    А. Ивана Грозного Б. патриарха Никона

    В. протопопа Аввакума Г. Бориса Годунова

Лекция 5. Реформы Петра I

1. Новый царь на престоле

В царствование Алексея Михайловича в жизни русского общества появилось немало новых веяний, усилилось иностранное влияние — все это подготовило почву для реформ Петра I. У Алексея Михайловича было много детей, последний ребенок — сын Петр родился в 1672 г. После смерти Алексея Михайловича сначала на престоле оказался его старший сын Федор, но через 6 лет умер и он. Стрельцы подняли бунт, в результате которого царями стали оба брата — Иван и Петр, причем слабоумный Иван считался первым. Фактически же делами правила их старшая сестра — умная и образованная Софья вместе со своим возлюбленным, князем Голицыным.

Петра вместе с матерью выслали из Москвы. Он рос вдали от двора и пользовался большой свободой, общался с самыми разными людьми. Петр любил бывать среди иностранцев, живших в Москве, перенимал от них новые мысли и обычаи, охотно занимался математикой. Любил и умел работать руками, увлекался строительством кораблей и военным делом. Специально для его военных игр набрали два "потешных" полка, командирами которых были поставлены иностранцы. Так в учебных боях постепенно рождалась новая петровская армия.

Подрастающий Петр становился угрозой для Софьи. Летом

1689 г. она решила убрать брата с помощью стрельцов. Но Петр скрылся в Троице-Сергиевом монастыре. На его сторону перешли бояре, дворяне, духовенство и, наконец, даже стрельцы. Петр вернулся в Москву победителем. Руководители заговора были казнены, а Софья была заточена в Новодевичьем монастыре в Москве. С тех пор Петр начал самостоятельно править государством.

2. Поездка в Европу

После прихода к власти Петр поставил перед собой новую задачу: он решил отправиться на учебу в Европу. В марте 1697 г. из Москвы выехало "Великое посольство", в число офицеров которого был записан Петр Михайлов. Фактически под этим именем ехал русский царь. Больше года продолжалась поездка. Петр с пользой провел это время: в Германии он изучал военное дело, в Голландии и Англии учился строить корабли, в Австрии вел дипломатические переговоры и знакомился с жизнью двора. Одновременно он набирал европейских специалистов для работы в России.

Во время отсутствия царя в Москве начались волнения стрельцов. Петр, узнав о происшедшем, спешно вернулся домой. Началась кровавая расправа. С сентября по октябрь 1698 г. было казнено больше тысячи стрельцов, 195 человек было повешено у стен Новодевичьего монастыря, прямо под окнами, где сидела Софья. Сам Петр участвовал в казнях. Он насильно сделал монахиней свою нелюбимую жену Евдокию, на которой его женили в 16 лет по воле матери. На следующий год привезли в Москву и казнили еще около 700 стрельцов. Со старым войском было покончено.

3. Борьба за выход к морю

Петр I прекрасно сознавал внешнеполитические задачи, стоявшие перед Россией в конце 17 в. У России не было выхода к морю. Балтийское море контролировала Швеция, а Черное море — Турция, в руках которой находились его северное побережье и Крым. Борьбе за выход к морю была посвящена почти вся жизнь Петра I. Но, считая свое государство частью Европы, он вел войны не один, а в союзе с другими европейскими странами.

Петр начал свою внешнеполитическую деятельность с войны с Турцией, отвоевав у турок крепость Азов. Однако развитие международной ситуации скоро заставило его бросить все дела на юге и круто повернуть на север. В 1699 г. был создан Северный союз, направленный против Швеции. Началась Северная война. Россия вступила в эту войну совершенно неподготовленной, и вначале потерпела поражение при Нарве. Но благодаря успешным реформам Петра I, в 1709 г. русская армия одержала блестящую победу в Полтавской битве, разгромив непобедимых шведов. На море в войну со шведами вступил молодой русский флот — его победы способствовали окончанию войны. В 1721 г. Россия заключила мир со Швецией, по которому та уступила России побережье Финского залива, Эстонию, часть Латвии и Карелии. Россия получила удобные порты — Ригу и Таллин и укрепилась на берегах Балтийского моря. Таким образом, задача захватить выход в Балтийское море была решена. Россия заняла важное место в Европе и стала морской державой.

4. Петровские реформы

Петр уничтожил старую армию и создал совершенно новую, регулярную армию, организованную по европейскому типу. Армия имела современное по тому времени вооружение. Солдаты были хорошо обучены и одеты в единую форму. В ходе военных действий приобретался опыт ведения войны.

Одновременно создавался и русский военный флот — первый в истории России. Во время Северной войны развернулось строительство военных кораблей на Балтике. Сильный флот помог русским войскам взять Ригу и другие крепости на Балтийском море. Для подготовки офицеров армии и флота были созданы военные, инженерные и морские школы. К 20-м годам 18 в. Россия уже полностью обеспечивала армию и флот своими кадрами.

Система, которая существовала в армии, была очень жесткой. Крестьян брали в солдаты насильно. Служба в армии длилась 25 лет. За малейшее нарушение дисциплины солдат беспощадно наказывали, били до смерти. Тем не менее, русские солдаты воевали храбро. Русские армия и флот стали одними из сильнейших в Европе.

Стратегические цели царя требовали развития экономики — в первую очередь, крупного производства. Поэтому государство стало проводить экономические реформы, поддерживать развитие промышленности. С самого начала 18 в. в разных районах России строятся военные заводы, развивается производство меди, химической и текстильной продукции. Одновременно развертывается строительство металлургических заводов на Урале. Урал становится промышленной базой России, обеспечивающей армию артиллерией и другими видами оружия. Принимаются меры для развития сельского хозяйства и внешней торговли, строятся каналы, соединяющие водные пути.

Развитие экономики направлялось и поддерживалось административными мерами. Хозяева предприятий получали бесплатно землю и кредит для строительства, освобождались на первое время от налогов. Многие предприятия строились на государственные деньги, а потом на льготных условиях передавались частным лицам. Таким образом, промышленность в России с самого начала развивалась с помощью государства. Рабочих рук для развития производства не хватало, и государство решило эту проблему самым грубым образом: мануфактурам была передана часть государственных крестьян, которые были обязаны там работать. Хозяева предприятий могли покупать крестьян вместе с землей. В итоге во всех отраслях крупного производства стал господствовать крепостной труд.

Военные задачи подтолкнули Петра к крупномасштабным государственным реформам. Была отменена старая система управления и создан новый государственный аппарат с большим количеством чиновников. Высшим органом власти стал Сенат, которому подчинялись коллегии. Страна была разделена на губернии во главе с губернаторами. Все дворяне обязаны были проходить государственную службу — или военную, или гражданскую согласно “Табели о рангах”. Но за “европейской” внешностью Российского государства скрывалась прежняя самодержавная сущность. Главным в этих реформах являлось усиление вертикальной структуры власти и авторитарной государственной системы.

В отношениях с церковью Петр также ставил на первое место интересы государства и целиком подчинил церковь государственным органам. Вместо патриарха делами церкви стал руководить Священный Синод, возглавляемый государственным чиновником — обер-прокурором. В случаях "грозящих государственным интересам" священники обязаны были доносить властям. Для расследования политических преступлений была создана Тайная Канцелярия.

В 1721 г. Петр I объявил Россию империей и принял титул императора. Россия стала абсолютной монархией. Государственная система, начавшая формироваться при Петре, сохранилась в течение двух веков.

5. Европеизация культуры и развитие просвещения

При Петре I жизнь и привычки дворянского общества резко изменились. Вернувшись из Европы в 1698 г., Петр первым делом приказал всем боярам и дворянам брить бороды и носить европейское платье. Кодексом поведения молодого поколения русского дворянства стало "Юности честное зерцало". Петр велел устраивать ассамблеи — вечера с играми, музыкой, танцами и заставил старых бояр и других придворных привозить на эти вечера своих жен и дочерей. Таким образом были изменены прежние русские обычаи, когда женщины должны были сидеть дома и не могли общаться с незнакомыми мужчинами.

Москва казалась Петру слишком консервативной, и он решил построить новую столицу. Для нее было выбрано место в устье Невы, на берегу Финского залива. В 1703 г. здесь была основана Петропавловская крепость, вокруг которой и начали строить город. Его назвали Санкт-Петербург ("город Святого Петра"). Город создавался с помощью замечательных архитекторов по лучшим европейским образцам. Он и сейчас удивляет своей особой красотой.

Петр заставил русское дворянство учиться, и это было его величайшее достижение. Неграмотный дворянин не мог продвигаться по службе, ему даже не разрешалось жениться. Для развития образования была создана целая сеть начальных школ, открыты специальные школы для изучения технических и военных профессий, созданы Морская Академия и Медицинское училище. 28 января 1724 г*. Петр издал указ "Об учреждении Академии наук". Издавалось большое количество книг и учебников, переведенных с разных языков. Россия начала знакомиться с научными и техническими достижениями Европы. Сюда стали приезжать иностранные профессора, учителя, различные специалисты. Молодые люди направлялись на учебу в европейские страны. По указанию царя в Европе покупали картины, скульптуры и другие произведения искусства, которыми

* Научные заседания Академии стали проводиться в 1725 г., а в декабре 1725 г., уже после смерти Петра I, состоялось ее официальное открытие.

украшали Петербург. Шел активный культурный обмен.

По инициативе Петра было создано регулярное почтовое сообщение, начали выходить первые газеты в Петербурге и Москве. 2 января 1703 г. в Москве было начато издание первой газеты "Ведомости", которую редактировал сам Петр. С 1700 г. был введен юлианский календарь, применявшийся в Европе. Новый год стал праздноваться 1-го января, а не 1-го сентября, как прежде.

6. Оценка реформ Петра I

Реформы Петра открыли новую эпоху в истории России. В конце 17 в. Россия намного отставала от европейских стран по уровню экономического, политического и культурного развития. Петр I совершил переворот в жизни и культуре государства. Замкнутая, консервативная Россия повернулась лицом к Европе, за короткое время создала промышленное производство, образование, сильную армию и морской флот. Развитие русской культуры получило новое направление.

Однако насильственная "европеизация" русского общества породила и целый ряд нежелательных результатов. Появились еще более жестокие, более грубые формы эксплуатации, усилилась самодержавная власть. В высших кругах общества развивалось просвещение, а нижние круги теряли свободу и становились рабами. Возник раскол в русской культуре.

Кроме того, ради государственного дела Петр не жалел ни себя, ни других. Тяжелые повинности и налоги, жестокая дисциплина вызывали сопротивление народа. Во многих городах и районах вспыхивали беспорядки и восстания. Самыми крупными из них были восстание в Астрахани и восстание казаков на Дону под руководством Кондратия Булавина. Все эти восстания были жестоко подавлены. Петр круто расправился и с оппозицией в верхах, сформировавшейся вокруг царевича Алексея. Петр вернул сына из-за границы и заключил его в тюрьму. Царь лично возглавил расследование, сторонники оппозиции были казнены, а Алексей умер в тюрьме накануне суда. Так Петр принес сына в жертву своему делу.

Слова

возлюбленный 钟爱的
выслать [完]撵出，赶出
вдали(副)在远处
перенимать [未]吸收，学习
потешный полк 童子军团
подрастающий 正在成长的
скрыться [完]躲藏
заточить [完]拘禁
набирать [未]招募
отсутствие 缺少，缺席
спешно 紧急地，火速地
монахиня 修女
покончить [完]с кем-чем 完结，消灭
отвоевать [完]夺回，收回
круто 急剧地
одержать [完]取得(胜利)
блестящий 辉煌的
флот 舰队
уступить [完]кому-чему 让出，退让
залив(海、湖等)湾
держава 国家，强国
развернуться [完]展开
беспощадно 无情地
наказывать [未]惩罚
артиллерия 大炮
кредит 贷款
льготный 优惠的
мануфактура 手工工厂
господствовать [未]统治，占上风
подтолкнуть [完]推动，促进
Сенат 枢密院，参政院
губерния(俄国 18 世纪—1929 年间的)省
Табели о рангах 官阶表

вертикальный 垂直的
авторитарный 专横的，
树立个人权威的
Синод 主教公会
обер-прокурор 总监
грозящий，动词 грозить ［未］
的主动形动词，威胁
преступление 犯罪
Тайная Канцелярия 秘密办公厅
император 皇帝
абсолютный 绝对的
европеизация 欧洲化
брить бороды 剪胡子
поведение 行为
зерцало＝зеркало（史）守法镜
ассамблея（彼得一世时期的）
大型舞会
обычай 习俗
просвещение 教育
училище（中等专业）学校
юлианский календарь 儒略历
отставать ［未］от чего 落后
переворот 变革，大转变
замкнутый 封闭的
насильственный 强制的
эксплуатация 剥削
самодержавный 专制的
раб 奴隶
повинность（阴）义务
насчет чего 关于……
оппозиция 反对派
принять меры 采取措施
заключить кого в тюрьму
把……关进监狱
возглавить ［完］领导，主持
расследование 侦查
передать кого под суд
把……移交法庭审判

Контрольная работа

1. С ________ года Петр I начал самостоятельно править государством.

   А. 1672　Б. 1682　В. 1689　Г. 1698

2. Покончив со стрельцами，Петр I создал по европейскому типу ________.

   А. регулярную армию　Б. военный морской флот

В. опричнину Г. дворцовую гвардию

3. После ________ Россия получила первый выход к морю.

А. Ливонской войны

Б. Северной войны

В. русско-турецкой войны

Г. русско-французской войны

4. В 1709 г. русская армия одержала блестящую победу ______.

А. в битве Нарвы

Б. в Полтавской битве

В. в Куликовской битве

Г. в Бородинском сражении

5. ________ Петра I четко определял(и) положение человека на служебной лестнице.

А. "Указ об единонаследии" Б. "Манифест 19 февраля"

В. "Наказ" Г. "Табели о рангах"

6. В ________ году Петр I объявил Россию империей и принял титул императора.

А. 1703 Б. 1709 В. 1721 Г. 1725

7. Санкт-Петербург был основан в ________ г.

А. 1703 Б. 1709 В. 1710 Г. 1713

8. Академия наук России открылась в ________ г.

А. 1724 Б. 1725 В. 1726 Г. 1755

9. С ________ года в России был введен юлианский календарь.

А. 1789 Б. 1700 В. 1713 Г. 1918

10. В 1703 г. в Москве было начато издание первой в истории России газеты "________".

А. Апостол Б. Колокол В. Новости Г. Ведомости

Лекция 6. "Просвещенный абсолютизм"

1. Дворцовые перевороты

Петр I умер в январе 1725 г., не успев назвать имя наследника, и в высших кругах аристократии началась острая борьба за власть. В столице один за другим совершались дворцовые перевороты. Важную роль в них играла дворцовая гвардия, состоявшая из дворян. Сначала на престол была посажена жена Петра I Екатерина I, потом его внук Петр II, но в 1730 г. накануне свадьбы он заболел и умер. Тогда часть аристократов, стоявшая у власти, решила пригласить на трон племянницу Петра I Анну Ивановну.

При Анне Ивановне страна оказалась в руках ее давнего фаворита, немца Бирона. Всюду царили произвол, коррупция, репрессии. "Бироновщина", как назвали этот период, вызывала недовольство дворянства, особенно потому, что многие важные посты при дворе заняли немцы. В 1740 г. Анна Ивановна, умирая, передала престол сыну своей племянницы Анны Леопольдовны — Ивану VI. Но дворцовая гвардия хотела видеть на престоле свою, русскую царицу, и после смерти Анны Ивановны устроила переворот, приведя к власти в ноябре 1741 г. дочь Петра I Елизавету.

Правление Елизаветы было долгим и спокойным для дворянства, которое получило новые льготы и привилегии. Была отменена смертная казнь, уничтожены внутренние таможенные сборы, что способствовало развитию российского рынка. При дворе усилилось влияние французов и французской культуры. Елизавета, любившая развлечения, тратила государственные деньги, как хотела, делала дорогие подарки своим фаворитам. Замуж она не вышла и сделала своим наследником племянника Петра III, которого вызвала из Германии.

В 1745 г. для Петра III нашли невесту — бедную немецкую принцессу Софию. Приехав в Россию, она приняла православие и стала называться Екатериной. Екатерина II по характеру резко отличалась от своего мужа. Петр III не любил учиться, преклонялся перед Пруссией и презирал все русское. Екатерина же много читала, старательно изучала русский язык и русскую культуру, стараясь понравиться императрице и народу. У нее появилось много друзей, особенно среди дворцовой гвардии.

Став императором в 1761 г., Петр III своим поведением вызвал общее недовольство, чем и воспользовалась Екатерина. Летом 1762 г. произошел дворцовый переворот — гвардия привела на престол новую императрицу — Екатерину II. Петр III был увезен из дворца и через 6 дней убит друзьями Екатерины.

2. Политика “просвещенного абсолютизма”

В молодости Екатерина II увлекалась французскими просветителями — Вольтером, Дидро и Монтескье, мечтая о том, чтобы разработать “правильные законы” для всех. Она стремилась следовать образцу европейских государств, проводивших политику “просвещенного абсолютизма”. По ее замыслу во главе государства должен был стоять "мудрец на троне", покровитель искусств, благодетель всей нации. С целью устранения наиболее устаревших социальных институтов она провела реорганизацию Сената, секуляризацию церковных земель и реформы управления и суда, усилила бюрократический аппарат.

В 1767 г. для пересмотра российских законов начала работу Уложенная комиссия, в которой принимали участие представители всех слоев населения, за исключением крестьян. Екатерина II сама составила для комиссии "Наказ", широко используя идеи передовых западных мыслителей. Но на самом деле у разных сословий были совершенно разные интересы, примирить которые было невозможно, особенно по вопросу о крепостном праве. Дальше разговоров дело не пошло. Будучи политиком-реалистом, Екатерина II быстро поняла, что отказ от самодержавия и крепостничества подорвет ее власть, и без колебаний сделала ставку на дворянство.

3. "Золотой век" дворянства

В 1762 г. вышел царский манифест "О даровании вольности и свободы всему российскому дворянству". Дворянство было освобождено от обязательной службы, получило право свободно владеть своими имениями, свободно ездить за границу и многие другие привилегии. Если раньше дворяне получали земли с крестьянами за службу царю, то теперь они просто передавали их по наследству. Государство не имело права конфисковывать эти имения, даже если дворянин совершал преступления.

Екатерина II фактически дала дворянству безграничные

права в отношении своих крестьян. Помещики могли сами их наказывать, ссылать в Сибирь, любая жалоба на помещика объявлялась государственным преступлением. Усилилась торговля крепостными — их продавали не только с землей, но и без земли, разлучая мужей с женами, детей с родителями. Крепостной крестьянин стал настоящим рабом, "живой вещью". Царское правительство укрепляло самодержавную власть и на окраинах империи — на Украине и в Прибалтике. Русские войска разгромили оплот казацкой вольности — Запорожскую Сечь. На Украине повсюду было введено крепостное право.

С другой стороны, царица охотно раздавала государственные земли своим фаворитам и генералам. Так, ее любимец Григорий Потемкин из мелкого помещика превратился в крупнейшего землевладельца, получив 200 тыс. крепостных крестьян. Недаром эпоху Екатерины II называют "золотым веком" дворянства.

4. Крестьянская война под руководством Пугачева

Жестокие законы, усиление эксплуатации вызывали протест угнетенных масс и привели к социальному взрыву. В народе ходили слухи о том, что "добрый царь" Петр III не умер, а скрывается и готовится пойти войной против своей неверной жены. Этими настроениями воспользовался храбрый казак Емельян Пугачев. 17 сентября 1773 г. отряд в 80 казаков во главе с Пугачевым двинулся к Яицкому городку на Южном

Урале. Войдя в город, Пугачев объявил себя "государем Петром Федоровичем (Петром III)". Вокруг него сразу стали собираться казаки и крестьяне, недовольные политикой Екатерины. К русским присоединялись башкиры, татары, калмыки, марийцы. Поднялись и крепостные рабочие на уральских заводах.

Крестьянская война охватила Южный и Средний Урал, Башкирию, Поволжье и Западную Сибирь. Отряды Пугачева быстро двигались вперед, захватывали крепости и города, жгли помещичьи усадьбы. Напуганная Екатерина послала против Пугачева сильную армию, которая шла за ним по пятам. Под Казанью Пугачев потерпел крупное поражение и со своим отрядом ушел на Волгу. Здесь, недалеко от Царицына, произошел решительный бой. Восставшие были разбиты. Тысячи участников восстания были казнены или жестоко наказаны. Пугачев, арестованный в сентябре 1774 г., был казнен в Москве 10 января 1775 г. Восстание Пугачева стало последней крестьянской войной в истории России.

5. Новые расширения земель

Со времен Петра I Россия проводила активную политику в Европе, опираясь на свою растущую военную мощь. В ходе Семилетней войны русская армия успешно действовала против Пруссии и даже вошла в ее столицу Берлин. Объектом борьбы между европейскими державами на протяжении всего 18 в. была ослабевшая Польша. Россия стремилась подчинить Польшу своему влиянию, не раз вводя туда войска и подавляя национально-освободительные движения. Начиная с 1772 г.,

Австрия, Пруссия и Россия приступили к открытому разделу польских земель. В результате трех разделов (в 1772, 1793 и 1795 гг.) Польша перестала существовать как самостоятельное государство. При этом России досталась самая большая часть территорий: Литва, южная часть Латвии, Правобережная Украина и Белоруссия. Раздел Польши стал национальной трагедией для польского народа.

В период правления Екатерины II Россия окончательно укрепилась на берегах Черного моря, на территориях ранее принадлежавших Турецкой империи. С 1768 по 1791 год Россия провела две русско-турецкие войны, которые завершились полным успехом. В этих войнах ярко проявил себя военный талант полководца А. Суворова. Крупные победы над турками на Черном море одержал также русский флот под командованием адмирала Ф. Ушакова. В результате войн Россия получила обширные земли Южной Украины и полуостров Крым. Фаворит Екатерины Г. Потемкин развернул активную деятельность по освоению этих земель. Здесь возникли новые города: Николаев, Одесса, Севастополь. Пустые земли "Дикого поля" царское правительство раздавало дворянам. В освоении этих земель, а также Поволжья участвовали и немецкие крестьяне, которым Екатерина II разрешила переселяться в Россию.

К концу царствования Екатерины II Россия вошла в число ведущих европейских держав. Она стала огромной военной империей, границы которой проходили от Польши до Аляски. Русский двор считался одним из самых блестящих и роскошных в Европе.

6. Конец царствования Екатерины II

После подавления восстания Пугачева политика Екатерины II резко изменилась. Она приняла ряд мер, направленных на устранение последствий крестьянской войны и предотвращение подобных движений в будущем. В последние годы правления императрица уже забыла о демократических увлечениях своей молодости. Когда началась Великая Французская революция, российское дворянство отнеслось к ней крайне враждебно, Екатерина стала "и больна и печальна". С Францией были порваны дипломатические и торговые отношения. Россия взяла на себя активную роль в организации союза европейских стран против французской революции.

Внутри страны также усилились реакционные тенденции. При ввозе книг из-за границы проводилась строгая проверка, французские книги сжигались. Были запрещены и многие русские издания. В июне 1790 г. был арестован и сослан в Сибирь мыслитель и писатель А. Радищев за свое радикальное произведение "Путешествие из Петербурга в Москву"*. Был арестован также книгоиздатель и просветитель Н. Новиков. Эти репрессии вызвали страх в обществе.

В 1796 г. Екатерина II скоропостижно скончалась, и царем

---

* А. Н. Радищев (1749—1802) русский мыслитель, писатель. В его главном произведении "Путешествие из Петербурга в Москву" виден широкий круг идей Просвещения, сочувствие жизни народа, резкое обличение самодержавия и крепостничества. Радищева называют первым русским интеллигентом.

стал ее единственный сын Павел. Он с детства не любил свою мать и теперь начал менять многое из того, что она делала. Павел обожал армейские парады, ввел жесткую дисциплину в армии и во дворцовой жизни. Но в отношении французской революции политика русского правительства осталась неизменной: Россия продолжала вести борьбу с Францией в союзе с Англией и Австрией.

Слова

просвещенный абсолютизм 开明专制
гвардия 近卫军
фаворит 宠臣
произвол 专横
коррупция 受贿
репрессия 惩罚,镇压
льгота 优惠
смертная казнь 死刑
таможенный 海关的
сбор 征收款项
развлечение 消遣
принцесса 郡主
приклоняться [未]перед кем-чем 崇拜,景仰
презирать [未]鄙视
увезти [完]运走
следовать [未]кому-чему 效仿
замысел 意图,构想
мудрец 贤人
трон 王位
благодетель(阳)恩人
реорганизация 改组
секуляризация 收归国有,国有化
бюрократический аппарат 官僚机构
пересмотр 重新审议
мыслитель(阳)思想家
примирить [完]使和解
делать ставку на кого-что 指望
манифест 文告,通告
дарование 赐予
вольность(阴)自由
служба 供职
наследство 遗产
конфисковывать [未]没收

жалоба 控诉，抱怨
оплот 支柱，堡垒
Сечь（阴）营地（16—18 世纪哥萨克在扎波罗热的自治组织）
генерал 将军
землевладелец 土地占有者
протест 对抗，抗议
угнетенный 被压迫的
слухи 传闻，传说
идти за кем по пятам 跟踪
потерпеть поражение 遭到失败
подавлять［未］平定，镇压
раздел 分割，瓜分
заслуга 功劳
адмирал 海军上将
ведущий 主要的，领先的
блестящий 华丽的，豪华的
роскошный 奢侈的，奢华的
царствование 统治，主宰
устранение 消除
последствие 后果
предотвращение 预防
монархиня 女君主
враждебно 敌视地，敌意地
реакционная тенденция 反动趋势
ввоз 进口，输入
книгоиздатель（阳）出版商
просветитель（阳）启蒙者，教育者
скоропостижно 突然地（指死亡）
скончаться［完］去世
обожать［未］崇拜
парад 排场，盛装

Контрольная работа

1. Бироновщина — так называют мрачный период в России в царствование императрицы ________.

   А. Екатерины I　　Б. Анны Ивановны
   В. Елизаветы Петровны　　Г. Екатерины II

2. По национальности Екатерина II была ________.

   А. русская　Б. полька　В. латышка　Г. немка

3. Политика “просвещенного абсолютизма” проводилась в России при ________.

А. Петре I Б. Екатерине I

В. Екатерине II Г. Александре I

4. "Золотым веком" ________ называют эпоху Екатерины II.

А. дворянства Б. крестьянства

В. купечества Г. духовенства

5. В 1773-1775 гг. в России вспыхнула крестьянская война под руководством ________.

А. Ивана Болотникова Б. Степана Разина

В. Кондратия Булавина Г. Емельяна Пугачева

6. Начиная с 1772 г., Австрия, ________ и Россия приступили к открытому разделу польских земель.

А. Франция Б. Англия В. Пруссия Г. Турция

7. После трех разделов в 1772, 1793 и ________ годах Польша перестала существовать как самостоятельное государство.

А. 1794 Б. 1795 В. 1796 Г. 1799

8. В результате ________ войны Россия получила обширные земли Южной Украины и полуостров Крым.

А. русско-французской Б. русско-польской

В. русско-турецкой Г. русско-шведской

9. В молодости ________ увлекалась французскими просветителями — Вольтером, Дидро и Монтескье.

А. Екатерина I Б. Анна Ивановна

В. Елизавета Петровна Г. Екатерина II

10. Первым интеллигентом в истории России был ________.

А. М. Новиков Б. А. Радищев

В. А. Герцен Г. В. Белинский

Лекция 7. Закат крепостной эпохи

1. Внешняя экспансия России в начале 19 в.

Царствование Павла I было кратковременным. Строгий режим и противоречивая политика царя вызвали сильное недовольство дворянства. Среди людей, близких к Павлу I, возник заговор, о котором знал и его сын Александр I. 11 марта 1801 г. две группы придворных ворвались во дворец царя и убили его. Это был последний в истории России дворцовый переворот. Новым царем стал старший сын Павла — Александр I.

В правление Александра I в начале 19 в. Российская империя продолжала внешнюю экспансию. В результате новой войны с Турцией (1806-1812) была захвачена Бессарабия (нынешняя Молдова). Успешная война со Швецией (1808-1809) закончилась присоединением Финляндии, получившей статус автономии как особая часть империи. Новым направлением российской политики стало продвижение на Кавказе. Россия умело использовала национальные и религиозные противоречия в этом регионе для усиления своего влияния. В начале 19 в. Грузинское царство и другие христианские княжества одно за другим присоединились к России, которая обещала защитить их от Турции. Затем Россия вступила в войну с Ираном (1804) и отняла у него территорию современного Азербайджана.

2. Отечественная война 1812 г.

В 1799 г. во Франции к власти пришел генерал Наполеон Бонапарт, который затем провозгласил себя императором. Он стал инициатором целого ряда войн в Европе, названных наполеоновскими. В этот период Россия продолжала борьбу против Франции в союзе с другими монархическими государствами Европы. В 1806-1807 гг. Наполеон нанес им ряд серьезных ударов. Под Аустерлицем русская армия впервые за 100 лет потерпела поражение. Был заключен мир, который оказался для России невыгодным. Самолюбивый Александр I не хотел подчиняться Наполеону. Отношения с Францией продолжали ухудшаться. Война между Францией и Россией становилась неизбежной. Наполеон заявил: "Через пять лет я буду господином мира; осталась одна Россия, но я раздавлю ее".

В июне 1812 г. "Великая армия" Наполеона (640 тыс. чел.) перешла границу Российской империи и двинулась на восток. Русская армия отступала. После тяжелого сражения был оставлен Смоленск — французам открылась дорога на Москву. Александру I пришлось сменить командование и поставить во главе армии генерала М. И. Кутузова, которого любили солдаты и офицеры.

26 августа 1812 г. началось знаменитое Бородинское сражение (около села Бородино). Русские войска сражались мужественно, но потери были велики. Чтобы спасти армию, Кутузов дал приказ отходить и сдать Москву. Наполеон вошел в Кремль. Но в это время в Москве начался пожар. Город горел

шесть дней. Были уничтожены все запасы продовольствия, и французская армия оказалась на грани голода. 7 октября Наполеон вывел свою армию из Москвы.

К этому времени военные действия с русской стороны превратились в настоящую народную войну. Крестьяне организовывали партизанские отряды и нападали на отступающих французов. Сильные холода и голод усилили развал французской армии. После нескольких неудачных сражений Наполеон приказал уходить из России. Русско-французская война закончилась полным разгромом войска Наполеона. В истории России эта война была названа Отечественной войной 1812 года.

Русская армия вышла в Европу. После грандиозного Лейпцигского сражения (так называемой "Битвы народов") Наполеон был окончательно разбит, и союзные армии вступили в Париж. В 1814-1815 гг. представители всех европейских государств собрались на Венский конгресс, который восстановил прежние монархии и провел еще один раздел европейских территорий. К России отошла новая значительная часть Польши вместе с Варшавой. В 1815 г. русский, прусский и австрийский монархи подписали договор о Священном союзе, который должен был обеспечивать "порядок" в Европе и защищать феодально-аристократический режим. Ведущую роль в этом союзе играла Россия и ее император Александр I.

3. Восстание декабристов

В начале царствования Александр I старался показать себя либеральным монархом. Его советник М. Сперанский начал даже разрабатывать смелый проект реформ, но консерваторы выступили против этого проекта, и Александр I уступил: Сперанский был арестован, и реформы остались неосуществленными. Отечественная война 1812 г. снова вызвала оживление в русском обществе. Всюду шли разговоры о политической свободе, особенно после того, как Александр I дал Польше конституцию. Однако в самой России царь резко повернул в сторону реакции. Напуганный революциями в Испании и Италии (1820-1821), он отказался от всяких либеральных идей и доверил управление своему фавориту, жестокому и грубому консерватору, генералу А. Аракчееву. Реакционную политику, которую тот проводил, называли аракчеевщиной.

События 1812 г. заставили о многом задуматься дворянскую молодежь, особенно молодых офицеров. Это были высокообразованные люди, многие из которых побывали с русской армией во Франции и увидели там совсем другие порядки, чем в России. Болея душой за судьбу родины, они думали, сравнивали. Вернувшись домой, продолжали в своем кругу обсуждать политические проблемы. Так возникли тайные общества в Петербурге (Северное общество) и на Украине (Южное общество). Северное общество, программный документ которого разработал Никита Муравьев, думало ограничить власть царя и сделать Россию конституционной монархией. Руководитель Южного общества, полковник Павел Пестель в программе Южного общества — "Русской правде" стоял за ликвидацию монархии и установление республики.

В ноябре 1825 г. во время поездки на юг Александр I неожиданно скончался. 14 декабря 1825 г., в день присяги новому императору Николаю I, Северное общество, воспользовавшись обстановкой, вывело войска на Сенатскую площадь в Петербурге и выставило свои политические требования. Эти действия получили название "восстания декабристов". Николай приказал верным войскам окружить восставших и открыть по ним огонь. Выступление декабристов было подавлено. Неудачными оказались и действия Южного общества. Большинство членов тайных обществ было тут же арестовано и заключено в Петропавловскую крепость.

Николай I лично руководил следствием и вел допросы. Пятеро руководителей — П. Пестель, С. Муравьев-Апостол, М. Бестужев-Рюмин, К. Рылеев и П. Каховский были повешены. 121 человека отправили на каторгу в Сибирь или послали умирать на Кавказ рядовыми солдатами. Жестокая расправа над молодыми революционерами вызвала потрясение и тайное сочувствие в обществе.

4. Николаевская реакция

Николай I всю жизнь боялся революций. При нем Россия стала настоящим полицейским государством. Принимались усиленные меры против всякого вольнодумства, преследовались любые новые идеи. Тайная полиция (Третье отделение) и цензура получили огромные права. Нередко сам царь проверял произведения, которые готовились к печати. Под контролем находились все учебные заведения, общественные организации, театры, гвардия и армия. Были ограничены контакты с заграницей, чтобы "революционная зараза" из Европы не проникла в Россию. Для укрепления своих позиций царское правительство пыталось разработать собственную идеологию (так наз. триада Уварова — "православие, самодержавие, народность"), которую внедряло в школы, университеты, печать, чтобы воспитать молодое поколение в преданности самодержавию. Годы правления Николая I называют "николаевской реакцией".

В национальных районах усилилась великодержавная политика. Даже украинский язык оказался под подозрением и был запрещен в школах и церквях. Такая политика не могла не вызывать народного возмущения. На Северном Кавказе, особенно в Чечне и Дагестане, горцы оказывали упорное сопротивление царским войскам и нанесли им целый ряд поражений. Во главе национального движения народов Кавказа встал имам Шамиль, объявивший "священную войну" против "неверных". Только через 25 лет удалось окружить Шамиля в горах (1859) и взять его в плен. Так ценой больших усилий и большой крови закончилось покорение Кавказа (1864).

Продолжая линию своих предшественников, Николай I активно вмешивался в европейские дела. В 1830-1831 гг. он жестоко подавил вспыхнувшее в Польше национально-освободительное восстание. В 1848 г., когда в Европе начались революции, русская армия была сразу же направлена за границу, чтобы "навести порядок". Царские войска вторглись в Венгрию и разгромили восставших. Таким образом Николай I оправдывал прозвище "жандарма Европы", которое Россия получила со времени создания Священного союза.

5. Общественные настроения в середине 19 в.

В условиях николаевской реакции русское общество настойчиво размышляло над судьбой страны. Многим было ясно, что крепостное право не может существовать дальше. Но каким путем должна идти Россия? На этот вопрос давались разные ответы. В 40-х годах 19 в. в русском обществе возник острый спор. Некоторые считали, что Россия и Западная Европа развиваются по одному и тому же пути, и Россия должна во всем учиться у Европы. Таких людей назвали "западниками". Противоположного мнения придерживались "славянофилы", которые утверждали, что Россия — страна особых традиций, бережно сохраненных крестьянством. Они призывали восстановить старые обычаи и порядки, существовавшие до реформ Петра I. Споры между западниками и славянофилами на протяжении многих лет находили отражение и в литературе, и в искусстве, и в науке. Радикальное крыло западников представляли революционные демократы В. Г. Белинский, А. И. Герцен и Н. П. Огарев. Идеи Герцена и Белинского оказали сильное влияние на несколько поколений русской молодежи.

6. Крымская война

На пути расширения империи интересы России столкнулись с интересами Англии и Франции. Это привело к началу Крымской войны за господство на Ближнем Востоке. В 1853 г.

Россия начала новые военные действия против Турции. В ответ Англия и Франция объявили России войну. Главный удар они решили нанести в Крыму. Почти год англо-французские войска вели осаду Севастополя. Русские героически защищали крепость. В боях погибли руководитель обороны адмирал П. С. Нахимов и множество солдат и офицеров. Но, несмотря на мужество солдат, Россия не смогла противостоять Англии и Франции. В августе 1855 г. русской армии пришлось оставить Севастополь. Падение Севастополя решило исход войны. В марте 1856 г. по Парижскому миру Россия возвращала Турции Карс, уступала Молдавскому княжеству устье Дуная и часть Южной Бессарабии. Черное море объявлялось нейтральным, Россия и Турция не могли держать там военный флот. Подтверждалась автономия Сербии и Дунайских княжеств.

Кризис крепостной империи развивался на всем протяжении царствования Николая I. Главную опору царь видел в армии и чиновниках, число которых все время увеличивалось. В стране усилились бюрократизм, злоупотребление властью. Крепостное право и консервативные взгляды все заметнее мешали экономическому развитию России. Поражение в Крымской войне показало отсталость страны и вызвало потрясение в русском обществе. Для Николая I, привыкшего верить в свое могущество, это был тяжелый удар. В феврале 1855 г. царь неожиданно умер. Национальное сознание было в шоке. Стало ясно, что стране необходимы реформы.

Слова

закат 衰落，没落
граница 边界，界线
симпатия 好感
режим 体制
ворваться [完]闯入
придворный(名)御前官员
экспансия 扩张
автономия 自治
продвижение 向前推进
отнять [完]占去
отечественный 祖国的
провозгласить [完]кого-что кем-чем 宣布……任……
инициатор 倡导者
самолюбивый 自尊心很强的
неизбежный 不可避免的
отступать [未]后退
сменить [完]替换
командование 指挥
знаменитый 出色的
приказ 命令
продовольствие 食品
грань(阴)边缘
партизанский отряд 游击队
развал 崩溃
победоносный 常胜的，不可战胜的
конгресс 会议
Священный союз 神圣同盟
декабрист 十二月党人
либеральный 自由主义的
советник 顾问，参谋
разрабатывать [未]制定
консерватор 保守主义者
оживление 活跃
конституция 宪法
болеть за что 替……担心
сравнивать [未]比较
тайный 秘密的
ограничить [完]限制，局限
полковник 上校
установление 确立
присяга 宣誓
выставить [完]提出
следствие 侦查
допрос 审问
повешены，повесить [完]的被动形动词短尾复数形式，意为被绞死
каторга 苦役
революционер 革命者
потрясение 震动

сочувствие 同情
реакция 反动
полицейский 警察的
вольнодумство 自由思想
цензура 书刊检查
печать(阴)印刷
зараза 传染
идеология 意识形态
триада 三位一体说
народность(阴)人民性
внедрять［未］贯彻，落实
преданность(阴)忠实
горцы(复)，单数为 горец，山民
имам 伊玛目(高加索伊斯兰教部落首领的称谓)
взять кого в плен 抓俘虏
покорение 征服
оправдывать［未］证明正确
прозвище 绰号
жандарм 宪兵
настойчиво 坚定地，坚决地
западник 西方派成员
придерживаться［未］чего 坚持
славянофил 斯拉夫派成员
призывать［未］号召
отражение 反映，体现
радикальный 激进的
демократ 民主主义者
господство 统治，主宰
осада 围攻
оборона 保卫
мужество 英雄气概
противостоять［未］对抗
падение 陷落，失守
исход 终结
дельта［дэ］三角洲
лишиться［完］кого-чего 失去
отсталость(阴)落后
кризис 危机
чиновник 官僚，官吏
шок 休克

Контрольная работа

1. Главнокомандующим русских войск во время Отечественной войны 1812 г. был назначен ________.

   А. А. В. Суворов　　Б. М. И. Кутузов

В. Г. К. Жуков Г. В. И. Чуйков

2. Отечественная война 1812 г. закончилась победой ______.

А. России Б. Франции В. Турции Г. Швеции

3. После создания ______ Россия стала “жандармом Европы”.

А. Священного союза

Б. русско-французского союза

В. Лиги наций

Г. просвещенного абсолютизма

4. В Священном союзе ведущую роль играла ______.

А. Австрия Б. Пруссия В. Россия Г. Англия

5. Реакционная политика аракчеевщины проводилась в царствование ______.

А. Петра I Б. Екатерины II

В. Александра I Г. Николая I

6. “Русская правда” является программой Южного общества во главе с ______.

А. Н. Муравьевым Б. К. Рылеевым

В. П. Каховским Г. П. Пестелем

7. Восстание декабристов произошло 14 декабря ______ года.

А. 1812 Б. 1814 В. 1826 Г. 1825

8. В ______ году русская армия завершила покорение Северного Кавказа.

А. 1801 Б. 1825 В. 1859 Г. 1864

9. ______ призывали восстановить старые обычаи и порядки России, существовавшие до реформ Петра I.

А. Западники Б. Славянофилы

В. Народники　　　　Г. Марксисты

10. Крымская война (1853-1856) закончилась поражением ________.

А. России　Б. Турции　В. Англии　Г. Франции

Лекция 8. Россия эпохи капитализма

1. Отмена крепостного права

Новый император Александр II, сын Николая I, понял, что Россия находится в кризисе и жить по-старому нельзя. Помещики хотели сохранить крепостное право любой ценой, но Александр, боясь восстания "снизу", приступил к проведению либеральных реформ. 19 февраля 1861 г. император подписал все законы, связанные с реформами, и манифест об отмене крепостного права. Это было важным шагом на пути модернизации России.

По "Манифесту 19 февраля" крестьяне получили личную свободу и гражданские права. Теперь они перестали считаться собственностью помещиков. Их нельзя было продавать, покупать, дарить и переселять по произволу владельцев. Крестьяне могли свободно заниматься промыслами или торговлей, переходить в другие сословия, поступать на службу или в учебные заведения.

Кроме того, лично свободные крестьяне получили наделы. Однако вся земля в имении признавалась собственностью помещика, в том числе и та, которая находилась в пользовании крестьян. За пользование своими наделами лично свободные крестьяне должны были отбывать барщину или платить оброк. Таких крестьян называли временнообязанными. Сначала за свой надел крестьяне должны были уплатить помещику около пятой части обусловленной суммы. Остальную часть уплачивало государство. Но крестьяне должны были возвращать эту сумму с процентами в течение 49 лет. Таким образом крестьяне получили землю не бесплатно, их заставили платить помещикам выкуп. На самом деле после отмены крепостного права у крестьян по всей стране осталось меньше земли, чем было раньше.

Тем не менее отмена крепостного права имела огромное историческое значение. В результате крестьянской реформы 1861 г. в России сложились более благоприятные условия для развития крупной капиталистической промышленности, торговли, транспорта и сельского хозяйства. Одновременно были проведены и другие либеральные реформы: судебная, военная и земская. Земская реформа заключалась в организации местного самоуправления, которое впервые принесло в русскую жизнь некоторые элементы демократии. Реформы Александра II дали толчок развитию капитализма в России.

2. Развитие капитализма

Благодаря реформам 60-х годов 19 в. в России ускорилась модернизация экономики. Важнейшими центрами крупной капиталистической промышленности стали Петербург и Москва. При этом Петербург выдвигался как центр машиностроения, а Москва оставалась главным очагом текстильной промышленности. Повсюду росли и развивались промышленные города. В последней трети 19 в. почти на "пустом месте" возникла нефтяная промышленность в Баку. В 70-х годах на юге страны в Донецком угольном бассейне начал формироваться новый крупный район горной и металлургической промышленности.

С 80-х гг. усилились иностранные инвестиции в Россию. Очень быстро развивалось строительство железных дорог, в том числе за счет частного и иностранного капитала. Железнодорожное строительство началось еще при Николае I. В 1851 г. было открыто движение по первой железной дороге от Петербурга до Москвы. В 1891 г. началось строительство Транссибирской магистрали, прошедшей через всю Сибирь. К концу века общая протяженность железных дорог в России составила около 50 тыс. км., в то время, как накануне реформы 1861 г. она составляла 1,5 тыс. км.

Новый российский класс промышленников формировался из дворян, купцов и представителей иностранного капитала. Среди них появилось немало очень богатых людей. Рабочий класс состоял, главным образом, из крестьян, которые теперь могли уходить в город на заработки. Однако рабочие были совершенно бесправны. Они жили в ужасных условиях, работали по 12-15 часов в день. Женщины и дети трудились вместе с мужчинами, но получали еще меньше. Таким образом, развитие экономики сопровождалось усилением классовых противоречий.

Крестьяне не получили самого главного — земли. В мировом экспорте хлеба Россия занимала первое место, но основные поставки шли через помещичьи хозяйства, которые занимали огромные земельные площади. В деревне сохранилась крестьянская община, основанная на архаических принципах общей собственности. Рыночные принципы и понятие о частной собственности на землю развивались медленно. Отсталые крестьянские хозяйства не могли противостоять стихийным бедствиям, часто возникали неурожаи и вслед за ними голод. Социальные отношения в деревне оставались очень напряженными.

3. Народническое движение

В середине 19 в. в русском общественном движении большую роль стали играть разночинцы, которым были близки демократические убеждения, идеи освобождения народа. Важное значение для развития демократического движения в этот период имел журнал “Современник”, ведущими сотрудниками которого были Н. Г. Чернышевский и Н. А. Добролюбов.

Реформы 1861 г. вызвали подъем демократических надежд, но царское правительство их не оправдало. Молодежь разочаровалась в возможности мирных реформ. В Петербурге и Москве стали возникать тайные политические организации и кружки. Очень популярными стали идеи народников, мечтавших поднять крестьян на революцию и установить в России социализм на базе крестьянской общины. Весной 1874 г. сотни юношей и девушек, переодевшись в крестьянскую одежду, пошли в народ для пропаганды своих идей. Но неграмотные и забитые крестьяне не понимали их и нередко даже доносили на них в полицию, которая тут же арестовывала пропагандистов. “Хождение в народ” окончилось полным провалом. К осени 1877 г. народников в деревне почти не осталось.

После провала “хождения в народ” в среде народников встал вопрос, каким путем идти дальше. Сторонники решительных методов создали свою организацию, которую назвали

“Народная воля”. Своим главным орудием они выбрали террор. Народовольцами руководили А. И. Желябов, сын крепостного крестьянина, и С. Л. Перовская, дочь царского министра.

С осени 1879 г. народовольцы начали настоящую охоту на царя. Дважды они пытались взорвать царский поезд, устроили взрыв во дворце. Царское правительство отвечало арестами и казнями, но народовольцы не сдавались. 1 марта 1881 г., когда Александр II возвращался во дворец после военного парада, народовольцы бросили в него бомбу. Царь был тяжело ранен и через час умер в своем кабинете в Зимнем дворце.

Но убийство царя не привело к революции. Вскоре почти все руководители “Народной воли” были арестованы и публично повешены. Грозная боевая организация потеряла свою силу.

4. Контрреформы Александра III

Александр II был убит в то время, когда готовилась программа дальнейших реформ. Его наследник Александр III взял противоположный курс, который был назван “контрреформами”. Контрреформы Александра III были направлены против преобразований 1860-1870-х годов: была ограничена самостоятельность университетов и прессы, усилен контроль над земством и общий полицейский контроль над обществом.

Царское правительство подавляло национальную культуру других народов империи и проводило политику насильственной русификации — заставляло нерусские народности принимать русский язык и русские обычаи. Политика Александра III была направлена на то, чтобы сохранить самодержавие и сословный строй в России. Такая реакционная политика могла привести только к социальному взрыву.

5. Распространение марксизма

К концу 19 в. численность рабочих в России составила около 3 млн. чел. Жестокая эксплуатация и тяжелые условия жизни вызывали среди них недовольство и резкий протест. На заводах и фабриках нередко возникали стихийные забастовки и бунты.

В это время под влиянием социалистического движения в Европе часть русских интеллигентов обращается к марксизму. Один из ведущих русских марксистов Г. В. Плеханов в 1883 г. в Женеве создает первую марксистскую группу "Освобождение труда". В 80-90-е гг. и в самой России начинают образовываться марксистские кружки, занимающиеся революционной пропагандой, в том числе и среди рабочих. В 1893 г. в Петербурге появляется молодой марксист В. И. Ульянов, привлекающий внимание своей решительностью и убежденностью. Осенью того же года он участвует в создании петербургского "Союза борьбы за освобождение рабочего класса" — самой большой марксистской организации в России. В 1898 г. по инициативе "Союза борьбы" в Минске собираются представители ряда марксистских кружков и групп, которые объявляют об образовании Российской социал-демократической партии — РСДРП, которая стала предшественницей коммунистической партии России.

6. Экспансия на Востоке

Во 2-й пол. 19 в. Россия вела активную дипломатическую политику в Европе, добиваясь ликвидации последствий Крымской войны. Значительное влияние на внешнюю политику в этот период оказывали идеи панславизма. Под флагом "защиты братьев-славян" в 1877-1878 гг. Россия вступила в войну с Турцией. В феврале 1878 г. был подписан мирный договор, по которому была признана независимость Сербии, Черногории и Румынии. К России отошли устье Дуная и часть побережья на Черном море в районе Батуми.

В этот период Российская империя особенно усилила свое продвижение на Востоке. Царское правительство все активнее вмешивалось в дела Средней Азии, используя местные конфликты и противоречия. В 60-е гг. 19 в. был окончательно присоединен Казахстан. Затем русские войска покорили среднеазиатские государства — Коканд, Бухару и Хиву. В 80-е гг. с помощью военной силы были покорены туркменские племена. Таким образом во 2-й половине 19 в. была присоединена огромная территория Средней Азии — от Каспийского моря до гор Тянь-Шаня и от Аральского моря до границы с Афганистаном.

Финансовые трудности вынудили царское правительство в 1867 г. продать американцам Аляску и Алеутские острова, приобретенные в конце 18 в., но расширение границ на Дальнем Востоке занимало все более важное место во внешней политике России. В 1850-е гг. проводятся русские военные экспедиции в районе Хэйлунцян и Уссури Китая. В мае 1858 г. царское правительство, используя наступление англо-французских войск на Тяньцзинь, заключает Айгунский договор и заставляет Цинское правительство признать, что земли по левому берегу Хэйлунцзян (свыше 0,6 млн. кв. км) принадлежат России, а земли между Уссури и морем находятся в общем владении двух стран. В июне 1858 г. между Россией и Китаем было подписано еще одно соглашение — Тяньцзиньский договор, по которому Россия получила права торговли не только по сухопутной границе, но и в морских портах Китая. Кроме того, Россия добилась права иметь постоянного представителя в Пекине и консулов во всех портах Китая, открытых для других европейских держав. Но уже в 1860 г. Россия требует новых уступок. В Пекине подписывается новый договор, по которому Уссурийский край (свыше 0,4 млн. кв. км) был взят Россией.

В 60-90-е гг. 19в. в связи с наступлением России в Средней Азии возникают проблемы и на западной границе Китая. Цинское правительство вынуждено было подписать целый ряд договоров и протоколов, в которых закреплялась российская экспансия. К России отошли большие территории (свыше 0,5 млн. кв. км) в этом районе.

Пограничный вопрос на долгие годы стал больным вопросом в российско-китайских отношениях в XX в. Исходя из исторических реалий и стремясь к установлению добрососедских отношений, руководители обеих стран провели большую работу по решению этого вопроса. К настоящему времени все пограничные проблемы между Китаем и Россий решены. Справедливое решение оставленных историей вопросов соответствует совместным желаниям народов обеих стран.

Слова

отмена 取消
приступить [完]к чему 着手
модернизация 现代化
владелец 占有者，主人
промысел 小手工业
надел(分给农民的)份地
отбывать [未]履行，执行
барщина 徭役
оброк 代役租
временнообязанный 临时义务的
обусловленный 约定的，制约性的，因果的
процент 利息
заставить [完]迫使
выкуп 赎金
самоуправление 自我管理
элемент 成份
земство 地方自治机构
выдвигаться [未]突出，出名
очаг 发源地，中心
инвестиция 投资
протяженность(阴)长度
заработок(临时雇用的)工作，短工
ужасный 可怕的
экспорт 出口
поставка 提供，供应
архаический 陈旧的
отсталый 落后的
стихийные бедствия 自然灾害
неурожай 歉收
народничество 民粹派
разночинец 平民知识分子
убеждение 信念
подъем 高涨，上升
разочароваться [完] в чем 对……失望
пропаганда 宣传
забитый 受尽折磨的
полиция 警察局
хождение в народ 到民间去
воля 意志
террор 恐怖手段
народоволец 民意党人
бомба 炸弹
убийство 杀害
публично 公开地，当众地

контрреформа 反改革
пресса 刊物
русификация 俄罗斯化
забастовка 罢工
интеллигент 知识分子
марксизм 马克思主义
освобождение 解放
дипломатический 外交的
последствие 后果
панславизм 泛斯拉夫主义
вынудить [完]迫使
закрепляться [未]за кем-чем 确认为……所有
протокол 备忘录
пограничный 边界的
исходить [未]из чего 根据……
реалия 现实
добрососедский 睦邻友好的
зафиксировать [完]确定，固定
справедливый 正义的

Контрольная работа

1. 19 февраля ________ года император Александр II подписал манифест об отмене крепостного права.
   А. 1853　Б. 1856　В. 1861　Г. 1864
2. В ________-х годах 19 в. в России ускорилось развитие капитализма.
   А. 30　Б. 40　В. 50　Г. 60
3. Транссибирская магистраль была построена в конце ________ века.
   А. 17　Б. 18　В. 19　Г. 20
4. Главным событием в народническом движении 70-х годов 19 в. является "________".
   А. хождение в народ　Б. бунт
   В. террор　Г. пропаганда марксизма

5. Александр II был убит ________.

А. марксистами Б. западниками

В. славянофилами Г. народовольцами

6. Реакционную политику ________ называют “контрреформами”.

А. Николая I Б. Александра I

В. Александра II Г. Александра III

7. Первая марксистская группа России стала называться “________”.

А. Освобождение труда

Б. Союз борьбы за освобождение рабочего класса

В. Социал-демократическое движени

Г. Северный союз русских рабочих

8. В ________ г. в Минске была создана РСДРП, предшественница коммунистической партии России.

А. 1893 Б. 1895 В. 1898 Г. 1903

9. Во второй половине ________ века к России была присоединена огромная территория Средней Азии.

А. 16 Б. 17 В. 18 Г. 19

10. В 1867 г. Россия продала США ________.

А. Аляску и Камчатку

Б. Аляску и Алеутские острова

В. Аляску и Курильские острова

Г. Аляску и Чукотку

Лекция 9. Россия в войнах и революциях

1. Россия на стыке веков

В 1894 г. после смерти Александра III на престол вступил Николай II — последний император России. В этот период продолжался бурный рост российской промышленности, сопровождавшийся концентрацией производства и образованием монополистического капитала. Успехи хозяйственной модернизации России этого периода тесно связаны с именем С. Ю. Витте, министра финансов и председателя Комитета министров. По инициативе Витте была проведена денежная реформа и другие экономические преобразования, укрепившие государственные финансы и ускорившие промышленное развитие России.

Вместе с этим продолжали развиваться и внутренние противоречия в экономике и в российском обществе. Сохранялся огромный разрыв между сельским хозяйством и промышленностью, между городом и деревней, между богатыми и бедными. Дикие методы эксплуатации и полное отсутствие политических прав вызывали недовольство у всех слоев населения. Политические перемены стали необходимостью.

В такой ситуации в России на рубеже 19-20 вв. стали оформляться различные политические партии и движения, каждое из которых предлагало свой вариант решения проблемы. Либералы из буржуазных кругов общества стояли за конституционную монархию и парламентскую систему. В русской деревне большое влияние имела партия социалистов-революционеров (эсеров), которые развивали идеи народников. Среди нерусских национальностей получили развитие идеи национализма и национальной автономии, появились буржуазно-националистических партии на Украине, в Польше, Грузии и Азербайджане.

Партией, опиравшейся на идеи марксизма и видевшей главную силу в рабочем классе, была РСДРП. Большую роль в распространении революционных идей партии играла газета "Искра", которую начали издавать за границей Плеханов и Ульянов (Ленин) в 1900 г. В июле 1903 г. сначала в Брюсселе, а затем в Лондоне собрался II съезд РСДРП, который должен был утвердить программу партии и ее Устав. Между участниками съезда возник острый спор. При избрании Центрального комитета и редакции газеты "Искра" сторонники Ленина получили большинство голосов. С тех пор та часть РСДРП, которая шла за Лениным, стала называться большевиками, а их противники — меньшевиками. Большевики представляли радикальное крыло социал-демократов, а меньшевики — либеральное. В 1905 г. состоялись уже отдельные съезды — большевиков в Лондоне, меньшевиков в Женеве. Таким образом раскол в РСДРП был официально закреплен.

2. Русско-японская война

Продолжая политику экспансии, царское правительство стремилось к усилению своего влияния на Дальнем Востоке, прежде всего, в Китае. В 1896 г. оно добилось разрешения от Цинского правительства на строительство Китайско-Восточной железной дороги (КВЖД) на Северо-Востоке Китая. В 1898 г. на Ляодунском полуострове Китая была создана военно-морская база русского флота — Порт-Артур (Люйшунь). Россия вместе с Англией, Францией и другими иностранными державами принимала участие в подавлении восстания ихэтуаней Китая и с 1903 г. держала на Северо-Востоке Китая большую армию.

Продвижение России к берегам Тихого океана вызвало беспокойство у Японии, которая тоже участвовала в разделе Китая и претендовала, в частности, на Ляодунский полуостров. С конца 90-х гг. 19 в. Япония начала открытую подготовку к войне. Царское правительство, уверенное в своих силах, недооценивало противника.

27 января 1904 г. японский флот неожиданно напал на русский Тихоокеанский флот в Порт-Артуре. После этого в нескольких морских сражениях погибла большая часть русских кораблей — Тихоокеанский флот был разгромлен. Царская армия терпела одно поражение за другим. В конце 1904 г. Порт-Артур был взят Японцами. В феврале 1905 г. в сражении под Мукденом (Шеньяном) русские понесли огромные потери. Война была окончательно проиграна. По Портсмутскому миру 1905 г. Россия уступала Японии южную часть острова Сахалин и права на аренду Ляодунского полуострова, а также признавала Корею сферой японского влияния. Поражение в войне усилило волнение в русском обществе и подтолкнуло страну к революции.

3. Первая русская революция

В начале января 1905 г. на крупнейшем предприятии Петербурга вспыхнула забастовка. Ее поддержали рабочие всего города. Священник Гапон предложил рабочим обратиться к царю с прошением. В воскресенье 9 января 150 тыс. мужчин, женщин и детей направились к Зимнему дворцу, чтобы просить царя о помощи. Около Зимнего дворца их встретили солдаты, которые открыли огонь по мирным людям. Тысячи были ранены, несколько сот убито.

"Кровавое воскресенье" вызвало огромное возмущение по всей стране — вера в царя была окончательно разбита. Массовые забастовки прошли в Москве, Риге, Варшаве, Тифлисе (Тбилиси). С приходом весны вспыхнули крестьянские волнения в разных концах России. Крестьяне начали занимать земли помещиков, жечь усадьбы, отказываться от уплаты налогов. На борьбу поднялись национальные регионы — Украина, Белоруссия, Польша, Литва, Грузия.

Царское правительство сначала пыталось подавить революцию с помощью репрессий, а когда поняло, что это невозможно, то вынуждено было давать обещания и идти на уступки, но революционное движение продолжало подниматься. Большевики и другие партии вели пропаганду среди рабочих, солдат и особенно успешно среди матросов. Летом 1905 г. вспыхнуло матросское восстание на Черном море — на броненосце "Потемкине". 19 сентября по всей России началась самая крупная всеобщая забастовка, в которой участвовало около 2 млн. чел. В октябре образовался Совет рабочих депутатов в Петербурге, в который вошли представители большевиков, меньшевиков и эсеров. Такие же Советы возникли в Москве и других городах. Под давлением революционной ситуации 17 октября 1905 г. Николай II подписал Манифест, в котором обещал дать народу демократические свободы и провести выборы в Государственную Думу.

В конце ноября рабочие волнения вспыхнули с новой силой. Московский Совет под руководством большевиков начал подготовку к восстанию, рассчитывая свергнуть царскую власть. 10 декабря рабочие взялись за оружие, начали строить баррикады. 10 дней на улицах Москвы шли бои, но восстание было подавлено. Потерпели поражение вооруженные выступления и в других городах.

Царское правительство снова почувствовало свою силу и усилило репрессии. Весной 1906 г. общее число заключенных в тюрьмы и высланных превысило 50 тыс. чел. Карательные отряды жестоко подавляли крестьянские бунты, военные суды приговаривали к смертной казни забастовщиков. Председателем Совета министров был назначен убежденный монархист П. А. Столыпин, который поставил себе целью спасти монархию. К лету 1907 г. революционное движение было окончательно подавлено.

С другой стороны, Столыпин сделал попытку провести модернизационные реформы. Еще в конце августа 1906 г. под давлением Думы и крестьян он провел мероприятия по передаче Крестьянскому банку части государственных и удельных земель для продажи крестьянам. Реформы были направлены на то, чтобы разрушить общину и сделать крестьян мелкими собственниками. Крестьянам разрешили свободно выходить из общины, получив свой участок земли. Поощрялось также переселение в Сибирь на новые земли. Между 1907 и 1914 гг. туда выехало около 3,5 млн. чел. В результате реформ многие богатые крестьяне (кулаки) образовали самостоятельные хозяйства. Но реформа не коснулась помещичьих земель, в деревне усилилось разделение на богатых и бедных. Столыпинские реформы потерпели неудачу, а сам Столыпин был убит террористом 1 сентября 1911 г.

4. Первая мировая война и конец монархии

Образование единой Германии во второй половине 19 в. в корне изменило международную ситуацию и подтолкнуло Россию к сближению с Францией. В начале 20 в. образовался геополитический союз, включавший Россию, Францию и Англию. Эти страны противостояли Германии и Австро-Венгрии и вели с ними борьбу за сферы влияния. Главным центром напряженности в Европе все время были Балканы, где продолжался распад Турецкой империи. В 1914 г. Балканский кризис перерос в Первую мировую войну.

В июле 1914 г. Австро-Венгрия объявила войну Сербии. Россия, продолжая свою политику "защиты славян", начала общую мобилизацию. В ответ Германия объявила 1 августа войну России. В истории Первую мировую войну называют империалистической, т. к. все страны-участницы боролись за свои империалистические интересы. Социал-демократические партии разных стран, в том числе и меньшевики, поддержали свои правительства. Большевики же во главе с Лениным выступили против войны и требовали превратить империалистическую войну в войну гражданскую.

В начале войны русская армия действовала успешно, но эти успехи оказались временными. В мае 1915 г. Германия и Австро-Венгрия развернули широкое наступление, в результате которого русская армия потеряла половину своих сил и отошла далеко на восток. Поражение вызвало рост антивоенных настроений. В городе и в деревне тоже росло недовольство. Условия жизни трудящихся резко ухудшались. Цены на товары поднимались, а курс рубля падал. Перед магазинами стояли длинные очереди за хлебом. Спекуляция и коррупция достигли огромных размеров, власть же не принимала никаких мер, проявляя полную беспомощность. В высших кругах усилилась внутренняя борьба. При дворе большую силу получил авантюрист Григорий Распутин, который завоевал доверие царской семьи. Пользуясь своим особым положением, он вмешивался в государственные дела, в правительственные назначения. Авторитет Романовых, и без того шаткий, упал еще больше. Неспособность самодержавия управлять страной стала ясной для всех — Россия шла к новой революции.

В феврале 1917 г. нехватка хлеба и массовые увольнения рабочих вызвали волнения в Петрограде. Начались демонстрации и забастовки. Солдаты, которых власти послали на подавление демонстраций, отказались стрелять в народ. Тогда офицеры сами открыли огонь — было убито 150 человек. 27 февраля 1917 г. солдаты подняли бунт против своих офицеров и вышли на улицу вместе с народом. Восставшие захватывали оружие, занимали общественные здания, освобождали заключенных. Царь отдал приказ "навести порядок", но войска, вызванные с фронта, тоже перешли на сторону революции. Солдаты и рабочие-железнодорожники задержали царский поезд и не дали царю вернуться с фронта в Петроград.

В этой ситуации Государственная Дума решилась направить своих представителей к Николаю II, чтобы уговорить его отречься от престола. 2 марта 1917 г. Николай II подписал отречение. Монархия была свергнута, Февральская революция победила. По всей стране народ праздновал победу под лозунгами: "Долой царя!" "Да здравствует свобода!"

5. Октябрьская революция

Февральская революция началась стихийно. Уже в ходе ее стали образовываться новые структуры власти. Петроградский Совет представлял интересы восставшего народа и пользовался огромным авторитетом среди солдат и рабочих. Но Совет не готов был взять на себя всю власть. Меньшевики и эсеры, составлявшие в Совете большинство, решили признать Временное правительство, созданное с помощью Думы и поддерживаемое буржуазными партиями. Таким образом в стране сложилось двоевластие — Советы рабочих и солдатских депутатов и Временное правительство.

Временное правительство состояло из политиков, которые мечтали установить в России парламентский строй по западному образцу. Придя к власти, они не думали менять экономический и общественный порядок. Было объявлено, что все основные вопросы будут решаться Учредительным собранием, которое обещали созвать позднее, а пока надо продолжать войну "для защиты революции". Такая политика, конечно, не отвечала требованиям народа, который не мог и не хотел больше ждать.

В Москве и других городах — повсюду начали создаваться Советы. Рабочие вооружались и организовывали отряды Красной гвардии. В деревне крестьяне продолжали требовать передела помещичьих земель. Что касается солдат, то они больше всего желали окончания войны. Они устраивали митинги, отказывались подчиняться офицерам. В такой обстановке резко усилились активность и влияние большевистской партии. И. Сталин и Л. Каменев, вернувшись из ссылки сразу после Февраля, приняли участие в работе Петроградского Совета. В дни революции быстро поднялся авторитет Л. Троцкого — одного из лучших ораторов партии. В. Ленин был в Швейцарии, когда пришло известие о Февральской революции. Он рвался на родину, но приехать туда смог только в апреле 1917 г. Прямо на вокзале, где его встречали тысячи людей, Ленин произнес речь, которую закончил словами: "Да здравствует социалистическая революция!"

Большевистская партия выдвинула лозунги: "Долой войну!" "Земля — крестьянам!" "Хлеб — голодным!" Эти лозунги были близки и понятны многим. Большевики выступали на митингах, вели пропаганду на заводах и фабриках среди солдат и матросов. Авторитет большевистской партии стремительно поднимался. В июне 1917 г. в Петрограде прошли мощные демонстрации под лозунгом "Вся власть Советам!" В начале июля демонстрации приняли вооруженный характер. Временное правительство начало репрессии. Троцкий, Каменев и другие руководители партии были арестованы, газета "Правда" закрыта. Ленину вместе с Г. Зиновьевым удалось скрыться в Финляндии.

После июльских дней в обществе и в правительстве усилилось давление со стороны правого крыла. В августе 1917 г. главнокомандующий генерал Л. Корнилов сделал открытую попытку переворота и послал верные ему войска на Петроград. Большевики подняли массы на борьбу с Корниловым, и мятеж был быстро ликвидирован. Влияние большевиков росло с каждым днем. Они получили большинство в Советах Петрограда, Москвы и многих других городов. Ленин, чутко следивший за развитием ситуации, в начале октября тайно вернулся в Петроград.

10 октября ЦК РСДРП(б) принял предложения Ленина о начале восстания. Для руководства им был создан Военно-революционный совет. Штабом восстания стал Смольный, где находился ЦК партии. Утром 24 октября (6 ноября по новому стилю) Глава Временного правительства Керенский приказал закрыть большевистскую газету. В ответ большевики начали свои действия. Восставшие заняли вокзалы, мосты через Неву, захватили почту и телеграф. За несколько часов почти весь город перешел в руки восставших. К вечеру 25 октября (7 ноября) был окружен Зимний дворец, где заседало Временное правительство. Выстрел с крейсера "Аврора", стоявшего неподалеку на Неве, дал сигнал к штурму. В 2 часа ночи Зимний дворец был взят, и министры Временного правительства арестованы. Восстание в столице победило. В ту же ночь II Всероссийский съезд Советов принял решение о создании новой Советской власти. Так произошла Октябрьская революция.

Вслед за Петроградом в ноябре 1917 г. произошло восстание в Москве и некоторых других городах. В марте 1918 г. Советская власть установилась по всей территории России. С 12 марта 1918 г. столицей Советской России стала Москва.

Слова

перелом 转变
стык 接轨
концентрация 集中
монополистический 垄断的
модернизация 现代化
разрыв 脱节，失调
эксплуатация 剥削
оформляться [未]形成
эсер＝социалист-революционер 社会革命党人
искра 火星
съезд 代表大会
программа 纲领
устав 章程
большевик 布尔什维克
меньшевик 孟什维克
претендовать [未] на что 觊觎……
недооценить [完]估计不足
аренда 租赁
сфера влияния 势力范围
вспыхнуть [完]爆发，勃发
забастовка 罢工
священник 神甫
прошение 呈文
кровавый 流血的
усадьба 庄园
свергнуть [完]推翻
баррикада 街垒
заключенный(名)囚犯
высланный(名)被流放的人
карательный отряд 讨伐队
удельный 封邑的
кулак 富农
коснуться [完]触及，涉及
сближение 接近
мобилизация 动员
спекуляция 投机倒把
авантюрист 冒险家
шаткий 摇晃的
увольнение 解雇
захватывать [未]拿起

отречься от престола 退位
стихийно 自发地
двоевластие 两种政权并存
депутат 代表
парламентский 议会的
Учредительное собрание 制宪会议
оратор 演说家
рваться [未]急切地想(去某处)
митинг 集会
главнокомандующий(名) 总指挥官
мятеж 叛乱
действие 行动
заседать [未]开会
крейсер 巡洋舰
сигнал 信号

Контрольная работа

1. На втором съезде РСДРП (________ года) те члены партии, которые шли за Лениным, стали называться большевиками.

   А. 1895　　Б. 1898　　В. 1900　　Г. 1903

2. Русско-японская война 1904-1905 гг. проходила ________.

   А. на территории России

   Б. на Севере-Востоке Китая и в Корее

   В. в Монголии

   Г. на территории Японии

3. Началом первой буржуазно-демократической революции считается ________.

   А. русско-японская война

   Б. восстание декабристов

   В. восстание матросов на броненосце “Потемкин”

   Г. “Кровавое воскресенье”

4. К лету ________ года первая буржуазно-демократическая революция в России была окончательно подавлена.

А. 1905 Б. 1906 В. 1907 Г. 1908

5. В 1906 г. председатель Совета министров ________ начал проводить аграрную реформу.

А. С. Ю. Витте Б. А. Ф. Керенский

В. Г. Распутин Г. П. А. Столыпин

6. Первая мировая война вспыхнула в ________ году.

А. 1904 Б. 1905 В. 1914 Г. 1917

7. Среди разных политических партий России лишь ________ выступили против Первой мировой войны.

А. большевики Б. меньшевики

В. монархисты Г. анархисты

8. Царское правительство было свергнуто в ходе ________.

А. первой буржуазной революции 1905-1907 гг.

Б. Февральской революции 1917 г.

В. Октябрьской революции 1917г.

Г. Гражданской войны 1918-1920 гг.

9. После ________ в России сложилось двоевластие.

А. первой буржуазно-демократической революции

Б. Февральской революции 1917г.

В. мятежа Корнилова

Г. июльских событий 1917 г.

10. Октябрьская революция произошла в Петрограде ________.

А. в октябре 1905 г.

Б. в ноябре 1917 г.

В. в октябре 1917 г.

Г. в ноябре 1907 г.

Лекция 10. Укрепление и развитие Советского строя

1. Политика молодой Советской власти

Новое правительство во главе с Лениным активно приступило к социальным реформам. Одним из первых декретов новой власти стал Декрет о земле, который объявлял о ликвидации частной собственности на землю и передавал всю землю, принадлежавшую раньше помещикам, монастырям и церкви, в распоряжение местных Советов для того, чтобы разделить ее между трудящимися. Этот декрет отвечал интересам крестьян. В декабре 1917 г. была проведена национализация банков, железных дорог, крупных промышленных предприятий. Был введен 8-мичасовой рабочий день, запрещен детский труд на производстве. Предприятия были отданы под контроль рабочих комитетов. Советская власть объявила об отделении церкви от государства и школы от церкви. Был реформирован алфавит, отменены некоторые устаревшие буквы. Россия перешла на новый календарь*, давно уже принятый в Европе.

Одним из самых важных вопросов, стоявших перед

---

* С 1 февраля 1918 г. по старому календарю в соответствии с декретом Совнаркома советское правительство ввело в России новый календарный стиль (григорианский): 1 февраля по старому календарю стало считаться 14-м февраля по новому. Но Русская православная церковь продолжает придерживаться старого стиля.

молодой Советской властью, был вопрос о войне. Народ с радостью встретил Декрет о мире, принятый 26 октября 1917 г. 3 марта 1918 г. был подписан Брестский мир между Россией и Германией. По этому договору Россия отказывалась от Финляндии и Прибалтики, Украины и Белоруссии, отдавала часть территории Турции. Красная Армия вынуждена была уйти с Украины, куда сразу же вступили немецкие войска. Уступки были тяжелыми, но они дали возможность в то критическое время спасти Советскую власть. Через 8 месяцев, в ноябре 1918 г., когда закончилась Первая мировая война и в Германии началась революция, Советская власть, воспользовавшись моментом, аннулировала Брестский договор.

2. Гражданская война

Октябрьская революция вызвала ожесточенное сопротивление у бывших правящих классов и партий. В 1918 г. в стране началась Гражданская война. Основными очагами сопротивления стали районы Дона, Кубани и Украины, а также часть Восточной и Западной Сибири. На юге царские генералы во главе с А. Деникиным создали Добровольческую армию, в основном, из числа офицеров старой армии. В Сибири силы монархистов возглавлял царский адмирал А. Колчак. Эсеры, создавшие свое правительство в Поволжье, продолжали политику терроризма. Разорвали союз с большевиками и левые эсеры, не принявшие политику Советской власти и выступившие против Брестского мира.

Положение Советской власти оказалось еще более тяжелым

в связи с вмешательством иностранных держав. Бывшие союзники России в войне враждебно отнеслись к большевикам. В марте 1918 г. на Севере (в Мурманске и Архангельске) высадились английские, американские, итальянские солдаты. В августе англичане заняли Баку и свергли там Советское правительство. Французские войска в Одессе оказывали поддержку Деникину. Англо-французские войска поддерживали в Сибири Колчака. На Дальнем Востоке действовали японцы и американцы.

Линии фронта разделили страну — только Центр оставался в руках Советской власти. Учитывая сложность ситуации, большевики в кратчайшие сроки сформировали свою армию, перешли к политике "красного террора" и создали особый метод управления экономикой, который назвали "военным коммунизмом". При этом государство не только национализировало все производство в стране, но и полностью взяло в свои руки распределение продукции. Крестьяне обязаны были сдавать все излишки хлеба, которые затем распределялись в городах по карточкам. В деревню посылались специальные "продовольственные отряды", которые заставляли крестьян сдавать хлеб, картофель, яйца, мясо, молоко и другие продукты. На заводах ввели строгую дисциплину, все граждане от 16 до 50 лет обязаны были трудиться. Организовывались "трудовые армии". Коммунисты подавали пример добровольного труда на субботниках. Для подавления контрреволюции уже в декабре 1917 г. была создана ВЧК (Всероссийская Чрезвычайная комиссия по борьбе с контрреволюцией и саботажем).

Жесткая политика и твердое руководство превратили всю

страну в единый военный лагерь и обеспечили победу в Гражданской войне. Во время Гражданской войны огромную роль сыграла Красная Армия. Появились талантливые командиры из рабочих и крестьян — С. М. Буденный, В. И. Чапаев и др. В 1919 г. Красная Армия вела тяжелые бои с "белыми" на востоке, на севере, на юге и на западе. В итоге, все наступления "белых" были разбиты. В конце 1919 г. иностранные войска начали спешно возвращаться домой.

В ноябре 1920 г. Красная Армия разгромила войска П. Врангеля в Крыму. Остатки белой армии бежали за границу. Гражданская война, в основном, закончилась. В 1921-1922 гг. Советская власть окончательно очистила от своих противников Закавказье, Среднюю Азию и Дальний Восток.

3. Образование СССР

Царская Россия была, по словам Ленина, "тюрьмой народов". Свержение монархии вызвало бурный подъем национального движения во всех регионах страны. Сразу после Октябрьской революции была опубликована Декларация прав народов России, в которой говорилось о "праве народов России на свободное самоопределение вплоть до отделения и образования самостоятельного государства" и одновременно заявлялось о замене царской политики "политикой добровольного и честного союза народов России". С начала 1918 г. провозгласили независимость Польша, Финляндия, Эстония, Латвия, Литва, Украина и республики Закавказья (Грузия, Армения и Азербайджан). Российская империя распалась.

После того, как в ходе Гражданской войны на Украине, в Белоруссии, Закавказье и Средней Азии утвердилась Советская власть, снова появились тенденции к объединению различных самостоятельных республик. Возник вопрос о принципах отношений внутри новой федерации. Проект объединения, поддержанный Сталиным, фактически означал поглощение других республик Россией (то есть РСФСР). Ленин не согласился с этим проектом — он настаивал на принципе равенства наций и осуждал великорусский шовинизм.

6 октября 1922 г. Пленум ЦК РКП(б) на основе ленинских указаний принял проект создания нового союзного государства, которое получило название СССР — Союз Советских Социалистических республик. 30 декабря 1922 г. I съезд Советов СССР утвердил Декларацию об образовании СССР и Союзный договор, подписанный Россией, Украиной, Белоруссией и Закавказьем. Всем республикам гарантировались равные права внутри Союза и право свободного выхода из него. Конституция СССР 1924 г. провозгласила также право свободного вступления в союз других социалистических республик. В 1925 г. в СССР вступили Узбекская и Туркменская республики, в 1929 г. — Таджикская.

4. Период НЭПа

Гражданская война вызвала в стране экономическую разруху. Большинство заводов и фабрик остановилось. Политика “военного коммунизма”, уничтожившая все рыночные отношения, еще более ухудшала положение, особенно в деревне. Во многих районах страны вспыхивали крестьянские восстания. В 1921-1922 гг. в Поволжье, на Дону и на Украине разразилась сильнейшая засуха, а за ней страшный голод, от которого погибли миллионы людей. В марте 1921 г. в Кронштадте произошел военный мятеж моряков. Они требовали изменения политической и экономической политики в стране.

Ленину становилась все яснее необходимость пересмотра политики партии и изменения отношения к крестьянам. Решающий поворот состоялся на X съезде РКП(б) в марте 1921 г., где было принято решение о введении продовольственного налога в деревне. Начался переход к новой экономической политике, получившей название НЭП.

НЭП допускал одновременное существование различных экономических укладов, в том числе государственного капитализма, признавал роль рынка. Государство оставляло за собой только самые крупные и эффективные предприятия, остальные сдавались в аренду, мелкие предприятия возвращались прежним хозяевам. В промышленность привлекался иностранный капитал. Была разрешена свободная торговля, разрешен также наемный труд, восстановлены частные магазины и рынки. Крестьяне получили право распоряжаться своей продукцией и после выполнения продовольственного налога свободно продавать ее на рынке. НЭП быстро изменил ситуацию в стране.

Переход к рыночным отношениям в основном завершился к осени 1921 г. Сразу оживились торговля и мелкое производство. К середине 1920-х гг. предприятия легкой и пищевой промышленности в основном восстановили довоенный уровень. С 1924 г. стало улучшаться положение и в тяжелой промышленности.

Большое развитие получили различные формы кооперации. Улучшилось положение крестьян, бедняков в деревне становилось все меньше.

Ленин не раз подчеркивал значение НЭПа, говорил о том, что НЭП вводится "всерьез и надолго". Однако, начиная с мая 1922 г., здоровье Ленина становилось все хуже. В этот период усилилась роль Сталина, который в 1922 г. стал Генеральным секретарем партии. После смерти Ленина 21 января 1924 г. внутри партии разгорелись споры и дискуссии о путях развития страны. Троцкий стоял за "диктатуру промышленности", Н. Бухарин же призывал постепенными шагами развивать крестьянскую экономику. В 1925 г. началась открытая борьба с Троцким и его сторонниками. В конце 1927 г. представители "левой" оппозиции Троцкий и Зиновьев были исключены из партии.

В ходе внутрипартийной борьбы Сталин разработал положение "о возможности построения социализма в одной, отдельно взятой стране". На пленуме ЦК в июле 1928 г. Сталин подчеркивал, что политика НЭПа зашла в тупик и что необходим "сверхналог" на крестьянство для сохранения высоких темпов развития промышленности. В ответ Бухарин выступил с рядом статей в газете "Правда", в которых критиковал отказ от НЭПа. В партии началась борьба против "правого уклона", представленного Бухариным. В ноябре 1929 г. Бухарин был исключен из Политбюро. С этого момента мнение Сталина в партии стало окончательным.

5. Индустриализация и коллективизация

Руководство ВКП(б) поставило задачу превратить СССР из отсталой аграрной страны в развитую индустриальную державу. В декабре 1925 г. на своем XIV съезде партия провозгласила курс на индустриализацию. Этой цели служили первые пятилетние планы развития народного хозяйства. В период первой (1928-1932) и второй (1933-1937) пятилеток вся страна стала огромной строительной площадкой. Строились тракторные заводы, металлургические комбинаты на Урале, в Сибири, на Украине. Появлялись новые гидроэлектростанции, железные дороги, новые промышленные города (Новокузнецк, Комсомольск-на-Амуре). В 1935 году открыл движение московский метрополитен. Возникали новые, самые передовые отрасли промышленности — автомобильная, авиационная, химическая. Эти гиганты на долгие годы стали основой экономики СССР, основой его индустриальной и военной мощи.

Индустриализация страны проходила под лозунгом борьбы с военной угрозой со стороны капиталистических стран. "Отстающих бьют", — говорил Сталин. "Догнать и перегнать" — таким виделся выход. Но стратегия развития экономики отдавала преимущества тяжелой и военной промышленности, а производство товаров народного потребления отодвигала на второй план. Не принимался во внимание и уровень жизни населения. Успехи первых пятилеток были достигнуты, во многом благодаря энтузиазму народа. Большое развитие получило стахановское движение за перевыполнение норм и планов.

Ускоренная индустриализация увеличила разрыв между городом и деревней. В конце 20-х гг. рост производства сельскохозяйственной продукции остановился. В декабре 1927 года на XV съезде ВКП(б) был взят курс на коллективизацию сельского хозяйства. Два года спустя по решению Политбюро начинается сплошная коллективизация. В деревню направляются 25 тыс. рабочих, которые вместе с местными партийными комитетами руководят организацией колхозов. Одновременно с этим у кулаков конфискуют все имущество и средства производства, которые передаются в собственность колхозов. Самих кулаков вместе с их семьями переселяют из родных деревень. Под удар нередко попадают и середняки. Многие высылаются в Сибирь и другие отдаленные районы.

Насильственная коллективизация привела к тяжелым последствиям. Резко упало сельскохозяйственное производство. В стране снова вводится карточная система. Чтобы накормить город, из деревни забирают все. Зимой 1932-1933 гг. Украину, Казахстан, Поволжье и Северный Кавказ охватывает страшный голод, который уносит миллионы жизней. Государству приходится пойти на некоторые уступки крестьянам. Им гарантируется право пользоваться личным участком, иметь некоторое количество скота и т. п., продавать свою продукцию на рынке. Но в управлении сельским хозяйством главная роль остается за административными методами. В 1935 г. Сталин с гордостью заявляет, что 98% всех обрабатываемых земель в стране уже являются социалистической собственностью.

6. Изменения в социальной и политической жизни

В 20-30-е гг. в советском обществе произошли огромные перемены. Исчезли многие прежние классы и сословия. Особенно с началом индустриализации коренным образом меняется структура общества. Миллионы крестьян устремляются в города и на промышленные стройки.

В стране возникла острая потребность в новой, прежде всего, технической интеллигенции. Тем более, что после Октябрьской революции страну покинуло около 2 млн. чел., в том числе и многие представители старой интеллигенции. Советское государство приняло меры для широкого развития народного образования, ликвидации неграмотности. В годы первых пятилеток подчеркивалась важность овладения знаниями, новой техникой. Были созданы различные школы и курсы для профессиональной подготовки рабочих. В 1929-1930 гг. была перестроена вся система высшего и среднего технического образования. В вузы пошел поток молодых рабочих, из которых готовились инженеры, директора заводов, руководящие работники. Они стали основой новой интеллигенции и нового поколения советских руководителей. В конце 30-х гг. неграмотность в СССР была в основном ликвидирована. Эти перемены в Советском Союзе получили название "культурной революции".

Большие изменения произошли и в национальных регионах

СССР. На территории РСФСР и др. союзных республик были созданы новые автономные республики и области, национальные округа. В Средней Азии образовались Туркменская, Узбекская, Таджикская, Қазахская и Қиргизская ССР. В 20-е гг. в национальных регионах были проведены большие социальные реформы: уничтожена помещичья собственность на землю, ликвидированы феодальные пережитки. Более 40 народов впервые получили свою письменность. В годы первых пятилеток в союзных республиках, особенно на Украине, в Белоруссии, Закавказье, также проходила индустриализация.

Ускоренное экономическое и культурное развитие СССР совершалось в обстановке усиления идеологического и политического контроля. Сталин все время подчеркивал необходимость борьбы с "классовыми врагами" и выдвинул положение о том, что по мере перехода к социализму классовая борьба должна обостряться.

1 декабря 1934 г. трагическое событие — убийство видного руководителя ВКП(б) С. М. Қирова в Ленинграде открывает новую полосу в политической жизни Советского Союза. Одна за другой поднимаются волны арестов и репрессий против партийных и государственных руководителей, известных военачальников, ученых, писателей, директоров предприятий, инженеров. Они обвиняются как "троцкисты", "контрреволюционеры", "иностранные шпионы". Пик репрессий пришелся на 1936-1938 гг. В эти годы после открытых процессов были приговорены к расстрелу Қаменев, Зиновьев, Бухарин и многие другие известные деятели ВКП(б). Репрессии охватили несколько миллионов человек, большинство из которых погибло в лагерях.

В результате "великой чистки" в руководстве ВКП(б) утвердились люди, преданные Сталину: В. Молотов, К. Ворошилов, А. Микоян, Н. Хрущев, Л. Берия и др. Еще больше возросла роль НКВД (органов госбезопасности) и его руководителей. В 30-е гг. сформировался культ личности И. В. Сталина как вождя партии и "отца народов" СССР.

Слова

декрет 法令
распоряжение 支配
самовольно 自发地
национализация 国有化
отделение 分离
устаревший 陈旧的,过时的
аннулировать [完,未]废止
ожесточенный 顽强的,激烈的
бывший 以往的
правящий 执政的,当权的
очаг 策源地,中心
добровольческая армия 自愿军
монархист 君主主义者
терроризм 恐怖主义
разорвать [完]使破裂
вмешательство 干涉
высадиться [完]登陆
распределение 分配
излишек 多余部分
субботник 星期六义务劳动
контрреволюция 反革命
саботаж 怠工行为
наступление 进攻
остаток 残余
очистить [完]肃清
свержение 推翻
декларация 宣言
самоопределение 自决
вплоть до 直至
заявляться [未]声明,宣称
замена 取代
поглощение 吞没
настаивать [未]на чем 坚持
равенство 平等
осуждать [未]谴责
шовинизм 沙文主义
гарантироваться [未]保证
разруха 崩溃

разразиться [完]爆发,迸发
засуха 干旱
моряк 水兵,海员
пересмотр 重新审议
поворот 转折
допускать [未]允许
уклад 成份
кооперация 合作社
бедняк 贫农
стабилизироваться [完,未]
稳定下来
генеральный секретарь 总书记
разгореться [完]激烈起来
диктатура 专政
призывать [未]号召
исключить [完]开除
тупик 死胡同
сверхналог 超出的税,额外税
правый уклон 右倾
политбюро(不变,中)政治局
аграрный 土地的
индустриализация 工业化
авиационный 航空的
гиганты 巨大企业,巨大建筑
мощь(阴)威力,实力
догнать [完]赶上
перегнать [完]赶超
преимущество 优势,优先
отодвигать [未]使退居(次要地位)
энтузиазм 热情
перевыполнение 超额完成
норма 定额
коллективизация 集体化
сплошной 全盘的
колхоз 集体农庄
конфисковать [完,未]没收,充公
середняк 中农
накормить [完]喂养,养活
забирать [未]取走,带走
уносить [未]夺去
участок 地块,地段
скот 牲畜
обрабатываемая земля 可耕地
устремляться [未]奔向,转到
неграмотность(阴)文盲
РСФСР — Российская Советская Федеративная Социалистическая Республика 俄罗斯苏维埃联邦社会主义共和国
перестроить [完]重新调整,改选
поток 流,大量(群体)
автономный 自治的
пережиток 残余
полоса 一页
военачальник 将领

шпион 间谍
пик 高峰
приговорить [完]判处
расстрел 枪决
великая чистка 大清洗
преданный 忠于……的
НКВД — Народный комиссариат внутренних дел 内务人民委员会
культ личности 个人崇拜

Контрольная работа

1. Декрет о земле 1917 г. объявил ________.
   А. о ликвидации частной собственности на землю
   Б. о национализации крупных предприятий
   В. об отделении церкви от государства
   Г. о выходе Советской России из Первой мировой войны
2. Брестский мир был подписан между Советской Россией и ________.
   А. Японией Б. Германией В. Италией Г. Польшей
3. В Сибири Красная Армия разбила белогвардейцев во главе с ________.
   А. А. Деникиным Б. Н. Юденичем
   В. П. Врангелем Г. А. Колчаком
4. Во время Гражданской войны в Советской России проводилась политика ________.
   А. "военного коммунизма"
   Б. НЭПа
   В. "белого террора"
   Г. продовольственного налога

5. Решающим периодом для победы Красной Армии во время Гражданской войны является ________ год.

   А. 1918 Б. 1919 В. 1920 Г. 1921

6. Первый субботник возник во время ________.

   А. Октябрьской революции

   Б. Гражданской войны

   В. Февральской революции

   Г. Великой Отечественной войны

7. В ________ году в Советской России начался переход от политики "военного коммунизма" к НЭПу.

   А. 1919 Б. 1920 В. 1921 Г. 1922

8. В 1928 г. в партии большевиков началась борьба против "правого уклона", представленного ________.

   А. Л. Д. Троцким Б. Н. И. Бухариным

   В. Г. Е. Зиновьевым Г. Л. Б. Каменевым

9. Стахановское движение возникло ________.

   А. во время Октябрьской революции

   Б. во время Гражданской войны

   В. в период строительства социализма 30-х годов

   Г. в ходе Великой Отечественной войны

10. Поводом для массовых репрессий стало убийство ________ в декабре 1934 г.

    А. Г. Е. Зиновьева Б. Л. Б. Каменева

    В. Н. И. Бухарина Г. С. М. Кирова

Лекция 11. Возвышение СССР как мировой державы

1. Внешняя политика СССР в 20-30-е годы

В первые годы Советской власти большевики считали, что революция в России — это первый этап мировой революции, которая очень скоро должна одержать победу и в других странах. Поэтому поддержка мирового революционного движения занимала важное место во внешней политике Советской страны. По инициативе Ленина в 1919 г. был создан Коммунистический Интернационал (Коминтерн). Коммунистические партии, создаваемые при поддержке Коминтерна в разных странах, вступали в Коминтерн и подчинялись его руководству. В 20-е гг. в центре внимания ВКП (б) и Коминтерна оказались революционные события в Китае, куда были направлены представители Коминтерна и большое количество военных советников.

С конца 20-х гг. по мере утверждения теории о "построении социализма в одной стране" во внешней политике Советского Союза все большее место стали занимать геополитические интересы самого СССР. Самым важным для советского руководства в этот период было сохранить мир и безопасность, чтобы провести индустриализацию страны. Большинство развитых капиталистических стран к этому времени уже признали Советский Союз и установили с ним дипломатические и торговые отношения.

Приход к власти Гитлера в 1933 г. вызвал опасения у советского руководства. Советский Союз стал искать возможности создания системы "коллективной безопасности" в Европе, но эти попытки столкнулись с недоверием со стороны западных стран, что заставило СССР принять решение о сближении с Германией. 23 августа 1939 г. министр иностранных дел Германии Риббентроп и народный комиссар иностранных дел СССР В. Молотов подписали договор о ненападении. Советский Союз обеспечил себе и восточный тыл, заключив в 1941 г. договор о нейтралитете с Японией.

1 сентября 1939 г. немецкие войска напали на Польшу. Вслед за этим советские войска заняли районы Западной Украины и Западной Белоруссии. В Европе началась Вторая мировая война, но для Советского Союза это был еще предвоенный период. В сентябре-октябре 1939 г. Советский Союз заключил договоры "о взаимной помощи" с Эстонией, Латвией и Литвой. Летом 1940 г. под давлением Советской стороны в этих республиках были созданы "народные правительства", которые вскоре установили в Прибалтике Советскую власть. Прибалтийские республики были присоединены к СССР. Вслед за этим были присоединены к Советскому Союзу районы Северной Буковины, вошедшей в состав Украины, и Бессарабии, где была образована Молдавская ССР. Зимой 1939-1940 гг. Советский Союз вел военное нападение на Финляндию, советская армия понесла большие потери, но успеха не добилась.

2. Великая Отечественная война

Несмотря на подписание советско-германского договора, Гитлер продолжал готовиться к войне с Советским Союзом. К лету 1941 г. фашистская Германия сосредоточила против СССР 70% своих вооруженных сил, а также войска своих союзников: Венгрии, Румынии, Финляндии. В общей сложности армия агрессора насчитывала 5 млн. чел., 4 тыс. танков и 5 тыс. самолетов. План нападения на СССР был рассчитан на "молниеносную войну".

На рассвете 22 июня 1941 г. немецкие войска без объявления войны перешли западную границу Советского Союза. Советская армия оказалась не готовой к войне и в первые же дни понесла огромные потери. Хорошо вооруженная гитлеровская армия быстро оккупировала огромную территорию, на которой проживало 40% населения СССР и производилось 33% валовой продукции всей промышленности. Уже 28 июня пал Минск, в сентябре был взят Киев. Враг захватил всю Белоруссию, Литву, Латвию, Эстонию, Молдавию, многие области Украины. 9 сентября началась блокада Ленинграда. 900 дней боролись жители города с голодом, холодом, обстрелами и бомбежками. За время блокады в Ленинграде погибло более миллиона человек.

На борьбу с фашистскими агрессорами поднялся весь народ. Повсюду создавались отряды народного ополчения. В тылу у врага начали действовать партизаны. Особенно мощное партизанское движение развернулось в Белоруссии и на Украине. Начавшуюся войну уже с первых дней стали называть Великой Отечественной.

После первых дней растерянности высшее руководство СССР создало централизованный орган — Государственный Комитет Обороны (ГКО). Сталин стал Верховным Главнокомандующим. В сентябре 1941 г. Гитлер отдал приказ взять Москву любой ценой. Несмотря на то, что немцы стояли в нескольких десятках километров от Кремля, 7 ноября 1941 г. на Красной площади состоялся традиционный парад, на котором выступил Сталин. Прямо с парада войска уходили на фронт. В начале декабря советские части под командованием Г. Жукова перешли в контрнаступление. В январе 1942 г. враг был отброшен от Москвы на сотни километров. Победа под Москвой означала провал "молниеносной войны".

Советская промышленность была быстро переведена на военные рельсы. Создавались новые, более современные виды вооружения — танки, самолеты, реактивные снаряды "катюша". За годы войны укрепилась старая промышленная база на Урале, возникли новые предприятия в Западной Сибири и Средней Азии.

В июле 1942 г. основные силы немецкой армии были сосредоточены на Сталинградском направлении. Фашисты собирались взять Сталинград и перейти Волгу. В критической ситуации для руководства обороной города был направлен Г. Жуков, назначенный заместителем Верховного Главнокомандующего. Немцы рассчитывали взять город штурмом, но развернувшиеся бои продолжались несколько месяцев. Борьба шла за каждую улицу, за каждый дом. Большую роль в обороне Сталинграда сыграли войска под командами В. Чуйкова. В ноябре 1942 г. немецкая армия, наступавшая на Сталинград, была окружена и уничтожена. Советские войска перешли в наступление. Сталинградская битва закончилась 2 февраля 1943 г. В общей сложности немецкая армия потеряла в этой битве около 800 тыс. чел.

Победа под Сталинградом положила начало коренному перелому в войне. В июле-августе 1943 г. произошла еще одна решающая битва под Курском, где с обеих сторон вступило в бой 1500 танков. Это было крупнейшее в истории танковое сражение, закончившееся победой Советской армии. Осенью 1943 г. советские войска с боем перешли через Днепр и освободили большую часть Украины вместе с городом Киевом. Вслед за этим началось наступление на всех фронтах.

1944 г. стал годом полного освобождения территории СССР. Осенью была полностью восстановлена прежняя государственная граница, военные действия были перенесены на территорию других стран. В конце августа 1944 г. Советская армия заняла Румынию, а в сентябре вошла в Болгарию и Югославию. В январе 1945 г. Советская армия вошла в Варшаву, в феврале после тяжелых боев был взят Будапешт, а в апреле — столица Австрии Вена.

После разгрома немецких войск на территории Польши перед Советской армией открылась дорога на Берлин. В апреле 1945 г. начался штурм Берлина под руководством Г. Жукова. 10 дней шли тяжелые бои на улицах города. Наконец рано утром 1 мая в центре Берлина было поднято красное знамя Победы. Гитлер покончил с собой в своем подземном убежище. Фашистская армия была полностью разгромлена. Утром 9 мая советские войска вступили на улицы чехословацкой столицы. В тот же день немецкое командование в Берлине подписало акт о безоговорочной капитуляции. Война в Европе закончилась.

Великая Отечественная война была самой тяжелой войной в

истории России. За годы войны погибло и умерло около 27 млн. чел., из них 70% составляло мирное население. Было разрушено 1710 городов и рабочих поселков, 32 тыс. промышленных предприятий, 65 тыс. км. железнодорожных путей. Но суровые испытания способствовали сплочению народа, подъему патриотизма. В годы войны появились герои, имена которых стали известны не только в Советском Союзе, но и за его пределами: Зоя Космодемьянская, Александр Матросов, организация "Молодая Гвардия" и др. Мужество и героизм советских людей привели страну к победе над немецким фашизмом.

3. Международные отношения в ходе 2-й мировой войны

С первых дней Великой Отечественной войны правительства Великобритании и США объявили о своей поддержке Советского Союза в войне против фашистской Германии. Были подписаны соглашения с Великобританией и другими странами о совместных действиях в войне.

В течение 1942 и 1943 гг. советско-германский фронт продолжал оставаться главным фронтом Европы. С 28 ноября по 1 декабря 1943 г., когда военные успехи СССР были уже очевидны, в Тегеране(столица Ирана) состоялась встреча лидеров "Большой тройки": И. Сталина, У. Черчилля и Ф. Рузвельта. Были приняты Декларации о совместных действиях в войне против Германии и о послевоенном сотрудничестве трех держав, решение об открытии не позднее 1 мая 1944 г. второго фронта в

Европе и др. решения. Делегация СССР обещала вступить в войну с Японией после разгрома германской армии. 6 июня 1944 г. англо-американские войска высадились в Северной Франции и начали военные действия в Западной Европе. К весне 1945 г. они прошли до центральных районов Германии, и в апреле 1945 г. состоялась их встреча с советскими войсками на реке Эльбе.

Ввиду предстоящего окончания войны 4-11 февраля 1945 г. в Ялте(Крым, СССР) открылась новая конференция руководителей "Большой тройки", на которой были определены и согласованы военные планы союзных держав в целях окончательного разгрома фашистской Германии и намечены основные принципы послевоенной организации мира; были приняты решения о создании в Германии зон оккупации 3 держав (при участии Франции, в случае ее согласия), о взыскании с Германии репараций, о создании Организации Объединенных Наций(ООН) и др. Был рассмотрен вопрос о будущих границах Польши. На этой конференции Сталин подписал секретное соглашение с США и Великобританией, оговаривавшее условия вступления СССР в войну с Японией через 2-3 месяца после окончания войны в Европе.

17 июля-2 августа 1945 г. была проведена еще одна конференция в Потсдаме(Германия) глав СССР(И. В. Сталин), США(Г. Трумэн) и Великобритании(У. Черчилль, с 28 июля К. Эттли). Было принято решение о демилитаризации и денацификации Германии, уничтожении германских монополий, о репарациях, о западной границе Польши; Была подтверждена передача СССР г. Кенигсберга(ныне Калининград) и прилегающего к

нему района Восточной Пруссии. Тегеранская, Ялтинская (Крымская) и Потсдамская (Берлинская) конференции утвердили новое положение СССР среди ведущих мировых держав.

8 августа 1945 г. на основании соглашения с союзниками Советский Союз объявил войну Японии. Советские войска вошли в Северо-Восточную и Северную часть Китая. Японская армия, силы которой были подорваны героической борьбой китайского народа, быстро капитулировала. 2 сентября 1945 г. Япония подписала акт о безоговорочной капитуляции. В результате победы над Японией СССР получил Южный Сахалин и Курильские острова — территории, потерянные царской Россией после поражения в русско-японской войне 1904-1905 гг., а также восстановил право на аренду Порт-Артура (Люйшунь, Китай) и на эксплуатацию КВЖД. Гоминьдановское правительство признало большую часть требований СССР.

Таким образом в ходе 2-й мировой войны Советский Союз проявил свою политическую и военную мощь и завоевал положение ведущей мировой державы.

4. СССР в послевоенные годы

Сразу после окончания войны началось восстановление разрушенной экономики. Военное производство опять переходило на мирные рельсы, восстанавливались разрушенные города и села. Средства для восстановления, главным образом, старались найти внутри страны. Определенную роль сыграли также репарации, полученные СССР из Германии, а также Румынии, Венгрии,

Финляндии и с Северо-Востока Китая. Оборудование, вывозимое с этих территорий, в 1946-1950 гг. составляло 50% поставок оборудования для объектов промышленности СССР. Благодаря героическому труду советских людей, уже в 1948 г. валовая продукция промышленности превысила довоенный уровень.

Хуже обстояло дело в сельском хозяйстве. В послевоенные годы в деревне сложилась очень тяжелая ситуация. Люди голодали, уходили в город. В 1946-1953 гг. деревню покинуло около 8 млн. чел. Основной причиной неудач в сельском хозяйстве была политика первоочередного восстановления тяжелой промышленности за счет других отраслей экономики.

Еще в 30-е гг. Сталин начал говорить о необходимости сильного государства, ведущей силой которого он считал русский народ. Во время войны он непосредственно обратился к русским национальным ценностям, русскому патриотизму, сделал шаг к примирению с православной церковью. Были учреждены ордена Суворова, Кутузова, Александра Невского. В послевоенные годы идея Советской Родины — наследницы великого русского государства еще более усилилась. Вместе с идеей сильного государства все большее значение приобретала и идея вождя. Авторитет Сталина, особенно выросший за годы войны, когда солдаты шли в наступление с криком: “За Родину! За Сталина!”, в послевоенные годы достиг небывалой высоты. Портреты и памятники Сталину, заводы, колхозы и улицы его имени заполнили всю страну.

После войны общество жило ожиданием перемен, надеясь на то, что теперь все будет хорошо. В Центр шли письма с различными предложениями относительно изменений, прежде всего, в области экономики. Однако после некоторых колебаний советское руководство выбрало “жесткий” курс, ведущий к усилению контроля во всех сферах.

На новых территориях, приобретенных СССР после 1939 г., проводилось подавление всех возможных противников Советской власти и насильственная коллективизация. Сотни тысяч людей были высланы из Прибалтики, Западной Украины и Западной Белоруссии в Сибирь и на Крайний Север. Еще во время войны начала проводиться политика переселения целых народов: чеченцев, калмыков, крымских татар, немцев Поволжья и т. д.

Начиная с 1946 г., были развернуты кампании по борьбе с инакомыслием. В 1946-1947 гг. по инициативе Сталина и при активном участии секретаря ЦК ВКП(б) Жданова были подвергнуты критике известные писатели, поэты, композиторы, историки, а также литературные журналы “Звезда” и “Ленинград”. В научной сфере велась борьба против генетики, кибернетики, новых направлений в физике и т. п., объявленных “буржуазной лженаукой”. С конца 1948 г. поднялась борьба против “космополитизма”, основной удар которой пришелся на евреев. Последней акцией такого рода стало так называемое “дело врачей” в январе 1953 г., когда группа известных врачей, в большинстве своем евреев, были объявлены “убийцами”.

5. “Холодная война” и образование двух лагерей

В отношениях между СССР и Западом, улучшившихся во время войны, очень скоро снова возникла напряженность. Запад был недоволен усилением советского влияния в Восточной Европе. Черчилль и президент США Трумэн в 1946-1947 гг.

сформулировали стратегические цели Запада по отношению к СССР: не допустить дальнейшего расширения сферы влияния Советского Союза и его коммунистической идеологии. Был разработан так называемый план Маршалла для оказания экономической помощи "свободным народам". СССР и восточноевропейские страны отказались в нем участвовать.

Ухудшение международных отношений вызвало настоящую идеологическую и политическую войну между СССР и западными странами во главе с США. Этот период получил название "холодной войны"*. Обе стороны боролись за усиления своего влияния в мире. В результате этой борьбы мир раскололся на два лагеря.

В послевоенный период при поддержке СССР в странах Восточной Европы к власти пришли коммунистические партии. С 1948 г. в этих странах начали проводиться экономические и социальные преобразования по советскому образцу. В январе 1949 г. для более широкого экономического сотрудничества был создан Совет экономической взаимопомощи (СЭВ), в который вместе с СССР вошли Албания, Болгария, Восточная Германия, Польша, Румыния, Чехословакия и Монголия.

В такой обстановке западные страны форсировали процесс создания Западной Германии. 23 мая 1949 г. при поддержке Запада было объявлено о создании ФРГ, а 7 октября 1949 г. в зоне советской оккупации была создана ГДР. Германия на

---

* Холодная война — курс на противостояние между западными странами и блоком во главе с СССР, подразумевал балансирование на грани войны. Курс был провозглашен в 1946 г. в г. Фултон (США) У. Черчиллем.

долгие годы оказалась разделенной на две части.

Одновременно с этим шло формирование и двух военных блоков в Европе. США строили военные базы в Западной Европе, оказывали активную военную помощь странам-соседям СССР. Советский Союз, в свою очередь, укреплял свои военные силы на территории Восточной Европы, особенно в ГДР. В ответ на создание НАТО (1949) был оформлен Варшавский договор (1955) между СССР и странами Восточной Европы о взаимной военной помощи.

Отношения между СССР и Китаем в послевоенный период складывались неровно. Сталин, исходивший из интересов Советского Союза, не был заинтересован в расширении гражданской войны в Китае и старался поддерживать дипломатические связи с гоминьдановским правительством. Только в канун создания нового Китая, когда Мао Цзэдун в статье "О диктатуре народной демократии" (30-20 июня 1949 г.) открыто выдвинул курс на то, чтобы "склониться на сторону Советского Союза", в позиции СССР произошел коренной поворот. На второй день после провозглашения КНР — 2 октября 1949 г. — СССР первым объявил о признании новой республики.

КНР вступила в социалистический лагерь, что, несомненно, увеличило его вес на геополитической арене. В январе 1950 г. в результате поездки Мао Цзэдуна в Москву и трудных переговоров со Сталиным был подписан советско-китайский Договор о дружбе, союзе и взаимопомощи. Советская сторона обязалась вернуть Китаю все свои права на Северо-Востоке. КНР были предоставлены огромные кредиты и масштабная техникоэкономическая помощь. “Русский с китайцем — братья навек” — эти слова из песни “Москва-Пекин” звучали на протяжении всех 50-х годов.

Слова

одержать［完］取得(胜利)
Коминтерн — Коммунистический Интернационал (1919—1943)共产国际
ВКП(б) — Всесоюзная коммунистическая партия (большевиков)联共(布)
опасение 担心
комиссар 人民委员
ненападение 不侵犯
нейтралитет 中立
предвоенный 战前的
союзник 盟军，同盟者
в общей сложности 总计，总共
танк 坦克
реактивные снаряды 火箭炮
рассчитать［完］на что 指望……
молниеносный 闪电战的
рассвет 黎明
оккупировать［完，未］что 占领，侵占
валовая продукция 总产量
блокада 围困
обстрел 射击
бомбежка 轰炸
ополчение 民兵
тыл 后方
партизан 游击队
развернуться［完］展开
растерянность(阴)不知所措，惊惶失措
любой ценой 不惜任何代价地
контрнаступление 反攻
отбросить［完］击退，打退
провал 垮台，破产
рельс 轨道
фашист 法西斯分子
знамя 旗帜
покончить с собой 自杀
подземный 地下的
убежище 避难所
безоговорочный 无条件的

капитуляция 投降
суровое испытание 严峻考验
сплочение 团结
лидер 领导者
конференция 会议
взыскание 追缴，索取，罚款
репарация（只用复数）战争赔款
Организация Объединенных Наций (ООН) 联合国
демилитаризация 非军事化
денацификация 肃清纳粹影响
монополия 垄断
КВЖД — Китайско-Восточная железная дорога 中东铁路
гоминьдановский 国民党的
первоочередной 首要的
орден 勋章
небывалый 前所未有的
колебание 动摇
жесткий 强硬的
кампания 运动
инакомыслие 异己思想
генетика 遗传学
кибернетика 控制论
лженаука 伪科学
космополитизм 世界主义
еврей 犹太人
акция 举动，动作
напряженность（阴）紧张（气氛）
лагерь（阳）阵营
Совет экономической взаимопомощи（СЭВ）经济互助委员会（经互会）
форсировать［完，未］加紧，加速，加强
ФРГ — Федеральная республика Германии 德意志联邦共和国
ГДР — Германская демократическая республика 德意志民主共和国
блок 联盟，集团
НАТО（North Atlantic Treaty Organization）— Организация Североатлантического договора 北大西洋公约组织
склониться на чью сторону 向……一边倒
позиция 立场
провозглашение 宣告成立
арена（活动）场所，舞台
навек（副）永久，永远

Контрольная работа

1. Перед Второй мировой войной СССР подписал договор о ненападении с ________ сроком на 10 лет.

   А. Польшей Б. Японией В. Германией Г. Италией

2. 22 июня ________ года гитлеровская Германия вторглась на территорию СССР, так началась Великая Отечественная война.

   А. 1937 Б. 1939 В. 1940 Г. 1941

3. ________ сыграли переломную роль в ходе Великой Отечественной войны.

   А. Битва под Москвой и Сталинградская битва

   Б. Сталинградская битва и Курская битва

   В. Битва под Москвой и Курская битва

   Г. Сталинградская битва и оборона Ленинграда

4. Самым талантливым полководцем во время Великой Отечественной войны был маршал ________.

   А. Г. К. Жуков Б. В. И. Чуйков

   В. И. В. Сталин Г. С. М. Буденный

5. На ________ конференции было принято решение о создании ООН.

   А. Тегеранской Б. Генуэзской

   В. Потсдамской Г. Ялтинской

6. "Холодная война" началась после выступления ________ с речью в Фултоне, в которой призывалось к конфронтации между США и СССР.

А. И. Сталина Б. Г. Трумэна

В. У. Черчилля Г. К. Эттли

7. Ордена Суворова, Кутузова и Александра Невского были учреждены во время ________.

А. Октябрьской революции

Б. Первой мировой войны

В. Гражданской войны

Г. Великой Отечественной войны

8. "Дело врачей" возникло в январе ________ года.

А. 1953 Б. 1946 В. 1948 Г. 1934

9. В ответ на создание НАТО появился ________ между СССР и странами Восточной Европы о взаимной военной помощи.

А. СЭВ

Б. Варшавский договор

В. план Маршалла

Г. социалистический лагерь

10. 2 октября ________ года СССР первым объявил о признании КНР.

А. 1949 Б. 1950 В. 1951 Г. 1952

Лекция 12. От “оттепели” к “застою”

1. Начало “оттепели”

5 марта 1953 г. умер И. В. Сталин. В ходе борьбы с Л. П. Берия и Г. М. Маленковым партийная и государственная власть постепенно сосредоточилась в руках Н. С. Хрущева. Период правления Хрущева характеризовался попытками смягчить внутриполитическую и международную обстановку и провести некоторые реформы, зачастую непродуманные и непоследовательные. Была приостановлена политика массовых репрессий. Были реабилитированы многие партийные и военные руководители, репрессированные при Сталине. В 1953-1956 гг. большинство заключенных вышло из лагерей. Чеченцы, калмыки и некоторые другие народы получили разрешение вернуться в родные места. Относительная либерализация хрущевской эпохи, смягчение цензуры получили название “оттепели” — по заглавию одноименного романа И. Эренбурга, опубликованного в 1954 г.

Новое руководство КПСС сделало ряд шагов для смягчения международных отношений, прежде всего, внутри социалистического лагеря. В 1955 г. после долгого конфликта с И. Тито были восстановлены отношения с Югославией. В 1954-1955 гг. произошло дальнейшее улучшение советско-китайских отношений, советские войска были выведены из Даляня и Люйшунькоу. На протяжении 50-х годов Советский Союз оказывал КНР большую экономическую и научно-техническую помощь. Вывод советских войск из Австрии(1955) положил начало смягчению отношений в Европе. Улучшились отношения СССР с Индией и другими странами Азии и Африки.

Одним из самых громких событий времен Хрущева стал XX съезд КПСС. В последний день работы съезда (в ночь с 24 на 25 февраля 1956 г.) на закрытом заседании Хрущев выступил перед делегатами с докладом "О культе личности и его последствиях", в котором возложил на Сталина вину за все ошибки в политике и за тяжелое экономическое положение страны в 1953 г. Хотя заседание было закрытым и делегатов предупредили о секретности происходившего, но информация о "секретном докладе" быстро распространилась по всей стране и за рубежом. XX съезд сразу же вызвал в советском обществе острые споры и дискуссии. Немало людей в стране выражало непонимание и недоумение. Десталинизация также вызвала крупномасштабные волнения в Восточной Европе, особенно в Венгрии и Польше. "Венгерские события" 1956 г. были подавлены с помощью советских войск.

2. Реформы экономики и управления 50-х годов

В начале 50-х гг. внутри страны прежде всего требовало внимания положение в сельском хозяйстве. В сентябре 1953 г. на Пленуме ЦК КПСС Хрущев подчеркнул, что без материального стимулирования сельское хозяйство не поднять. С этой целью были проведены соответствующие реформы. Были повышены государственные закупочные цены на сельскохозяйственную продукцию, уменьшены обязательные поставки колхозов государству, списаны их долги, снижены налоги на личные подсобные хозяйства и на продажи на рынке. Деревня почувствовала некоторое облегчение — начался подъем производства, в первую очередь, личных хозяйств.

Период 1954-1958 гг. считается самым успешным за всю историю колхозов. Росту валовой продукции сельского хозяйства способствовало и освоение новых земель в Сибири, Северном Казахстане и на Алтае, которое происходило за счет добровольного труда комсомольцев и молодежи. В 1956 г. целина дала рекордный урожай, составивший половину всего сбора зерна. За 1956-1958 гг. сельскохозяйственное производство выросло на треть. В эти же годы стало уделяться больше внимания потреблению и социальным программам. Была поднята заработная плата, увеличены пенсии, началось большое жилищное строительство. Был снижен пенсионный возраст — до 60 лет для мужчин и 55 лет для женщин. В газетах много говорили о "материальном интересе" как стимуле развития производства.

Хрущев и другие руководители КПСС продолжали считать советскую модель экономики правильной и собирались исправлять только отдельные "ненормальности", например, сверхцентрализацию управления. Для этого были расширены права местных органов, республики и регионы получили больше экономической самостоятельности. Проводилась реорганизация управления, сокращался аппарат министерств. Министерства, кроме оборонных, были заменены десятками территориальных органов управления — советами народного хозяйства (совнархозами).

На первом этапе реорганизация управления принесла некоторые плоды. Был принят новый план развития экономики. Быстрыми темпами развивалась наука, реализовывались крупные космические программы. В 1957 г. был запущен первый в мире искусственный спутник Земли, а в апреле 1961 г. в космос поднялся советский космонавт Юрий Гагарин. Это был первый полет в космос в истории человечества. В космических исследованиях Советский Союз на какое-то время оказался впереди США.

Однако все эти мероприятия не изменили старых принципов управления. Экономические рычаги не заработали. С помощью административных методов обеспечить стабильный экономический рост оказалось невозможным. Коренных изменений в экономике не произошло.

В 1957 г. Хрущев выдвинул лозунг "Догнать и перегнать Америку!", который стал идеологическим обоснованием семилетнего плана(1959-1965 гг.). К 1970 г. СССР рассчитывал выйти на первое место в мире по объему промышленного и сельскохозяйственного производства в расчете на душу населения. Но этот план оказался утопическим. В целях "полной и окончательной победы социализма" началось очередное сокращение приусадебных участков и принудительный выкуп личного скота у крестьян, а это лишало крестьян интереса к развитию производства. В 1964 г. производство мяса даже уступало уровню 1958 г. Для решения сельскохозяйственной проблемы Хрущев приказал сеять повсюду кукурузу, как в США, не считаясь с климатом и условиями местности, но урожаи кукурузы оказались ничтожными. В начале 60-х гг. произошел общий спад сельского хозяйства, снизились и общие темпы развития экономики.

3. Смещение Хрущева

Реформаторство, которым занимался Хрущев, было непродуманным и противоречивым и чаще всего приводило к отрицательным результатам. Несмотря на это, в новой Программе партии, принятой на XXII съезде КПСС(1961), была выдвинута задача перехода к коммунизму в ближайшие 20 лет. Но надежды народа снова оказались обманутыми. Когда правительство приняло решение повысить цены на товары с 1 июля 1962 г., реакция людей была очень резкой. Хрущев лишился поддержки масс.

Во внешней политике Хрущев был таким же непоследовательным и нерациональным, как и во внутренней. С конца 50-х гг. он активно пошел на смягчение отношений с Западом под лозунгом "мирного сосуществования". В 1959 г. вице-президент США Р. Никсон посетил Москву. В том же году состоялся первый в истории визит главы Советского Союза в США. Но встреча в Вене с новым президентом США Д. Кеннеди(июнь 1961 г.) окончилась провалом. Попытка Хрущева оказать давление на американцев привела к сооружению знаменитой "Берлинской стены"(август 1961), которая разделила Берлин на две части и стала символом конфронтации двух лагерей. В 1962 г. разразился "кубинский кризис", вызванный тем, что СССР установил на Кубе свои ядерные ракеты. Под давлением США Хрущев приказал вывести ракеты с Кубы. Все эти действия сильно подорвали международный авторитет Советского Союза и самого Хрущева.

В отношениях с Китаем действия Хрущева способствовали развитию советско-китайского конфликта, постепенно нараставшего после XX съезда КПСС. Недовольный позицией КПК по целому ряду вопросов, летом 1960 г. Хрущев неожиданно отозвал тысячи советских специалистов, работавших в КНР, прервав осуществление многих проектов. Невзирая на возникшие в Китае экономические трудности, Советский Союз потребовал возвращения кредитов, предоставленных в период корейской войны. С 1963 г. началась открытая полемика между КПСС и КПК. Советско-китайские отношения фактически были прерваны на долгие годы.

Непродуманность хрущевских мероприятий восстановила против него экономистов-реформаторов, а резкие переходы от либерализации к нападкам на интеллигенцию лишили его доверия интеллектуальных слоев. Теперь он остался лицом к лицу с партийным аппаратом. Но партийные и хозяйственные кадры были обеспокоены бесконечными "реформами", которые нарушали стабильность их положения. Им хотелось другого, более спокойного лидера. В октябре 1964 г. Хрущев был смещен со всех занимаемых постов. Первым секретарем ЦК КПСС стал Л. И. Брежнев, правительство возглавил А. Н. Косыгин.

4. Неудача реформ Косыгина

К началу 60-х гг. в Советском Союзе ценой огромных усилий и жертв был создан мощный индустриальный и научный потенциал, который давал СССР возможность поддерживать свое положение ведущей мировой державы. Тем не менее задача модернизации страны еще не была решена до конца. В экономике СССР давно уже назрела объективная необходимость коренных изменений.

После смещения Хрущева произошла новая попытка реформ по инициативе Председателя Совета Министров СССР А. Н. Косыгина. Основой этих реформ стали решения Пленума ЦК КПСС в сентябре 1965 г., в которых говорилось о внедрении экономических методов управления. Предприятия получили большую свободу: они теперь могли самостоятельно планировать свою деятельность, более свободно распоряжаться полученной прибылью. Эта попытка реформ была медленной, нерешительной, но даже ее не удалось осуществить до конца. Большая часть руководства страны, партийный и хозяйственный аппарат боялись разрушения плановой системы и не были заинтересованы в переменах. Страх советского руководства перед всем новым еще больше усилился в связи с событиями в Чехословакии.

С 1968 г. в Чехословакии начал проводиться целый ряд реформ, названных позднее "пражской весной". Этот пример вызвал пристальное внимание в странах Восточной Европы. Руководство КПСС, обеспокоенное развитием событий, приняло решение вмешаться военным путем. В ночь с 20 на 21 августа 1968 г. войска пяти стран-участниц Варшавского договора вступили в Чехословакию, советские танки вошли на улицы Праги, несмотря на протесты и демонстрации населения. Во главе партии и правительства Чехословакии были поставлены новые люди, послушные Москве. Грубые действия СССР вызвали протест во всем мире.

После этих событий советское руководство во главе с Брежневым отказалось от всяких попыток реформ внутри страны и целиком перешло на консервативные позиции. Во внутренней политике СССР начался долгий период "застоя", а во внешней политике период ослабления международной напряженности, связанный с заключением серии договоров с США, ФРГ и другими странами, сменялся резким обострением международных противоречий. Советский Союз продолжал гонку вооружений и борьбу с США за гегемонию в мировом масштабе, всячески стараясь расширить свое влияние, особенно в странах третьего мира. В 1979 г. советское вмешательство во внутренние дела Афганистана привело к началу антисоветской афганской войны, которая нанесла большой ущерб международному имиджу СССР и вызвала решительное сопротивление внутри Афганистана. Афганская война закончилась выводом советских войск в 1989 г. Для поддержания геополитического положения сверхдержавы требовались огромные экономические и финансовые средства, которых Советскому Союзу явно не хватало.

5. Период "застоя"

В 60-70-е гг. ключевая роль в управлении советским обществом перешла к так называемому "новому классу" — классу государственной бюрократии, обладавшей огромной властью и привилегиями. Внутри бюрократии существовали различные группы, корыстные интересы которых ослабляли власть центра и разрушали целостность советской системы. Брежнев стремился избегать резких перемен, сохранять равновесие во всем, стабилизировать кадры. В 1965-1984 гг. в руководстве республик, областей, министерств практически прекратились перемещения. К началу 80-х гг. средний возраст членов Политбюро достиг 70 лет. Жизнь в стране словно остановилась, но фактически под внешне застывшей оболочкой шло быстрое разложение системы изнутри.

Отказавшись от реформ, советское руководство по-прежнему осуществляло управление экономикой с помощью командно-административных методов. Чрезмерная централизация, монополизм в промышленности, отсутствие рыночных рычагов, в том числе и в области формирования цен, ограничение личной инициативы и индивидуальной трудовой деятельности завели экономику в тупик. В 1970-1985 гг. непрерывно продолжалось падение темпов роста как в промышленности (с 8,4% во второй половине 60-х гг. до 3,5% в 1981-1985 гг.), так и в сельском хозяйстве (с 4,3% до 1,4%)*. Правительство увеличило инвестиции в аграрный сектор, но это уже не могло решить проблемы деревни. Пришлось начать массовую закупку зерна на мировом рынке, на что уходила значительная часть валюты, получаемой, главным образом, за счет экспорта нефти. Однако падение цен на нефть в начале 80-х гг. нанесло удар и по этой опоре экономики.

Огромные проблемы создавала милитаризация экономики, которая работала в основном на ВПК. Бесконечная гонка

* Н. Верт, История Советского Государства 1900—1991. Москва, 1994, стр. 450.

вооружений, стремление не уступать США заставляли СССР постоянно увеличивать военные расходы, которые давно уже стали тяжелым бременем для страны. Закрытость советской экономики серьезно мешала ее развитию. Внешнеэкономические связи развивались, в основном, внутри "социалистического лагеря".

Со 2-й половины 60-х гг. начало резко увеличиваться технологическое отставание СССР. Отсталость легкой и пищевой промышленности привела к постоянному дефициту товаров народного потребления. Советские люди тратили несколько часов в день, чтобы найти какие-нибудь товары в магазинах, без конца стояли в очередях. Сверхцентрализованная система производства и распределения имела свою оборотную сторону в виде нелегального бизнеса и коррупции. В период "застоя" теневая экономика захватила целые отрасли и территории, особенно в Закавказье и южных регионах страны. Заметно развились мафия и организованная преступность. Быстро и успешно шло слияние бюрократии и теневой буржуазии, официальной экономики и теневой.

После XX съезда в обществе начало развиваться критическое отношение ко многим явлениям. На этой основе возникло диссидентское движение, которое достигло своего пика в 60-70-е гг. Диссиденты, получавшие поддержку на Западе, в подпольных условиях издавали журналы, которые распространялись среди интеллигенции (так наз. "самиздат"). Широко стали известны имена таких диссидентов, как физик А. Сахаров, писатель А. Солженицын и другие. Советские власти вели непрерывную борьбу с диссидентским движением с помощью КГБ, высылали многих за границу, сажали в лагеря и "психушки".

Одновременно проводились репрессии против участников национальных движений Украины, Армении, Грузии, прибалтийских республик. Но недовольство в обществе продолжало расти. За "железным занавесом" в СССР рождался миф о "западной жизни" и "западной демократии". К началу 80-х годов в Советском Союзе практически не осталось ни одной социальной группы, довольной своим положением. Все ждали перемен.

Слова

реконструкция 改造
оттепель(阴)解冻
застой 停滞
смягчить [完]使缓和
зачастую(副)经常
непродуманный 考虑不周的
непоследовательный 前后不一致的
приостановить [完]使暂时中止
реабилитировать [完,未] 恢复名誉
либерализация 自由化
заглавие 标题,书名
вывод 撤出
обвинить [完]指控,控告
возложить вину на кого 把罪责归于……
недоумение 困惑不解
десталинизация 非斯大林化
стимулирование 刺激
закупочный 采购的
списать [完]注销,勾销
подсобное хозяйство 副业
целина 处女地,生荒地
рекордный 破纪录的
сверхцентрализация 高度集权化
запустить [完]发射
искусственный спутник Земли 人造地球卫星
рычаг 杠杆
обоснование 依据
в расчете на душу населения 按人均计算
утроиться [完]增到三倍,增加两倍
приусадебный участок 宅旁自留地

смещение 罢免,免职
нерациональный 不合理的,不理智的
мирное сосуществование 和平共处
вице-президент 副总统
конфронтация 对峙
ядерная ракета 核导弹
отозвать［完］召回
невзирая на кого-что 不管,不顾
полемика 论战
лицом к лицу с кем-чем 面对……
потенциал 潜力
распоряжаться［未］支配,使用
прибыль(阴)利润
страх 害怕,恐惧
пристальный 专注的
вмешаться［完］干涉
послушный 听话的
сверхдержава 超级大国
бюрократия 官僚
корыстный 贪图私利的
целостность(阴)完整性
равновесие 平衡
кадры(复)干部
перемещение 调动
застывший 凝滞的
оболочка 外表,外观
разложение 分化
командно-административный метод 行政命令手段
чрезмерный 过分的
завести［完］что в тупик 把……引入死胡同
милитаризация 军事化
ВПК — военно-промышленный комплекс 军工联合体
гонка вооружений 军备竞赛
бремя 负担
закрытость(阴)封闭
технологическое отстаивание 工艺落后
дефицит 紧缺
оборотная сторона 负面,缺点
бизнес 生意
теневая экономика 影子经济
мафия 黑手党
организованная преступность 有组织的犯罪
диссидентское движение 持不同政见运动
подпольный 地下的

КГБ — Комитет государственной безопасности 克格勃(国家安全委员会)

Контрольная работа

1. Период “оттепели” в истории СССР получили название в связи с одноименным романом ________.

А. М. Горького　　Б. И. Эренбурга

В. А. Солженицына　　Г. М. Зощенко

2. Период ________ гг. считается самым успешным за всю историю колхозов СССР.

А. 1954—1956　　Б. 1954—1957

В. 1954—1958　　Г. 1954—1960

3. С ________ эпохи пенсионный возраст СССР стал 60 лет у мужчин и 55 лет у женщин.

А. хрущевской　　Б. брежневской

В. андроповской　　Г. горбачевской

4. В ________ году в космос поднялся первый в мире человек — Юрий Гагарин.

А. 1959　　Б. 1960　　В. 1961　　Г. 1965

5. Лозунг “мирного сосуществования” был выдвинут ________.

А. И. Сталиным　　Б. Н. Хрущевым

В. Л. Брежневым　　Г. М. Горбачевым

6. Берлинская стена была построена в ________ году.

А. 1959　　Б. 1960　　В. 1961　　Г. 1962

7. Кубинский кризис произошел в ________ году.

   А. 1960   Б. 1962   В. 1963   Г. 1964

8. В конце ________ годов отношения между СССР и Китаем резко ухудшились.

   А. 50   Б. 60   В. 70   Г. 80

9. События "пражской весны" произошли в ________ году.

   А. 1965   Б. 1966   В. 1967   Г. 1968

10. Период "застоя" возник во время правления ________.

    А. И. Сталина   Б. Н. Хрущева

    В. Л. Брежнева   Г. М. Горбачева

Лекция 13. Горбачевская перестройка и распад СССР

1. Перестройка

Смерть Брежнева(в ноябре 1982 г.) и приход к власти Ю. Андропова оживили в обществе надежды на возможное изменение жизни. Андропов занялся укреплением дисциплины в обществе, но его попытки что-либо изменить были вскоре прерваны его болезнью и смертью (февраль 1984 г.). Первым человеком в стране стал совершенно больной К. Черненко, "наследник" Брежнева. Очередные похороны у Мавзолея (Черненко умер в марте 1985 г.) заставили советское руководство наконец понять, что у власти должен стоять человек помоложе. 11 марта 1985 г. на пост генерального секретаря партии был избран М. Горбачев. Начался новый период реформ под лозунгами "ускорение", "перестройка" и "гласность".

Новое руководство КПСС не могло не знать о глубоком кризисе советской экономики и о связанном с этим ослаблении международных позиций страны. Горбачев был убежден, что необходимы реформы "сверху". На апрельском(1985 г.) Пленуме ЦК КПСС Горбачев заявил о необходимости ускорить социально-экономическое развитие страны за счет более полного использования производственных мощностей и укрепления трудовой дисциплины. В 1985-1986 гг. в целях омоложения партийно-государственного руководства была проведена кадровая реформа. В 1986 г. XXVII съезд КПСС утвердил стратегию ускорения социально-экономического развития страны, но политика “ускорения” характеризовалась непоследовательностью и отсутствием стратегической линии. С ноября 1986 г. в ряде отраслей было разрешено заниматься индивидуальной трудовой деятельностью. В целях укрепления трудовой дисциплины была развернута борьба с алкоголизмом. На деле же экономическая реформа не принесла никаких реальных результатов. Наоборот, многие мероприятия, в том числе знаменитая “антиалкогольная кампания”, нанесли ущерб экономике и ускорили ее дальнейший спад.

Тогда был выдвинут следующий лозунг – “перестройка”, подразумевавший более глубокую реорганизацию существующей системы. По закону о государственных предприятиях (объединениях), принятому летом 1987 г., государственные предприятия получили больше самостоятельности. Вслед за этим стал внедряться арендный подряд, расширялась сфера деятельности частного сектора. Стали появляться кооперативные предприятия, магазины и рестораны. С весны 1988 г. началась либерализация внешней торговли.

Однако ни одна из начатых в экономике реформ практически не была реализована до конца. Реформы только расшатывали старую систему управления. Народное хозяйство погружалось в хаос, уровень жизни советских людей стремительно падал. Показатели прироста промышленного производства не переставали снижаться, достигнув нулевого уровня в 1989 г. и отметив десятипроцентное сокращение в первом полугодии 1991 г. Усиливалась инфляция в связи с большим дефицитом бюджета. Причина крылась в том, что реформы Горбачева, с одной стороны, не были последовательными и продуманными, а с другой стороны, коррумпированная система, теневая экономика и бюрократический аппарат сопротивлялись изо всех сил. Непрерывно ухудшающаяся экономическая ситуация вызывала недовольство народа.

Потерпев неудачу в экономическом плане, Горбачев решил преодолеть сопротивление старой системы с помощью политических реформ. В январе 1987 г. была провозглашена политика "гласности" – открытое обсуждение острых проблем экономики и политики с помощью средств массовой информации (СМИ). Важным содержанием политики "гласности" стал также пересмотр истории. В 1988 г. были реабилитированы почти все политические и общественные деятели, репрессированные Сталиным, сняты запреты со всех произведений литературы, искусства, философии и т. п., в том числе и литературы русского зарубежья. "Гласность" коснулась всех сфер духовной жизни. Но несдерживаемый поток негативной и критической информации вызвал идейный разброд в обществе и нанес душевную травму многим советским людям.

По мере развития "гласности" управлять стихийными процессами в обществе становилось все труднее. С 1988 г. быстро возникли и росли различные неформальные группы и объединения. Многие из них объединялись в союзы, народные фронты и т. д., выдвигая самые разные политические лозунги. Особенно активно развивались националистические движения в различных республиках

СССР. “Гласность” способствовала резкому столкновению различных политических, социальных, национальных и групповых интересов.

Летом 1988 г. на партконференции XIX КПСС был поставлен вопрос об изменении политической структуры общества. Политической целью перестройки была провозглашена передача власти от КПСС Советам. В мае 1989 г. прошли выборы в Верховный Совет СССР по новой системе, состоялся Съезд народных депутатов. Влияние и авторитет КПСС неуклонно падали, в рядах правящей партии произошел раскол. Выход из партии стал массовым — с 1985 по лето 1991 гг. численность КПСС сократилась с 21 до 15 млн. человек. В марте 1990 г. внеочередной съезд народных депутатов СССР отменил 6-ю статью Конституции, закреплявшую однопартийную систему. На том же съезде Горбачев был выбран первым Президентом СССР.

2. “Новое мышление”

Начав “перестройку” внутри страны, Горбачев одновременно предпринял шаги и к изменению международной политики СССР под флагом “нового мышления”. В 1987 г. в своей книге “Перестройка и новое мышление” он заявил о приоритете общечеловеческих ценностей над классовыми. Были определены три основных направления новой внешней политики: нормализация отношений с западными странами через разоружение, смягчение региональных конфликтов, отказ от предпочтения странам соцлагеря в пользу развития политических и экономических контактов с различными странами.

Руководство СССР постаралось смягчить отношения с

Западом путем переговоров с США о разоружении. В 1987 г. между СССР и США был подписан первый в послевоенные годы договор о разоружении. В 1991 г. Горбачев и Дж. Буш заключили договор о сокращении стратегических наступательных вооружений. В 1989 г. СССР отказался от вмешательства в Афганистане и вывел оттуда свои войска. Это сделало возможным возобновление диалога между СССР и Китаем, для которого прекращение советского военного вмешательства было одним из трех условий нормализации отношений со своим соседом. Два других условия касались сокращения численности советских войск на границе между СССР и КНР и ухода поддерживаемых Советским Союзом вьетнамцев из Камбоджи. 28 июля 1986 г. во Владивостоке Горбачев в своей речи выразил пожелание существенно улучшить советско-китайские отношения, подтвердив, что препятствия для нормализации этих отношений скоро будут устранены. Визит Горбачева в Китай в мае 1989 г. стал важным шагом, зафиксировавшим нормализацию отношений между КНР и СССР.

Кризис в СССР и уступчивость Горбачева, а также начавшийся в 1989 г. вывод советских войск из Афганистана вызвали цепную реакцию в странах Восточной Европы; в 1989-1990 гг. в большинстве восточноевропейских стран произошла смена власти. Новые правительства в своей политике резко отошли от Советского Союза и повернулись к Западу. В 1990 г. под напором масс была демонтирована Берлинская стена, произошло объединение Западной и Восточной Германии. В 1991 г. были ликвидированы СЭВ (28 июня) и Варшавский договор (1 июля). Социалистический лагерь в Восточной Европе развалился, вслед за тем прекратилась и холодная война.

3. Нарастание социальных противоречий

Напряжение в национальных отношениях внутри СССР существовало давно, но внешнее давление не позволяло ему проявляться. Политика демократизации и гласности вывела все противоречия наружу. 23 августа 1987 г., в годовщину подписания советско-германского договора 1939 г., в столицах трех прибалтийских республик прошли массовые демонстрации. Эти события стали началом "парада суверенитетов". Движение в Прибалтике подало пример другим. Репрессированные народы требовали возвращения на историческую родину. Требования расширения национальных прав, признания государственного статуса национального языка и т. п. были выдвинуты на Украине, в Грузии, Молдавии, а затем и в других республиках. Ожили многие исторические, в том числе и территориальные проблемы.

Национальные вопросы, вставшие в центр внимания, привели к обострению конфликтов как между русскими и нерусскими, так и между различными нерусскими национальностями, много лет мирно проживавшими рядом. Теперь же соседи стали врагами. В разных районах страны начались национальные столкновения, погромы и убийства. Особенно острое развитие получил конфликт, связанный с Нагорным Карабахом (1988), который привел к настоящей войне между Арменией и Азербайджаном. Национальные конфликты ослабляли центральную власть и все больше усиливали центробежные тенденции.

Развитие центробежных тенденций в СССР, естественно, коснулось и России (РСФСР). С конца 80-х гг. в обстановке демократизации и гласности в России все выше поднимался авторитет Б. Ельцина, бывшего члена Политбюро КПСС, который встал в оппозицию к Горбачеву. Летом 1990 г. на последнем, XXVIII съезде КПСС Ельцин выходит из партии, значительно ослабив ее позиции. Он становится новым центром притяжения либерально-демократических сил, которые оказывают все большее влияние на общественные настроения в Российской Федерации.

12 июня 1990 г. на первом съезде народных депутатов РСФСР провозглашается суверенитет России. Позднее этот день был объявлен государственным праздником – Днем независимости (ныне День России). Ровно через год, 12 июня 1991 г., Ельцин избирается первым президентом России. Конфронтация между Ельциным и Горбачевым означала фактическое двоевластие в стране. В обстановке экономического кризиса Россия приняла программу "500 дней", объявив о том, что первой начнет движение к рынку, не дожидаясь, когда такое решение будет принято Верховным Советом СССР. В РСФСР был принят целый ряд законов, не отвечавших законам СССР. Таким образом еще больше обострилось противостояние между Россией и центром, между двумя президентами – Ельциным и Горбачевым.

4. Конец Советского Союза

К осени 1990 г. всем уже было ясно, что политика "перестройки" потерпела провал. Рыночная экономика так и не заработала. Экономическая ситуация становилась все хуже и хуже. Центральная власть ослабевала. По всей стране катилась волна забастовок, митингов, демонстраций. Ситуация требовала решительного изменения политики, но центр не торопился делать этого.

Для решения национальной проблемы народные фронты Прибалтики еще в 1988 г. выдвинули идею заключения нового союзного договора, но это предложение не нашло поддержки у руководства страны. Тогда в 1991 г. союзные республики одна за другой стали провозглашать свой суверенитет. Вспыхнула "война законов", когда каждая республика ставила свои законы выше союзных.

В обстановке политического развала Горбачев качнулся на сторону консерваторов, которые попытались "спасти" страну силовыми методами. Усилилась тайная деятельность КГБ, в том числе и в разжигании национальных конфликтов. В борьбе с центробежными тенденциями была применена военная сила в Тбилиси(1989) и в Баку(1990). В январе 1991 г. произошли попытки политического переворота силами армии и КГБ в Литве и Латвии. Неудачи этих попыток еще больше накалили атмосферу. Горбачев то бросался из одной стороны в другую, то пытался встать над всеми как "наблюдатель". Его колебания и противоречия больше не устраивали ни левых, ни правых. Политическая судьба Горбачева была решена.

Судьба Горбачева как президента страны была связана с судьбой Советского Союза. 17 марта 1991 г. был проведен референдум по вопросу о сохранении СССР. Большая часть населения высказалась по этому вопросу положительно. Горбачев начал спешно проводить переговоры с руководителями 9 союзных республик относительно подписания нового Союзного договора. Новые принципы договора давали большие права республикам и вызвали негодование консерваторов.

Накануне подписания договора, 19 августа 1991 г. консервативные силы образовали Государственный комитет по чрезвычайному положению(ГКЧП), который взял власть в свои руки. Заявив о том, что Горбачев, находившийся на отдыхе в Крыму, "по состоянию здоровья не может выполнять свои обязанности", ГКЧП объявил о своем намерении восстановить порядок в стране и предотвратить развал СССР. В Москву были введены танки. Российское руководство во главе с Ельциным отказалось признать ГКЧП и призвало народ выступить на защиту демократии и Белого дома (ныне дом правительства России). ГКЧП, встретив активное сопротивление народа, смог просуществовать всего три дня. Вечером 21 августа Горбачев вернулся в Москву, но настоящим победителем был не он, а Ельцин.

Неудачная попытка государственного переворота резко ускорила распад СССР. Сразу за провалом ГКЧП еще 8 республик заявили о своей независимости. В сентябре 1991 г. Горбачев подписал указ о признании выхода из СССР трех прибалтийских республик. Все попытки возобновить работу по подписанию нового Союзного договора оказались безуспешными. 8 декабря 1991 г. под Минском состоялась встреча президентов России, Украины и Белоруссии, которые констатировали, что "Советский Союз больше не существует". Взамен этого было подписано Беловежское соглашение об образовании СНГ (Содружества Независимых Государств). 21 декабря на встрече в Алма-Ате к СНГ присоединились еще 8 республик (кроме Прибалтики и Грузии, которая вступила в СНГ позднее). 25 декабря 1991 г. М. С. Горбачев объявил, что он снимает с себя обязанности президента СССР по причине исчезновения самого государства. Над Кремлем был спущен алый флаг с серпом и молотом и поднят российский триколор. Так закончилось существование Советского Союза.

Слова

перестройка 改革
распад 解体
прервать［完］中断
похороны（复）葬礼
мавзолей 陵墓
гласность（阴）公开性
демократизация 民主化
омоложение 年轻化
стратегия 战略
алкоголизм 酗酒
спад 衰退
подряд 承包
погружаться［未］陷入
хаос 混乱
инфляция 通货膨胀
коррумпированный 贪污腐化的
СМИ — средства массовой информации 大众传媒
пересмотр 重新审定
запрет 禁止
несдерживаемый 扼制不住的
разброд 分歧，不一致
травма 创伤
стихийный 自发的
неформальный 非正式的
внеочередной 非常的
мышление 思维
приоритет 优先
разоружение 裁军
предпочтение кому-чему 认为……好，比较喜欢……
возобновление 恢复
нормализация 正常化
вьетнамец 越南人
препятствие 障碍
демонтировать［完，未］拆除
развалиться［完］崩溃，垮台
нарастание 增长
наружу（副）向外，公开
годовщина 周年纪念
статус 地位，状态
столкновение 冲突
погром 大洗劫
центробежный 离心的

притяжение 吸引力
суверенитет 主权
заработать [完]运转起来
качнуться [完]摆动，摇晃
разжигание 挑起
накалить атмосферу
使气氛极度紧张
референдум 全民公决
ГКЧП — Государственный
комитет по чрезвычайному
положению
国家紧急状态委员会
развал 倒塌，崩溃
констатировать [完，未]
断定，确定
взамен(副)代之，(作为)交换
СНГ — Содружество
Независимых Государств
独立国家联合体
исчезновение 消失
алый 鲜红的
серп 镰刀
молот 大锤
триколор 三色旗

Контрольная работа

1. Горбачевская реформа проходила под лозунгом "________".
   А. перестройка и гласность
   Б. Догнать и перегнать Америку
   В. Кадры решают все
   Г. Отстающих бьют
2. Первым и последним президентом СССР был ________.
   А. К. Черненко   Б. М. Горбачев
   В. Б. Ельцин   Г. В. Путин
3. Визит Горбачева в Китай в мае ________ года стал важным шагом в нормализации отношений обеих стран.
   А. 1988   Б. 1989   В. 1990   Г. 1991
4. СЭВ и Варшавский договор развалились в ________ году.
   А. 1989   Б. 1990   В. 1991   Г. 1993

5. Национальный конфликт, связанный с ________, привел к настоящей войне между Арменией и Азербайджаном (1988).

   А. Северной Осетией Б. Южной Осетией

   В. Чечней Г. Нагорным Карабахом

6. Решение о проведении политической реформы в СССР было принято на ________.

   А. 27-м съезде КПСС (1986)

   Б. 19-ой Всесоюзной конференции КПСС (1988)

   В. 1-м съезде народных депутатов СССР (1989)

   Г. 28-м съезде КПСС (1990)

7. Авторами программ "500 дней" были ________.

   А. М. Горбачев и Л. Абалкин

   Б. А. Аганбегян и Е. Гайдар

   В. С. Шаталин и Г. Явлинский

   Г. Н. Рыжков и Б. Ельцин

8. День России отмечается ________.

   А. 1 мая Б. 12 декабря

   В. 30 декабря Г. 12 июня

9. Консервативный переворот с целью восстановления порядка в стране и предотвращения развала СССР произошел 19 августа ________ года.

   А. 1988 Б. 1989 В. 1990 Г. 1991

10. Беловежское соглашение было подписано между тремя республиками --________.

    А. Россией, Украиной и Белоруссией

    Б. Россией, Украиной и Молдовой

    В. Эстонией, Латвией и Литвой

    Г. Грузией, Арменией и Азербайджаном

普通高等教育“十五”国家级规划教材
北京市高等教育精品教材立项项目

俄罗斯国情多媒体教程
俄罗斯历史

主编　　戴桂菊　李英男

第一讲 基辅罗斯

第一节 东斯拉夫人

俄罗斯族是一个年轻的民族,它于14—15世纪才形成。俄罗斯人的祖先是东斯拉夫人。在古代,斯拉夫人曾经居住在喀尔巴阡山以北一个不大的地区。公元5—6世纪,斯拉夫人向西、南和东三个方向迁徙,沿途不断同当地人融合,逐渐分成三大支:西斯拉夫人(今波兰、捷克和斯洛伐克人的祖先)、南斯拉夫人(保加利亚、塞尔维亚、克罗地亚以及其他一些巴尔干民族的祖先)和东斯拉夫人(今俄罗斯、乌克兰、白俄罗斯人的祖先)。

公元7—8世纪,东斯拉夫人居住在东欧平原上——第聂伯河沿岸森林及其以北的地区。平原、森林、丰富的河流和湖泊决定了他们的经营活动方式和社会发展方向。平原地形能够使东斯拉夫人的迁徙进行得畅通无阻,肥沃的土壤为农耕业发展提供了便利条件。然而,当时东斯拉夫人的农业尚处于原始阶段。当一块耕地失去肥力以后,东斯拉夫人就要弃家搬迁,到新的土地上另谋出路。因此,东斯拉夫人的居住地点具有明显的流动性。森林和水具有特殊重要的意义,东斯拉夫人在这里狩猎、捕鱼,采集野生蜂蜜、蘑菇和浆果等。此外,自平原中心流向四周大海的河流作为交通要道促进了东斯拉夫人同周边部落和周边国家的贸易往来。

自古以来,在东欧平原上生活的并不只是斯拉夫人。一些波罗的部落和芬兰部落占据了这里相当一部分森林地带,南方草原上生活着伊朗、突厥和蒙古游牧民族。斯拉夫人南部最富有的邻居是希腊人,这里坐落着罗马帝国的继承者拜占庭——一个经济和文化发达的强国。拜占庭人非常喜欢购买斯拉夫人手里的毛、皮和蜂蜜。当时,自波罗的海沿第聂伯河进而沿黑海有一条重要的商道,它能够将欧洲北部和拜占庭连接在一起,这就是著名的“自瓦良格至希腊”之路。

从9世纪初起,在西欧临海地区和波罗的海沿岸开始出现一些由斯堪的纳维亚半岛的勇敢者组成的武装队伍。他们经常侵袭英国、法国、西班牙甚至意大利,西欧通常将他们称作“诺曼人”。在俄罗斯历史上,他们则以“瓦良格人”而闻名。瓦良格人的贸易和武士队经常沿着第聂伯河南下,沿着“自瓦良格至希腊”之路进行活动。自9世纪中叶起,在东斯拉夫人居住的地区已经有很多瓦良格人。不久,他们便变得完全与斯拉夫人相同了。

第二节 基辅罗斯的形成

古时候,东斯拉夫人以氏族为单位生活在一起。氏族的首领为长老,氏族内部的一切重大事务均在由全体成员参加的会议上协商解决,这种会议被称作“谓彻”。土地、财产归氏族所有。后来,随着部落和氏族散居空间的扩大,氏族之间的联系受到削弱。最古老的氏族制度逐渐被村社制度所取代。

随着贸易的发展,东斯拉夫人的土地上产生了诸如诺夫哥罗德、基辅和斯摩棱斯克等商业城市。各国的商人多以这些城市为聚集地进行商品交换,而后沿商贸大道前往希腊市场。为了保证商品贮藏和途中运输的安全,需要武装力量。于是,许多城市出现了由各民族中自由而强壮的人(最常见的是瓦良格人)组成的武士队。领导武士队的通常是瓦良格人的首领——王公。

公元862年,诺夫哥罗德居民从瑞典邀请瓦良格人留里克及其亲族和武士队前来整顿诺夫哥罗德邦国的秩序。留里克掌握了政权并开始管理诺夫哥罗德,留里克王朝也由此开始。当时,瓦良格人还被称作"罗斯人"。"罗斯"这个名字也随之转到与瓦良格人一起活动的斯拉夫武士队中。逐渐地,这个名字成为整个国家——罗斯国家以及后来的俄罗斯民族的称谓。

留里克去世后,其亲戚奥列格开始在诺夫哥罗德作王公。公元882年,他率领武士队沿第聂伯河南下,占领了基辅并变基辅为首都。"让基辅成为罗斯各城市之母吧!"奥列格说。他成功地将这条大水路沿岸最主要的城市以及东斯拉夫人的其他许多邦国统一到自己手中。这样,在基辅周围形成了被称作"基辅罗斯"的古罗斯国家。

第三节　罗斯接受洗礼

东斯拉夫人曾经长期信奉多神教。他们供奉太阳神、风神和其他诸神,还崇拜泉水、井、树木和一些动物。每个部落都有自己的地方神。此外,对大地母亲和祖先的崇拜也很普遍。东斯拉夫人习惯于向自己的祖先和诸神奉献供品,有时甚至以活人作祭品。

弗拉基米尔王公曾经是一位坚定的多神教信徒。他妻妾成群,因为多神教允许多妻制。弗拉基米尔先在诺夫哥罗德当政,后来在兄弟内讧中取胜。自公元980年起,他成为基辅大公。弗拉基米尔想把罗斯变成一个繁荣昌盛的国家。他深知宗教的作用,因而决定利用宗教把各个部落统一起来。起初,他推行过多神教改革,取缔许多地方神,仅保留其中的八个神并立庇隆为主神,要求所有的人都崇拜他。然而,这些改革并未达到目的。于是,弗拉基米尔开始寻找其他宗教。

他派自己的使臣到各国去了解哪种信仰更好。伊斯兰教和犹太教没有赢得罗斯使者的欢心,而希腊(即拜占庭)教堂则给他们留下了强烈的印象。出使归来,使臣们对弗拉基米尔说:"希腊教堂美不胜收,令人难以忘怀,其他信仰我们一概不要。"弗拉基米尔听信使臣的话,接受了希腊教洗礼。这里"希腊教"是指基督教(东正教)。公元988年,弗拉基米尔王公宣布基督教为基辅罗斯的国教。他下令摧毁多神教诸偶像,把基辅的市民召集到第聂伯河畔,强迫他们下水受洗,这一事件以"罗斯受洗"的称谓被载入史册。

宗教的选择在罗斯历史上发挥着重要的作用。统一的宗教逐渐将各地的崇拜排挤出去,促进了统一的古罗斯民族和国家的形成。弗拉基米尔通过改革巩固了中央政权,提高了罗斯的国际威望,基辅罗斯跨进欧洲基督教国家的行列。借助于基督教信仰罗斯各地开始了文字和文学的传播。公元9世纪,斯拉夫字母被希腊修士基里尔和梅福季兄弟创造出来。至今,俄文字母仍被称作"基里尔字母"。翻译文学和最早的书面作品也是在神职人员中产生的。基辅罗斯最主要的历史文献是修士涅斯托尔于12世纪初编撰的编年史《往年纪事》。基督教促进了罗斯建筑和艺术的发展。还在弗拉基米尔大公在世时,罗斯就开始采用白色大理石在基辅修建基督教教堂。一些希腊工匠前来用壁画和马赛克画装点教堂。1037年—1054年间,富丽堂皇的索非亚大教堂在基辅落成。在俄罗斯千余年的历史长河中,以东正教形式表现出来的基督教成为俄罗斯文化的重要精神基础。

第四节 由鼎盛走向衰落

古罗斯国家很快发展起来。奥列格王公在同可萨人的作战中取胜并将罗斯的一些部落从对可萨人的依附中解放出来。为这次胜利所鼓舞,他决定对拜占庭发起远征。他率领大批军队逼近拜占庭首都君士坦丁堡(公元907年)并包围了这座城市。希腊人不得不同罗斯人谈判并向他们缴纳贡赋。

奥列格的继承人伊戈尔率领罗斯人继续同拜占庭作战，然而并没有取得成功，因为他既没有军人的天赋，也不具备统治者的才华。当时基辅政权的任务之一是从周边各地区和部落收取贡赋。每年秋天，王公便率领武士队出城征收毛、皮、蜂蜜、农产品和手工业者的制品等贡赋。于是，基辅王公手中蓄积了一大批品种繁多的商品。

伊戈尔王公死后，其妻奥莉加执政。她试图停止对外征战，推行了一系列重要的改革措施。她亲自出访拜占庭首都君士坦丁堡并在那里接受了基督教洗礼。奥莉加的儿子斯维亚托斯拉夫已经采用斯拉夫人的名字，但在性格方面他仍是一个典型的瓦良格勇士。他习惯于远征生涯，可谓戎马一生，最后战死于远征途中。

斯维亚托斯拉夫之子弗拉基米尔大公对于古罗斯国家的繁盛做出了巨大贡献。他一生曾多次结婚，留有许多同父异母的子女。他把儿子们安排到四面八方并分别赐予他们一方土地，试图以此来维持国家的统一。然而，弗拉基米尔刚去世，他的儿子们便为权力而争斗起来。1019 年，弗拉基米尔的四儿子雅罗斯拉夫登上了基辅王位。几年后，他以军事手段使罗斯国家重新恢复了统一。

雅罗斯拉夫时期，基辅罗斯走向鼎盛。雅罗斯拉夫积极发展国际交往和外交，尤其重视同欧洲诸国的往来。雅罗斯拉夫为教育和文化的发展做出了突出贡献。在他执政时期，罗斯开办了许多学校，创立了第一批图书馆，修建了大批美丽的教堂。难怪人们将这位王公称作“智者”雅罗斯拉夫。雅罗斯拉夫时期，罗斯产生了第一部法律汇编——《罗斯法典》。法典的内容反映了当时的社会结构以及社会不平等的发展。《罗斯法典》表明，封建关系已经开始在基辅罗斯建立。

11—12 世纪，基辅罗斯的农耕业发展起来。土地的价值不断提高，土地私有制开始出现。越来越多的土地转为王公及其家庭成员所有，一部分土地转给了武士队和教会中的长者。在这些私有土地上耕作的既有自由农民，也有奴隶。当时，基辅罗斯的统一国家体制还很不稳固，它是在王权民族观念的基础之上形成的。通常认为，各个王公掌握着罗斯的土地。当父王在世时，子辈在各主要城市任地方官并向父王纳贡。当父王去世后，父王的地盘便依据儿子的数量进行平分，得到土地的王储们也随之成为王公。基辅王位通常由家族中的长者占据。然而，实际上这些规矩时常遭到破坏。智者雅罗斯拉夫去世后，罗斯内讧频繁，为争夺基辅王位而进行的战争经常发生。

罗斯南部的黑海之滨地处辽阔的大草原，罗斯人将其称作"荒野"，这里经常发生血战。游牧民族不仅侵扰罗斯边疆地区，而且对其首都基辅发动进攻。基辅罗斯同游牧民族曾经进行过长期的斗争。

内讧和同游牧民族的激烈斗争耗尽了罗斯的力量，各地城镇毁于火灾，商贸活动裹足不前，国民人数不断减少，人们纷纷到密林深处藏身。土地大片荒芜，贫困笼罩着罗斯大地。12 世纪中叶，基辅罗斯完全分裂成独立的小公国。到 13 世纪初，公国的数量约有 50 个。这样，俄罗斯历史的第一阶段以统一的古罗斯国家的解体而告终。

第二讲　莫斯科罗斯

第一节　鞑靼蒙古人入侵

1206年，在广袤的蒙古草原上形成了成吉思汗的帝国。1237年，蒙古汗拔都率领军队进入罗斯。由于其先头部队为蒙古人的盟军——鞑靼人，历史上通常将他们称作“鞑靼蒙古人”。陷入内讧的罗斯各王公根本无力对付强大的鞑靼蒙古军队。拔都相继攻占和毁坏了罗斯的许多城市。1240年，基辅沦陷。

在摧毁罗斯各公国以后，拔都继续进军东欧。然而，在那里他遭到了失败，于是又返回到伏尔加河下游草原。他在这里为自己的国家定都，这个国家叫“金帐汗”国。并入金帐汗国版图的地区有伏尔加河下游、里海沿岸草原、北高加索、克里木、西西伯利亚。金帐汗国是蒙古大帝国的一部分。在罗斯领土上，拔都不是依靠驻军，而是借助罗斯各地王公的力量进行统治。罗斯人要想成为王公，必须得到汗的册封(许可)。蒙古汗对王公拥有惩罚、处死和撤回汗诰的权力。为了保住自己的权力，罗斯王公们经常前去拜谒蒙古汗并向汗赠送厚礼。

罗斯国民必须向金帐汗国交纳贡赋。起初，蒙古人亲自向罗斯征收贡赋，这引起了罗斯人的极大愤慨。于是，蒙古汗认识到委派罗斯王公代收贡赋更合算，罗斯王公们非常愿意接受这一任务并亲自将贡赋送往金帐汗国。一旦罗斯人没满足蒙古人的要求，蒙古汗便前来罗斯，用火和剑来整顿秩序，把罗斯妇女、儿童和工匠拉去当奴隶。为了巩固在罗斯的统治，历代蒙古汗都支持东正教会。他们不要求罗斯人放弃自己的信仰，甚至还免除东正教会的税赋并给予他们特殊的优惠。这种状态在罗斯持续了240

年，在俄罗斯历史上被称作“鞑靼蒙古人的桎梏”。

第二节 来自西部的威胁

鞑靼蒙古人的入侵促使罗斯最终分成两半：东北罗斯和西南罗斯。东北罗斯处于鞑靼蒙古人的统治之下，正在崛起的立陶宛则开始占领西南罗斯的荒芜土地。14世纪下半叶，立陶宛与波兰合并为一个大国家。在这里，天主教的主导地位得到了确定。这样，罗斯大地被来自东方和西方的两股强大势力分裂成两半。逐渐地，以往的基辅罗斯人分化成俄罗斯人、乌克兰人和白俄罗斯人。

13世纪初，罗斯西北部边境出现了德意志骑士。很快，他们便开始侵扰普斯科夫和诺夫哥罗德地区。但是，他们遭到了有力的回击。带领罗斯人抗击西方侵略者的是诺夫哥罗德王公亚历山大。

1240年7月，瑞典人乘船驶入涅瓦河，向没有受到蒙古人奴役的罗斯城市普斯科夫和诺夫哥罗德发起进攻。诺夫哥罗德居民请求年轻的王公亚历山大·雅罗斯拉维奇率领罗斯人组成武士队。在这场血战中，亚历山大和他的军人们打败了瑞典人并把他们赶到海外。由于这次战争的胜利，王公被誉为“涅瓦王”。在1242年4月，亚历山大将普斯科夫从德意志人的手中解放出来，在楚德湖的冰面上给敌人以重创。在俄罗斯历史上这场著名的战役被称作“冰湖大战”。诺夫哥罗德和普斯科夫得救了。

王公亚历山大不仅是一位天才的军事统帅，而且还是一位有远见的政治家。他意识到罗斯尚不能同鞑靼蒙古人直接冲突，这无论从军事上还是从政治上来说，都是不现实的。因此，他努力同鞑靼蒙古人保持良好关系。他采取了一面联合金帐汗国，一面对抗西方天主教入侵的方针。亚历山大王公的政策为罗斯其他王公树立了榜样。后来，罗斯东正教将涅瓦王亚历山大尊奉为“圣人”。他的名字受到俄罗斯人民的尊敬，人们把他视为俄罗斯军人的庇护者。在苏联卫国战争时期，斯大林曾颁令设立涅瓦王亚历山大军事勋章。

第三节 莫斯科的崛起

“莫斯科”这一称谓源自芬兰语，意为“潮湿的地方”。编年史中关于莫斯科的记载最早出现于1147年。当时，王公“长手”尤里邀请另一位罗斯王公来此会面。尤里在那里设宴，还同盟友交换了礼物。这一年被认为是莫斯科的创立年。

基辅罗斯的厄运促进了莫斯科的发展。12—13世纪，为了从破产和死亡中摆脱出来，罗斯许多城市和乡村的居民纷纷逃到东北，隐居到偏僻的大森林中。在罗斯的边远地区，人们生活得反而安宁一些。罗斯农民同土著人乌戈尔—芬兰部落为邻，逐渐地同这些部落融合在一起。他们的生活、文化和语言都有了自己的特征。这样，东北罗斯成为俄罗斯民族的故乡。

在很长一段时间，东北罗斯的中心是一些比莫斯科更加古老的城市——罗斯托夫、苏兹达利和弗拉基米尔。然而，方便而又相对安全的地理位置为莫斯科的发展提供了条件。起初，莫斯科是位于苏兹达利—弗拉基米尔公国最南端的一个防守点，具有军事边防功能。后来，莫斯科分离出来，成为一个小公国，其第一位王公是涅瓦王亚历山大的儿子达尼尔。14世纪初，特维尔和莫斯科公国为争夺大公的位置展开了多年流血斗争。最终，斗争以莫斯科王公伊凡·卡利塔的胜利而告终。1328年，伊凡·卡利塔登上大公宝座。从此，大公的统治一直保留在莫斯科。

在莫斯科公国发展的过程中，王公们的政治灵活性发挥了重要的作用。机智的王公伊凡·卡利塔经常带着厚礼去金帐汗国并同汗保持着良好关系。40 年间，鞑靼人从未骚扰过罗斯。伊凡·卡利塔还获得了代蒙古汗在莫斯科和罗斯其他公国征收贡赋的权利。征得的钱财并未全部交给金帐汗国，而是将其中的一部分留在了莫斯科。据此，人们送他绰号为“卡利塔”。“卡利塔”源自鞑靼语，意为“钱袋”。这笔钱主要用于购买周围的城镇、村庄及土地。

莫斯科的中心位置对于教会管理也很重要，都主教们认为东正教必须处于罗斯南北方的中心点上，因此他们很快便从弗拉基米尔迁移到这里来。在罗斯各封邑王公内部冲突的过程中，都主教们通常站在莫斯科王公一边并利用自己的威信声援后者。这样，罗斯的政权和教权几乎同时集中到了莫斯科。往日的小城莫斯科发展成为“全罗斯”的中心。

第四节　独立之路

后来，金帐汗国内部发生了变化。14 世纪中叶，大汗频频更迭，金帐汗国逐渐衰落并趋于瓦解。与此同时，莫斯科的实力却日渐强大。汗国的一位统帅马迈联合立陶宛，前去讨伐不顺从的莫斯科公国。莫斯科王公德米特里开始招募军队，准备回击马迈军队。罗斯其他公国的武士队也前来响应。在民众中享有崇高声望的圣修士谢尔吉·拉多涅日斯基为这场同鞑靼人的战役祈福，整个东北罗斯都行动起来，共同对付敌人。

王公德米特里率领大军迎击马迈军队。1380 年 9 月 8 日，罗斯武士队在顿河旁的库利科沃原野上同马迈军队交锋。经过激烈的决战，罗斯人战胜鞑靼人，彻底打败了马迈的军队。罗斯人伤亡惨重，就连德米特里王公本人也受了重伤，然而整个罗斯为这次胜利而普天同庆。莫斯科王公德米特里也因此被誉为“顿河王”。虽然在这次战役以后莫斯科公国还没有摆脱对鞑靼人的依附关系，继续向汗国纳贡，但是罗斯人开始相信自己的力量并认识到他们能够粉碎敌人。库利科沃战役的政治和民族意义在于它促使罗斯人以莫斯科公国为中心坚决地联合起来。

伊凡三世的统治在莫斯科国家的巩固中发挥了重要作用。王公伊凡三世登上莫斯科王位之时，莫斯科国家从四面八方为其他小公国(如特维尔、雅罗斯拉夫和梁赞等)所环绕。伊凡三世或使用武力，或通过和平协商使这些邦国一一归附于莫斯科公国。在他生年的最后岁月，他实际上已经成为统一的罗斯民族的君主。

莫斯科公国和诺夫哥罗德商业共和国之间曾经进行过长期的斗争。面对着莫斯科的威胁，诺夫哥罗德内部形成两派：一派主张同立陶宛联合，另一派赞成同莫斯科联合。为了征服诺夫哥罗德，伊凡三世号召惩罚诺夫哥罗德人对罗斯和东正教信仰的背叛。他搜罗大批军队，几次出征诺夫哥罗德。最后，“大诺夫哥罗德的主宰”屈从于莫斯科大公的管辖，诺夫哥罗德的广大领土成为俄罗斯国家的组成部分。自此，伊凡三世成为名副其实的“全罗斯君主”。莫斯科和诺夫哥罗德斗争的结果决定了罗斯在政治选择中朝着专制方向发展。

国家的统一有助于罗斯最终从金帐汗国的依附中解放出来。伊凡三世不再向汗纳贡，还拒绝到汗国那里去。1480 年夏天，作为一种报复，鞑靼汗率军讨伐罗斯。汗在乌格拉河畔停留下来，莫斯科军队在河对岸与鞑靼军对峙。双方势均力敌，谁也不敢首先向对方开战，这样一连僵持了好几个月。到了深秋，鞑靼人实在无法坚持下去了，于是转马撤退。“乌格拉河上的僵持”事件被认为是鞑靼蒙古人桎梏的终结。很快，金帐汗国彻底瓦解。

1453 年，被罗斯视为世界东正教中心的拜占庭为土耳其所灭。到哪里去寻找新的精神支柱呢？修士菲洛费伊在致大公瓦西里三世的信中作了如此回答：“您可知道，虔敬上帝的沙皇，两个罗马先后衰落了，第三罗马（莫斯科）正屹立着，第四个罗马不会有了。”“莫斯科—第三罗马”的思想深深地铭刻在罗斯统治者的头脑中。

伊凡三世同拜占庭末代皇帝的侄女索菲娅·巴列奥略联姻，为这一论断提供了新的理由。在娶拜占庭公主为妻以后，伊凡三世便开始把自己当作拜占庭皇帝的继承人。此外，伊凡三世还将拜占庭的国徽——双头鹰国徽引进俄国。自此，双头鹰成为俄罗斯国家的国徽。

“第三罗马”的思想促使莫斯科政权试图将莫斯科公国变成“王国”，将莫斯科大公变成沙皇（以前只有拜占庭皇帝拥有这一称谓）。这样，15 世纪末，莫斯科罗斯变成统一的中央集权制国家——俄罗斯。到瓦西里三世执政末期，东欧出现了一个大国，它拥有广大的空间——从涅瓦河口到北乌拉尔，从伏尔加河到第聂伯河沿岸的柳别奇*。业已形成的莫斯科国家虽然也倾向于西方，但其内部结构和政治文化则保留了许多东方特征。

* 领土面积达到 280 万平方公里，人口超过 150 万。

第三讲　俄罗斯中央集权国家的巩固

第一节　俄国首任沙皇伊凡四世

1530 年,大公瓦西里三世的儿子伊凡诞生。小男孩天资聪颖,记忆力过人。他博览群书,文笔和口才均十分出色。然而,沉重的童年在他的性格中留下了抹不掉的印迹。7 岁时,他成了一名失去了双亲的孤儿,既无父亲,又无母亲。国家由领主杜马掌管,领主们经常搞阴谋和串通行为,内部口角频繁,经常贬低和侮辱小伊凡。伊凡长大后成为一个神经质和多疑的人。他习惯于认为自己周围全是对手,应当为自己的权力而争斗。1547 年,伊凡四世在克里姆林宫的圣母升天大教堂接受加冕并开始独立管理国家。

第二节　伊凡四世的改革

众所周知,领主杜马作为一个协商管理机构在基辅罗斯时期就存在了。随着统一的俄罗斯中央集权制国家的形成,领主杜马转变成国家的最高权力机构。领主杜马由王公显贵组成。领主们滥用职权的现象引起了伊凡四世的强烈不满。长大成人以后,他很快开始利用军职分封贵族的力量限制领主特权。他的理想是建立强有力的沙皇政权。

50 年代,伊凡四世进行了一系列旨在加强中央集权的变革。他从忠于自己的人中组建新一任政府并称之为“重臣拉达”。政府由一些分封贵族和希望国家强盛的老莫斯科世袭领主组成。1549 年,首届等级代表会议——讨论和解决最重要的国家事务的缙绅会议在莫斯科克里姆林宫举行。会议由领主、神职人员、分封贵族、商人、手工业者和国有农民的代表组成。1550 年,新的法律汇编——《法典》出台。新法典的主要特征在于努力改善司法职能,使之处于地方居民代表的严格监督之下。1551 年,旨在"改善教会秩序"的宗教会议召开。会议通过了名为"百章"的有关限制教会财产权利的文件。伊凡四世还明显地扩大了被称作政厅的国家管理机构,增加这些机构的数量,改变城市和其他大小行政单位的管理秩序。重臣拉达指派军事总督到所有城市和邦国去,国家为他们支付薪俸。税收和司法事务由分封贵族中选出的专门官员负责。1550 年,按照沙皇伊凡四世的命令,俄国组建了常备军。这支军队中的相当一部分由火枪兵组成。这样,俄国的武装力量最终形成。

50 年代的变革具有综合性和纲领性的特征。它促进了中央权力的巩固,限制了领主们的特权,提高了分封贵族在国家管理中的作用。

第三节 特辖制

如果说伊凡四世的前期统治呈现出正面效应的话,那么,他执政的后半期则在历史上留下了黑暗的一页。1564 年,伊凡四世出人意料地离开莫斯科并宣布对国家管理机构进行变动。他将整个国家分成两部分——特辖区("特辖区"这一称谓来自"опричь",意为除……以外)和普通区。前者由沙皇直接管辖,沙皇身边配备 6 000 名特辖军人和侍卫;后者由沙皇交给领主管理。然而,实际上没有沙皇的旨意他们什么也不能做。特辖军严密监视所有的人并将一切消息禀报沙皇。他们统一着黑色服装,带着扫帚和狗头到处巡游,这种服饰意味着清理俄罗斯并铲除沙皇的所有对手。

血腥屠杀遍布全国。沙皇本人也经常参与审讯和镇压活动。在被处决的人当中,除了领主及其家属,还有神甫、分封贵族、农民和普通人。沙皇还拷问和处决了自己的好几个妻子(他结过8次婚)。去世前不久,沙皇一时发怒将自己的长子伊凡——王位继承人打死。民间开始将其称为"伊凡雷帝"。

伊凡四世通过非常措施达到了自己的目的——铲除了反对沙皇集权的分离势力。但是,沙皇不理智的尝试也为俄罗斯国家造成了惨重的损失。

第四节 领土的扩大

在全面进行国内改革的同时,伊凡四世推行了积极的对外政策。与先人不同,伊凡四世主要致力于占领非斯拉夫人的居住地。1551年,伊凡四世发起了同喀山汗国的战争。尽管鞑靼人顽强抵抗,俄国人还是于1552年攻下了喀山城。遵照伊凡四世的命令,1556年—1560年,在莫斯科红场上建成圣母大教堂(圣瓦西里教堂),以庆祝攻取喀山汗国的胜利。到16世纪50年代末,整个伏尔加河流域自源头至河口都处在莫斯科政权的管辖之中。

自15世纪起,俄国人开始向东部进发,到达卡马河岸。沙皇伊凡四世执政时期,俄国人越过了乌拉尔山并征服了西西伯利亚。这件事发生在1581年。以叶尔马克为首的哥萨克人向西伯利亚汗库丘姆发起远征。他们打败了汗国军队并同沙皇军队一起征服了西伯利亚。随后来到西伯利亚的还有俄国的迁徙者——商人、狩猎者和寻找自由土地的农民。

在西部,伊凡四世发动了同立沃尼亚的多年战争。在南部,他曾同克里木汗国作战。然而,所有这些战争均没有取得胜利。俄国未能解决自己的地缘政治问题,也没得到任何一个通往西部和南部海洋的出海口。

第四讲 王朝更替

第一节 鲍里斯·戈杜诺夫当政

1584年，沙皇伊凡雷帝去世，其次子、体弱多病的费多尔继位。沙皇的幼子德米特里跟随着母亲和其他亲戚从莫斯科迁往乌戈里奇居住。实际上，执掌国家权力的是费多尔的妻兄、领主鲍里斯·戈杜诺夫。费多尔去世后，留里克王朝断代，因为费多尔没有留下继承人。这时，缙绅会议选举戈杜诺夫作沙皇。

戈杜诺夫是一位聪明且擅长心计的政治家。他把主要精力用于整顿国家秩序和恢复经济。早在1597年，沙皇费多尔就按照戈杜诺夫的倡议颁布了追捕逃亡农民的限定时间令。农民几乎完全被固定在地主的土地上。自由的丧失和戈杜诺夫确立的强硬体制自然引起民众的不满，国内开始发生农民暴动。伊凡雷帝的小儿子——王储德米特里的突然死亡也同样激起了民众的愤怒。人们传说，王储是戈杜诺夫下令刺死的。戈杜诺夫越来越失去社会的支持，国内政治总危机即将爆发。

第二节 混乱时期

1601年—1603年，俄国发生了前所未有的歉收和饥荒。粮食价格上涨了十几倍，成千上万的人死于饥荒。连年的饥饿促使政治紧张局势转化为社会冲突，长期的内战爆发了。俄国社会的所有阶级和阶层为了保护自身利益，纷纷卷入了战争。在俄国史上，这一时期(1603—1612)被称作混乱时期，而王储德米特里的名字则成为这一时代的标志。僭称王们曾几次冒充德米特里的名字出现,他们的周围纠集了一些政治力量。民间通常将这些僭称王称作伪德米特里。

在波兰国王的支持下,伪德米特里一世于1604年夏带领他集结的军队远征莫斯科。在俄国贵族、农民和哥萨克中间他很快就拥有了许多支持者。无需僭称王宣战,俄国各城市便纷纷为之打开城门。1605年初,鲍里斯·戈杜诺夫出乎意料地死亡。俄罗斯南方和莫斯科爆发了人民起义。7月,伪德米特里以救星的身份进入莫斯科。然而,俄国领主们并不喜欢伪德米特里的政策。僭称王与波兰女子马利娜·姆尼什克的婚姻以及波兰人在克里姆林宫的出现引起了人民的不满。以瓦西里·舒伊斯基为首的贵族大搞政治阴谋,再加上莫斯科人的起义,伪德米特里被处死。领主们推举瓦西里·舒伊斯基作沙皇。不过,他也没有得到人民的支持。1606年夏,俄国爆发了伊凡·鲍洛特尼科夫领导的真正的农民战争,参加这场战争的有农民、哥萨克人和分封贵族。舒伊斯基费了好大劲才把起义镇压下去,但他的政权已经遭到破坏。

1608年,又出现了一位新的僭称王——伪德米特里二世。哥萨克和波兰立陶宛军队都积极支持他。这位僭称王在距离克里姆林宫几公里的图希诺村建都,直接威胁莫斯科。舒伊斯基向瑞典求援。瑞典军队占领了俄国北部的诺夫哥罗德。秋天,波兰也加入了反对俄国的公开战争,因为波兰一直梦想着把自己的国王推上莫斯科的宝座。一部分领主迫使舒伊斯基放弃了王权。1610年,波兰人进入莫斯科。这样,在俄国领土上出现了几个“首都”,即几个相互争斗的政治中心。到处是战争,俄国的分裂似乎是不可避免的。

此时(1611年秋),下诺夫哥罗德发起了一场旨在恢复民族国家的运动。领导这次运动的是王公德米特里·波扎尔斯基和商人库兹马·米宁。波扎尔斯基指挥军队,米宁负责为军队筹集资金。1612年秋，以波扎尔斯基为首的军队逼近莫斯科，他们同哥萨克人一起解放了首都。波兰和瑞典军队被驱逐出俄罗斯。俄罗斯统一国家得到恢复。为了纪念这一事件，11月4日，即把莫斯科从外国侵略者手中解放出来的日子，在俄罗斯被宣布为节日——俄罗斯统一日。

第三节 罗曼诺夫王朝的开始

1613年初，在获得解放的莫斯科举行了选举新沙皇的缙绅会议。16岁的米哈伊尔·罗曼诺夫当选，基于各种原因，这位候选人能够让所有的人感到满意。事实上，在米哈伊尔执政时期，国家多年由他的父亲——牧首费拉烈特掌管。米哈伊尔统治时期，农奴制不断发展，国家生活逐渐稳定。

在米哈伊尔之子阿列克塞·米哈伊洛维奇当政时期，领主在国家管理中依然发挥着巨大的作用。缙绅会议经常举行，其中最有名的一次会议是1648年—1649年的缙绅会议。会上通过了俄罗斯国家法——《会议法典》，其中包含有国家法、民法和刑法问题。代表贵族阶层利益的会议法典最终将农奴制和阶层体制固定下来。

这样，从1613年起，控制俄国王位持续300多年的罗曼诺夫王朝便开始了。在罗曼诺夫家族首位沙皇在位期间，莫斯科国家的政治和经济状态均十分严峻。要消除混乱时期造成的悲剧性后果并使国家走出危机状态，需要几十年的时光。在阿列克塞·米哈伊洛维奇统治时期，中世纪的俄国达到了鼎盛。

17世纪上半叶，俄国的版图急剧向东扩展。这时，俄国的哥萨克疆土开拓者在叶尼塞河和勒拿河畔建立了许多要塞，他们还看到了“美丽的海”——贝加尔湖。1639年，伊凡·莫斯克维京沿勒拿河流域到达鄂霍次克海。1689年的尼布楚条约确定了中俄边界。按照条约,外兴安岭以南地区归中国管辖。

1648年,谢苗·杰日涅夫探险队首次穿过白令海峡——亚洲和北美洲的分界线。17世纪这个俄国“地理大发现”时期以弗·阿特拉索夫的勘察加远行而告终。这一时期俄国成为一个横跨欧亚的大国。

17世纪中叶,由于乌克兰的一部分领土并入俄国,俄国的西部疆界也有了相当程度的扩张。1648年,乌克兰和白俄罗斯爆发了鲍格丹·赫梅利尼茨基领导的起义。在他的领导下,哥萨克军队参加了同波兰人的战争。赫梅利尼茨基明白,他一个人无法打败波兰人,于是在外部寻找支持和盟友。由于担心毁掉与波兰的和约,莫斯科当局长期下不了公开支持他的决心。最后,莫斯科缙绅会议于1653年10月做出了把乌克兰接纳到“俄国保护下”的决定并对波兰宣战。1654年1月,鲍格丹·赫梅利尼茨基将此事公布给民众。俄国与波兰的战争持续了13年。最后,俄国得以将混乱时期失去的斯摩棱斯克和其他地区收回。此外,俄国还得到了乌克兰的第聂伯河左岸。

第四节 民众暴动

社会不平等的加剧和农民的完全农奴化导致了社会矛盾的加剧。17世纪中叶,大规模的城市起义此起彼伏。尤其是莫斯科,这里接连发生了铜钱暴动和食盐暴动等骚动。难怪17世纪被称作“暴动”年代。

17世纪最大的民间反抗行动是斯捷潘·拉辛领导的哥萨克和农民起义。1670年,起义者从顿河向伏尔加河进发,沿途有一大批饥饿和贫穷的人加入到起义者的行列,许多城市被发动起来。农民杀死贵族，烧毁他们的地产。在城市居民的帮助下，起义者攻下了阿斯特拉罕、察里津、萨拉托夫和萨马拉。起义的火焰遍及广大地区，鞑靼人、楚瓦什人和伏尔加河流域的许多其他民族都参加了起义。当局纠集了强大的军队。在辛比尔斯克城下，拉辛的军队被击溃。受伤的拉辛被带到莫斯科，在经过多次刑讯以后，他被绞死在红场上。起义被残酷地镇压下去。然而，斯捷潘·拉辛本人却作为人民英雄留在人们的记忆中。

第五节　教会分裂

17世纪中叶，以“教会分裂”著称的强大的宗教社会运动高涨。这次运动的导火索是1653年牧首尼康在沙皇阿列克塞·米哈伊洛维奇支持下推行的教会改革。在改革过程中，希腊的模式被吸收进来，成为经书和礼仪变革的基础。尽管改革所涉及的只是外部细节(如改革规定必须用三个手指划十字，而不是像以往那样用两个手指)，但是遭到“旧信仰”维护者的强烈抵制。其中所体现的不仅仅是俄国社会的保守主义，还包括人民对生活条件变化的整体不满。况且，尼康是通过强制措施推行新礼仪的，他曾下令销毁那些写有“Исус”，而不是按照他的要求写成“Иисус”的旧经书。

结果，一部分领主、许多商人、火枪兵，特别是农民站起来为维护“旧信仰”而战。他们的精神领袖是尼康的强烈反对者——司祭阿瓦库姆。这样，俄国教会发生了分裂。那些不接受尼康改革的人被称作“旧信仰派教徒”。教会和沙皇当局顽固而残酷地迫害他们。当然，旧礼仪派教徒也公开地反抗当权者。他们发起暴动和骚乱，集体自焚或者逃往森林和偏远地区。俄国东正教会、政府和“分裂教徒”——旧礼仪派教徒的斗争持续了很多年。

随着专制制度的巩固,教权与政权之间的分歧不断加剧。尼康的过分傲慢致使他与沙皇发生冲突。阿列克塞·米哈伊洛维奇无法容忍牧首的野心,于是尼康在1666年受到教会审判。这样,在俄国教会与国家的关系中,国家政权的优先权得到了确立。

第五讲 彼得一世改革

第一节 新沙皇登基

阿列克塞·米哈伊洛维奇在位时期，俄国社会生活中出现了不少新时尚，外国的影响不断增强。所有这些都为彼得一世的改革准备了土壤。阿列克塞·米哈伊洛维奇有诸多子女，最小的儿子彼得出生于1672年。阿列克塞·米哈伊洛维奇去世后，起初是他的长子费多尔继位。然而，6年以后，费多尔便去世了。火枪兵发起暴动，结果伊凡和彼得两兄弟都成为皇帝，其中头脑迟钝的伊凡为第一沙皇。实际上各项事务都由他们的姐姐——聪明且受过教育的索菲娅伙同宠臣戈利岑公爵处理。

彼得和他的母亲被驱逐出莫斯科。彼得生长在远离宫廷的环境下，他享有很大的自由，能够同社会各阶层交往。他喜欢到居住在莫斯科的外国人那里去，从他们身上接受了新思想和习俗，喜欢钻研数学。彼得还肯于动手，酷爱造船和军事事务。他特地为军事游戏组织了两个童子军团并推选外国人作指挥。就是在这样的训练战中产生了一支具有彼得风格的新军队。

正在长大的彼得对于索菲娅来说越来越构成威胁。1689年夏，她决定借助火枪兵团除掉弟弟。但是，彼得已经躲藏到圣三一谢尔吉修道院中。领主、贵族、神职阶层，最后甚至连火枪兵都转到彼得一方。彼得以胜利者的身份回到了莫斯科。密谋者被处死，索菲娅被拘禁在莫斯科的新处女修道院中。从此，彼得开始独自理政。

第二节 欧洲之行

执掌政权后,彼得为自己提出了新任务:他决定赴欧洲学习。1697 年 3 月,"大使团"驶离莫斯科,军官中有一位彼得·米哈伊洛夫,事实上这是俄国沙皇的化名。此次出行历时一年多,他有效地利用了这段时光。在德国,他学习了军事技术,在荷兰和英国学习了造船技术,在奥地利进行了外交谈判并接触到那里的宫廷生活。同时,他还招聘欧洲专家到俄国工作。

在沙皇外出期间,莫斯科发生了火枪兵骚乱。彼得获悉后急忙返回莫斯科,随即展开了血腥镇压。1698 年 9—10 月间,共有 1 000 多名火枪兵被处死。有 195 人被绞死在幽禁索菲娅的新处女修道院窗户下。彼得亲自参与了处决活动。他强行把失宠的妻子叶芙多基娅变成修女,他曾经按照母亲的旨意在 16 岁时被迫与这个女人结婚。次年,又有约 700 名火枪兵被送到莫斯科处决。旧军队被摧毁了。

第三节 为夺取出海口而战

彼得一世清醒地意识到俄国 17 世纪末所面临的外交任务。俄国没有出海口。波罗的海被瑞典控制,黑海被土耳其控制,土耳其手中还掌握着黑海北岸和克里木半岛。彼得一生都在为争取出海口而奋斗。然而,考虑到自己的国家是欧洲的一部分,他并不孤军奋战,而是与其他欧洲国家联合作战。

从土耳其人手中夺回亚速要塞后,彼得便以土耳其战争为起点,开始了自己的外交行动。然而,国际形势的发展很快便迫使他放弃南方的一切战事,急剧转向北方。1699 年,旨在反对瑞典的北方联盟形成。北方战争开始了。俄国毫无准备地参战,因此在战争之初便在纳尔瓦惨遭失败。然而,得益于彼得一世的成功改革,俄军在1709年的波尔塔瓦战役中告捷,击溃了不可战胜的瑞典军人。年轻的俄国海军舰队也参加了同瑞典人的海战,海军舰队的胜利加速了战争的最后结束。1721年,俄国同瑞典签订了和约:瑞典将芬兰湾沿岸、爱沙尼亚、拉脱维亚和卡累利阿的部分地区让给俄国。俄国获得了便利的港口:里加和塔林,并且在波罗的海沿岸地区稳定下来。这样,俄国争夺波罗的海出海口的任务最终完成了。俄国在欧洲占据重要的位置,成为一个海上强国。

第四节 彼得改革

彼得消灭了旧军队,按照欧洲方式组建了一支完全新型的常备军。这支军队拥有当时的现代化武装,士兵们受到良好训练并统一着装。在各种军事行动中,军人们逐渐获得作战的经验。

与此同时,俄国史上的第一支海军舰队也建立起来。北方战争期间,俄国在波罗的海沿岸展开了建造军舰的工程。强大的海军舰队帮助俄国陆军攻占了里加和波罗的海的其他要塞。为培养陆军和海军军官,开办了诸多军事、工程和航海学校。到18世纪20年代,俄国陆军和海军舰队已经完全拥有了自己的干部保障。

军队内部的体制极其森严,农民被强行抓去当兵,服役期限长达25年。士兵稍有违反纪律的行为便被无情地惩罚,被打个半死。然而,俄国士兵作战勇敢。俄国的陆军和海军舰队成为欧洲最强大的军队之一。

为实现沙皇的战略目标,必须发展经济,首先是发展大工业。因此,国家开始推行改革,扶持工业发展。自18世纪初开始,俄国在各地区建立起兵工厂,发展起炼铜、化学和纺织品工业。同时,在乌拉尔建设金属冶炼厂。乌拉尔成为俄国的工业基地,它能够为陆军提供大炮和其他类型的武器。国家还采取措施发展农业和对外贸易,修建连接水路的运河。

经济的发展由行政措施指导和支持。企业主无偿地获得土地和建设贷款,创业之初还被免除税收。许多企业依靠国家的资金建立起来,而后又以优惠条件转让给私人所有。这样,俄国的工业从一开始就是在国家的扶持下发展起来的。发展生产的劳动力不足,国家强行解决了这一问题:将部分国有农民拨给各手工工厂,迫使其在工厂做工。企业主可以将农民连同土地一起买下。这样一来,俄国大型生产的所有部门都以使用农奴劳动为主。

军事使命促使彼得进行大规模的国事改革。旧的管理体制被废除,建立了拥有众多官员的新的国家管理机构。枢密院成为最高权力机构,下设各院。全国被分成以省长为首的诸省。所有贵族都必须为国家服役,依照《官阶表》或在军队,或在民事部门供职。然而,在"欧式"外表下隐藏着的依然是以往的专制本质。国事改革中的主要内容是强化权力的垂直结构和极权的国家体制。

在对待教会的态度上,彼得同样把国家利益放在首位,使教会完全服从于国家机构。由圣主教公会取代牧首管理宗教事务。圣主教公会由国家官员——总监领导。当发现有"威胁国家利益"的情况时,神甫必须向当局汇报。还成立了秘密办公厅,以便侦查政治犯罪行为。

1721年,彼得一世宣布俄国为帝国,自称皇帝。俄国成为一个绝对君主制国家。彼得时期开始形成的国家体制保持了两个世纪。

第五节　文化的欧化与教育的发展

彼得一世时期,贵族社会的生活和习俗急剧地发生了变化。1698年,彼得从欧洲回来后所做的第一件事就是命令所有的大小贵族剪掉胡子和改穿欧式服装。《少年正镜》成为俄国贵族年轻一代的行为法典。他下令举办大型舞会——伴有各种游戏、音乐、舞蹈的晚会,还强迫老领主和其他御前人员将自己的妻子和女儿带来参加晚会。这样,过去俄国妇女足不出户和不能与陌生男子交往的旧习俗被改掉了。

在彼得看来,莫斯科太保守了。于是,他决定建立一个新首都。新都所在地被选在芬兰湾岸边涅瓦河入海口处。1703 年,这里建立起彼得保罗要塞。随后,在这个要塞周围开始建立城市。新都取名为圣彼得堡("圣彼得的城市")。城市是在杰出建筑师的帮助下,按照欧洲最出色的样式建造起来的。如今,它仍以自己独特的魅力令世人瞩目。

彼得强迫俄国贵族学习,这是他最伟大的成就。没有文化的贵族不能晋升,甚至不允许结婚。为了发展教育,全国建立起初等教育体系,开设了军事和技术专科学校,创立了海军学院和医学专科学校。1724 年 1 月 28 日*,彼得一世颁布了建立科学院的法令。大批外文书籍和教材被翻译出版,俄国开始了解欧洲的科技成就。许多外国教授、教师以及各方面的专家纷纷来到俄国,俄国的年轻人被派往欧洲各国留学。沙皇下令在欧洲购买油画、雕塑和其他艺术品,用以装点彼得堡,文化交往异常活跃。

在彼得的倡议下,俄国建立了常规邮政通讯系统,彼得堡和莫斯科开始发行报纸。1703 年 1 月 2 日,莫斯科出版了彼得亲自编辑的第一份报纸《消息报》。自 1700 年起,开始推行欧洲采用的儒略历纪年法,新年改在 1 月 1 日庆祝,而不是过去的 9 月 1 日。

---

* 1725 年,这里开始举办学术会议。1725 年 12 月,在彼得一世去世后,这里举行了科学院的正式成立仪式。

第六节 对彼得一世改革的评价

彼得改革开创了俄国历史的新纪元。17 世纪末，俄国经济、政治、文化发展水平远远落后于欧洲其他国家。彼得一世完成了国家生活与文化的变革。封闭、保守的俄国转向了欧洲，在很短时间内建立起工业生产、教育以及强大的陆军和海军舰队。俄国文化的发展找到了新方向。

然而，俄国社会的强制性“欧化”也产生了一系列不良后果。出现了更加强硬、更加野蛮的剥削方式，专制政权加强了。在社会上层，教育事业得到了发展，但是，社会下层的广大人民却失去了自由，成为奴隶。俄国文化出现了分裂。

此外，为了国家事务，彼得既不吝惜自己，也不吝惜别人。繁重的赋役和税收以及严苛的管理激起了人民的反抗，许多城市和地区出现了混乱和骚动。其中规模最大的是阿斯特拉罕起义和孔德拉季・布拉文领导的顿河哥萨克起义。所有这些起义都遭到残酷镇压。彼得严厉惩罚在皇太子阿列克塞周围形成的上层反对派。他将儿子从国外召回并把他监禁起来。沙皇亲自主持侦查工作，儿子的同谋全部被处决，阿列克塞则在审判前夕死于狱中。这样，为了事业，彼得牺牲了自己的儿子。

第六讲 “开明专制”

第一节 宫廷政变

1725 年 1 月，彼得一世没来得及说出继承人的名字便去世了。于是，贵族高层中开始了激烈的权力之争。在首都，宫廷政变频频发生。在历次政变中，由贵族组成的宫廷近卫军发挥了重要的作用。起先是彼得一世的妻子叶卡捷琳娜一世被推上王位，接着是他的孙子彼得二世登基。然而，1730 年，彼得二世在结婚前夕就病逝了。于是，部分掌权贵族决定邀请彼得一世的侄女安娜·伊凡诺芙娜执政。

安娜·伊凡诺芙娜在位期间，国家政权掌握在她的宠臣、德国人比伦手中。全国到处充斥着专横、腐败和镇压。被称作“比伦苛政”的这一阶段引起了贵族阶层的不满，尤其是因为宫廷中许多要职都被德国人占据了。1740 年，安娜·伊凡诺芙娜临终前将王位传给其侄女安娜·列奥波利多芙娜之子伊凡六世。然而，宫廷近卫军想看到自己的俄罗斯族女皇登基，于是在安娜·伊凡诺芙娜去世后发动了政变。1741 年 11 月，他们将彼得一世的女儿伊丽莎白推上了王位。

对于那些得到新的优惠和特权的贵族阶层来说，伊丽莎白的执政时间长而平静。死刑被废除，国内关税款项被撤销，这些举措促进了俄国市场的发展。在宫廷中，法国人和法国文化的影响加强了。伊丽莎白喜欢娱乐，肆意挥霍国库资金，把一些贵重礼品赐给自己的宠臣们。她终身未嫁，把外甥彼得三世从德国召来做王位继承人。

1745 年，皇室为彼得三世选定了未婚妻——一位并不富裕的德国公主索菲娅。来到俄国后，她接受了东正教信仰，改名为叶卡捷琳娜。叶卡捷琳娜二世与丈夫在性格方面截然不同。彼得三世不爱学习，崇拜普鲁士，鄙视俄国的一切。叶卡捷琳娜则博览群书，努力学习俄罗斯语言和俄罗斯文化，竭力博得女皇和俄国人的欢心。她结交了很多朋友，在近卫军圈子里朋友尤多。

1761 年，彼得三世成为皇帝。然而，他的所作所为引起了社会的普遍不满，这种不满情绪很快被叶卡捷琳娜利用。1762 年夏，发生了一场宫廷政变——近卫军将新女皇叶卡捷琳娜二世推上王位。彼得三世被带出宫廷，6 天后，他被叶卡捷琳娜的朋友们杀害。

第二节 “开明专制”政策

年轻的时候，叶卡捷琳娜二世曾经热衷于法国启蒙思想家伏尔泰、迪德罗和孟德斯鸠的作品，向往制定一部适合所有人的“公允法律”。她竭力效仿那些推行“开明专制”政策的欧洲国家模式。按照她的意图，国家首脑应当是一位“王位上的贤人”、艺术的庇护者和全民族的救星。为了取消那些较为过时的社会机构，她改组了枢密院，将教会财产收归国有，改革管理和司法制度，强化官僚机构。

1767 年，为了重新审议俄国法律，法典委员会开始工作。除了农民以外，国民中所有阶层都有代表参加法典委员会。叶卡捷琳娜亲自为委员会编写了《圣谕》，其中广泛使用了西方先进思想家的思想。然而，事实上各阶层的利益迥然各异，无法使他们和解，尤其在有关农奴制度问题方面，此项工作仅停留在谈论中，没有任何实质进展。作为一名政治家和现实主义者，叶卡捷琳娜二世很快明白，放弃专制和农奴制无异于毁掉自己的政权。于是，她毫不犹豫地转向将全部希望都押在了贵族阶层身上。

第三节 贵族的“黄金时代”

1762年，沙皇颁布《赐予俄国整个贵族阶层自由》诏书。贵族被免除为国家服务的义务，获得了自由管理地产、自由出国的权利以及其他许多特权。如果说以前贵族得到土地是因为为沙皇服务，而现在他们可以直接世袭继承土地。即便是贵族犯了罪，国家都无权没收这些地产。

叶卡捷琳娜二世事实上给予贵族以处置农民的无限权利。地主可以擅自惩罚农民，把他们放逐到西伯利亚。任何一点对地主的控诉都被宣布为国家犯罪。买卖农奴的现象加剧，不仅允许连同土地买卖农奴，也可以单独买卖，甚至可以让丈夫离开妻子，孩子离开父母。农奴制农民成为真正的奴隶，即“活的物品”。沙皇政府还在帝国的边疆地区——乌克兰和波罗的海沿岸地区强化专制权力。俄国军队摧毁了哥萨克的自由堡垒——扎波罗热营地，农奴制度在乌克兰全面推行。

另一方面，女皇心甘情愿地将国有土地分给自己的宠臣和将军们。例如，她的宠臣格列高利·波将金就从一个小地主变成了一位拥有20万农奴的头号土地所有者。难怪叶卡捷琳娜二世时期被称作贵族阶层的“黄金时代”。

第四节 普加乔夫领导的农民战争

残酷的法律和沉重的剥削激起了广大被压迫群众的反抗，导致了社会震荡。民间传闻，“善良的沙皇”彼得三世并没有死，而是躲藏起来并准备发动一场讨伐不忠妻子的战争。勇敢的哥萨克人叶梅利扬·普加乔夫利用了这种情绪。1773年9月17日，以普加乔夫为首的80名哥萨克队伍向位于南乌拉尔的亚伊克小镇进发。进城以后,他宣布自己是“君主彼得·费多罗维奇(彼得三世)”。他周围立刻聚集了一大批对叶卡捷琳娜政策不满的哥萨克人和农民。巴什基尔人、鞑靼人、卡尔梅克人、马里人也加入到俄罗斯人的行列中,就连乌拉尔工厂里的农奴制工人也奋起造反。

农民战争席卷了南部和中部乌拉尔、巴什基尔、伏尔加河流域和西西伯利亚。普加乔夫的队伍前进迅速,沿途攻占要塞和城市,烧毁地主庄园。受惊的叶卡捷琳娜派出强大的军队跟踪起义军,对付普加乔夫。在喀山城下,普加乔夫遭到惨败,他带领起义军前往伏尔加河流域。在察里津城附近发生了决定性的战斗。起义军被击溃,数千名起义者或被处死,或遭到残酷惩罚。普加乔夫于 1774 年 9 月被捕。1775 年 1 月 10 日,普加乔夫在莫斯科被处死。普加乔夫起义成为俄罗斯历史上的最后一次农民战争。

第五节 疆域的新拓展

自彼得一世时代起,俄国依靠不断强大的军事实力在欧洲奉行积极的政策。七年战争期间,俄国军队成功地同普鲁士作战,甚至进入其首都柏林。在整个 18 世纪,衰弱的波兰成为欧洲列强争夺的对象。俄国试图让波兰成为自己的势力范围,不止一次地派遣军队镇压那里的民族解放运动。自 1772 年起,奥地利、普鲁士和俄国开始公开瓜分波兰领土。经过三次瓜分(1772、1793 和 1795 年),波兰作为一个独立国家已不复存在。其中,俄国分得的领土最多,包括立陶宛、拉脱维亚南部、第聂伯河右岸乌克兰和白俄罗斯。瓜分波兰对于波兰人民来说无疑是一场民族灾难。

叶卡捷琳娜二世执政期间,俄国在黑海沿岸、在那些曾经属于土耳其帝国的土地上完全巩固下来。1768 年—1774 年和 1788 年—1791 年间,俄国发动了两次俄土战争,结果大获全胜。在这些战争中，陆军统帅亚·苏沃洛夫表现出卓越的军事才能，海军上将费·乌沙科夫指挥的俄国舰队也在黑海沿岸多次取得了对土耳其人的胜利。这些战争的结果是俄国得到了南乌克兰的大片土地和克里木半岛。叶卡捷琳娜的宠臣格·波将金在这些土地的开发方面开展了积极的活动。这里出现了许多新城市：尼古拉耶夫、敖德萨、塞瓦斯托波尔。沙皇政府将"荒野"上的空旷地分给贵族。德国农民也参加了这些土地和伏尔加流域的开发活动，这些德国农民是经叶卡捷琳娜二世允许移民俄国的。

到叶卡捷琳娜执政末年，俄国已跨入欧洲主要强国之列。作为一个庞大的军事帝国，它的版图从波兰一直延伸至阿拉斯加。俄国宫廷被认为是欧洲最辉煌和最奢华的宫廷之一。

第六节　叶卡捷琳娜二世统治的终结

镇压普加乔夫起义后，叶卡捷琳娜二世的政策发生了急剧变化。她采取一系列措施，旨在消除农民战争的后果并防止此类运动再度发生。执政末年，叶卡捷琳娜二世已经忘记了自己年轻时的民主热情。当法国大革命爆发时(1789)，俄国贵族表示极端反对，叶卡捷琳娜也是"既痛苦，又悲伤"。俄国断绝了同法国的外交和经贸关系。在组织欧洲国家联合反对法国革命的活动中，俄国充当了急先锋的角色。

在国内，反动趋势也强化了。国家对进口书籍进行严格检查，法国书籍被烧毁，俄罗斯的许多出版活动也遭禁。1790 年 6 月，思想家和作家亚·拉吉舍夫因其作品《自彼得堡至莫斯科旅行记》被捕并被流放到西伯利亚。出版商和启蒙思想家尼·诺维科夫也被捕。镇压活动在全社会引起恐惧。

1796 年，叶卡捷琳娜二世突然去世，她的独生子保罗成为沙皇。保罗从小就不喜欢自己的母亲，现在他开始改变母亲所做的很多事情。保罗崇尚军队检阅,在军队和宫廷生活中推行严酷的纪律。不过,在对待法国革命的态度上,俄国政府的政策始终没变:俄国继续联合英国和奥地利同法国作斗争。

第七讲 农奴制时代的没落

第一节 19世纪初的俄国对外扩张

保罗一世的统治很短暂。沙皇制定的严酷体制和矛盾政策引起了贵族阶层的强烈不满。在沙皇近臣中间出现了密谋活动，对此保罗一世之子亚历山大一世有所耳闻。1801年3月11日，两伙御前人员窜入沙皇的宫殿并将其杀害。这是俄国史上的最后一次宫廷政变。保罗的长子亚历山大一世成为新沙皇。

在亚历山大一世执政的19世纪初，俄罗斯帝国继续进行对外扩张。俄国通过同土耳其的新战争(1806—1812)夺得了比萨拉比亚(今摩尔多瓦)。在同瑞典的战争(1808—1809)中，俄国取胜，结果芬兰并入俄国并作为帝国的一个特别行政区获得了自治地位。俄国对外政策的新方向是向高加索扩张。俄国很会利用该地区的民族和宗教矛盾扩大自己的影响。19世纪初，格鲁吉亚王国和其他基督教公国接连被并入俄国，后者承诺保护它们免受土耳其侵略。接着，俄国加入了同伊朗的战争(1804)并从伊朗手中夺得了今日的阿塞拜疆。

第二节 1812年卫国战争

1799年，拿破仑·波拿巴将军登上了法国王位。随后，他宣布自己为皇帝。他是欧洲一系列战争的制造者，这些战争被称为拿破仑战争。这一时期，俄国联合欧洲其他君主制国家继续同法国作战。1806年—1807年，拿破仑多次给联军以重创。在奥斯特尔利茨交战中，俄军遭到百年不遇的惨败。最后，双方签署了一个对俄国来说不利的和约。自尊心很强的亚历山大一世不想屈从拿破仑，俄国与法国的关系继续恶化，法俄战争不可避免。拿破仑宣称："五年后我将成为世界的主宰，只剩下一个俄国了，我一定要击溃它。"

1812 年 6 月，拿破仑大军(64 万人)越过俄罗斯帝国边界向东进发，俄军撤退。经过艰苦的战斗，俄军放弃了斯摩棱斯克，这就为法军打开了通往莫斯科的道路。亚历山大一世不得不撤换指挥，改由深受官兵喜爱的米·库图佐夫将军挂帅作战。

1812 年 8 月 26 日，著名的博罗季诺战役(在博罗季诺村附近)打响了。俄国军队作战勇敢，但是损失重大。为了挽救军队，库图佐夫下令撤离并交出莫斯科。拿破仑进入克里姆林宫。然而，此时莫斯科燃起大火。城市烧了 6 天，法军的各种食品储备都被断绝了，军队濒临饥饿的边缘。10 月 7 日，拿破仑将自己的军队从莫斯科撤出。

这时，俄方的军事活动已经转变为一场真正的人民战争。农民组成游击队向撤退的法军勇猛出击。严寒和饥饿加速了法军的崩溃。经过几次败仗，拿破仑下令撤离俄国。俄法战争以拿破仑军队彻底被摧毁而告终。在俄国史上，这场战争被称作 1812 年卫国战争。

俄军跨出国门，进入欧洲。在莱比锡交战(所谓的"万民之战")之后，拿破仑被彻底击溃，联军进入巴黎。1814 年—1815 年，欧洲各国的代表共同召开维也纳会议。会议恢复了欧洲往日的君主制度并对欧洲领土再度瓜分。俄国获得了包括华沙在内的波兰大片新土地。1815 年，俄、奥、普三国君主签署了"神圣同盟"条约。同盟的使命是保持欧洲"秩序"，维护封建贵族体制。在这个同盟中，俄国及其皇帝亚历山大一世发挥了主导作用。

第三节 十二月党人起义

执政初期,亚历山大一世竭力显示自己是一位自由主义君主。他的谋臣米·斯佩兰斯基甚至着手制定一套大胆的改革方案。然而,俄国保守派反对这一方案。于是,亚历山大一世让步了:斯佩兰斯基被捕,改革也不了了之。1812 年卫国战争又一次激起俄国社会的活跃。到处在谈论政治自由,尤其在亚历山大一世为波兰颁布宪法以后。然而,在俄国国内,沙皇急剧转向了反动一方。被西班牙和意大利革命(1820—1821)吓怕了的沙皇拒绝一切自由主义思想,把管理权委托给自己的宠臣——残暴而粗野的保守主义分子阿·阿拉克切耶夫将军。阿拉克切耶夫推行的反动政策被称作"阿拉克切耶夫暴政"。

1812 年事件促使贵族青年,尤其是贵族军官,思考许多问题。这是一些教育程度很高的青年,其中许多人曾随同俄军到过法国,看到那里与俄国不同的另一种体制。出于对国家命运的忧患意识,他们在思考,在比较。回国后,他们继续在自己的圈子里讨论政治问题。这样,在彼得堡(北方协会)和乌克兰(南方协会)分别出现了秘密社会团体。以尼基塔·穆拉维约夫为纲领制定者的北方协会主张限制沙皇的权力并将俄国变成君主立宪制国家。南方协会的领导人帕·彼斯捷尔上将在其制定的协会纲领——《俄国法典》中,则坚持消灭君主制和建立共和制。

1825 年 11 月,亚历山大一世在南方旅行时突然去世。1825 年 12 月 14 日,在向新皇帝尼古拉一世宣誓的那天,北方协会抓住时机,把军队开到彼得堡枢密院广场并提出自己的政治要求。这些行动被称作"十二月党人起义"。尼古拉命令忠于自己的军队包围了起义者并向他们开火,十二月党人起义被镇压下去。南方协会的活动也同样遭到失败。秘密协会的多数成员当即被捕并被关入彼得保罗要塞。

尼古拉一世亲自领导调查和审讯工作。有5位领袖——彼斯捷尔、穆拉维约夫—阿波斯托尔、别斯杜热夫—留明、雷列耶夫和卡霍夫斯基被处以绞刑。有121人被流放到西伯利亚作苦役或被送到高加索当列兵。沙皇政府对青年革命者的残酷镇压在社会上引起震惊和默默的同情。

第四节 尼古拉一世的反动统治

尼古拉一世一生惧怕革命。他统治时期，俄国成为一个真正的警察国家。采取强制措施反对一切自由思想，迫害一切新思想。秘密警察(第三政厅)和书刊检查机关拥有极大的权力。沙皇经常亲自检查那些准备付印的作品。所有的学校、社会组织、剧院、近卫军和陆军都受到监督，同国外的交往也受到限制，以免欧洲"革命的传染病"渗入俄国。为了巩固自己的阵地，沙皇政府试图炮制出独特的意识形态(所谓的乌瓦罗夫三位一体说——"东正教、专制制度、人民性")。将这种思想贯彻到中小学、大学和出版业，旨在培养年轻一代忠于专制制度。尼古拉一世统治的年代被称作"尼古拉的反动统治"。

在少数民族地区，大国主义政策得到强化，甚至连乌克兰语也受到怀疑并被禁止在学校和教堂里使用。这种政策不能不激起人民的愤慨。在高加索，尤其在车臣和达吉斯坦，山民们顽强抵抗沙皇军队，沙皇的军队接连失败。伊玛目沙米尔奋起领导高加索各族人民的民族主义运动，他宣称为讨伐"叛逆"而发动"圣战"。经过25年的时间，才最终将沙米尔包围在山中(1859年)并将其俘虏。这样，俄国以巨大的努力和流血为代价，最终征服了高加索地区(1864年)。

尼古拉一世继承先人的路线，积极干预欧洲事务。1830年—

1831年,他残酷地镇压了波兰民族解放起义。1848年,当欧洲革命爆发时,俄军立即被派往国外"整顿秩序"。沙皇军队进入匈牙利并将起义军击败。这样,尼古拉一世证实了俄国自"神圣同盟"建立以来所得到的绰号——"欧洲的宪兵"。

第五节 19世纪中叶的社会动向

在尼古拉一世的反动统治下,俄国的社会依然执着地思考着国家的命运。许多人都明白,农奴制度不能继续下去了。然而,俄国应当走什么样的道路呢?针对这个问题,人们提供了各种答案。19世纪40年代,俄国社会产生了激烈的争论。

一些人认为,俄国同西欧应当沿着同一条道路发展。并且,俄国在各个方面都应当向欧洲学习,这些人被称作"西欧派"。"斯拉夫派"则坚持相反的观点,他们认为,俄国是一个有着独特传统的国家,这些传统被农民珍爱地保持着。他们呼吁恢复彼得一世改革前的俄国旧习俗和旧秩序。在后来的许多年间,西方派与斯拉夫派的争论在俄国文学、艺术和科学中均有体现。革命民主主义者维·格·别林斯基、亚·伊·赫尔岑和 尼·普·奥加廖夫代表了西欧派激进的一翼。赫尔岑和别林斯基的思想对俄国几代青年均产生了强烈的影响。

第六节 克里木战争

在扩大帝国边界的道路上,俄国的利益同英法利益发生了冲突。这一冲突导致了在近东争夺控制权的克里木战争的爆发。1853年,俄国开始了反对土耳其的新一轮的军事行动。作为回复,英国和法国对俄国宣战。他们决定在克里木半岛给俄军以沉重打击。英法军队围攻塞瓦斯托波尔长达近一年,俄军英勇保卫要塞。在作战中，俄军国防统帅、海军上将帕·斯·纳希莫夫和许多官兵牺牲。尽管俄国官兵作战勇敢，俄国还是无法对抗英国和法国。1855 年 8 月，俄军被迫放弃塞瓦斯托波尔。塞瓦斯托波尔的失陷宣告了战争的终结。1856 年 3 月，依照巴黎和约，俄国将卡尔斯归还给土耳其，将多瑙河口和南比萨拉比亚的一部分让给摩尔达维亚公国。黑海被宣布为中立区，俄罗斯和土耳其不得在那里保留军舰。塞尔维亚和多瑙河诸公国的自治得到承认。

农奴制帝国的危机在尼古拉一世统治的整个阶段不断发展。沙皇把军队和官吏当作主要支柱，这些人员的数量一直在增长。国内官僚主义和滥用职权行为加剧，农奴制度和保守主义观点越来越明显地阻碍了俄国经济的发展。克里木战争的失败暴露了国家的落后，在俄国社会引起震惊。对于习惯于夜郎自大的尼古拉一世来说，这是一次沉重打击。1855 年 2 月，沙皇突然去世。民族意识陷入了休克状态。看来，国家必须进行改革了。

第八讲 资本主义时期的俄国

第一节 农奴制度的取消

新皇帝亚历山大二世，即尼古拉一世之子明白，俄国处于危机之中，再按照老样子生活已经不行了。地主们不惜任何代价地想维护农奴制，但是，亚历山大二世出于对“自下而上的”农民起义的担心，着手推行自由主义改革。1861 年 2 月 19 日，皇帝签署了与改革相关的各项法令和取消农奴制宣言。这是俄罗斯现代化进程中的一个重要步骤。

根据“2 月 19 日宣言”，农民获得了人身自由和公民权利。现在他们再不是地主的私有财产，再不能按照主人的意志将农民买卖、赠送和迁移。农民能够自由地从事手工业和贸易、进入其他社会阶层、谋取公职或入学。

此外，获得了人身自由的农民还得到一块份地。不过，地产中的所有土地依然是地主的私有财产，包括农民使用的土地。由于使用自己的份地，获得了人身自由的农民应当服徭役或缴纳代役租。这些农民叫临时义务农民。为了得到这块份地，农民需先向地主缴纳应付数目的 1/5 左右，其余的部分由国家交齐。但是，农民必须在 49 年内将这一数目连同利息还给国家。这样，农民并不是无偿地得到土地，他们被迫向地主缴纳赎金。事实上，在取消农奴制以后，全国范围内农民所拥有的土地比以前还少。

尽管如此，农奴制度的取消仍具有重大的历史意义。由于 1861 年改革，俄国形成了对于发展资本主义大工业、贸易、交通和农业来说更加良好的条件。与此同时，还推行了司法、军事以及地方自治管理等其他方面的自由主义改革。地方自治机构的改革包含在地方自我管理组织之中，而地方自我管理为俄国生活首次带来一些民主的成分。亚历山大二世的改革为俄国资本主义的发展提供了动力。

第二节 资本主义的发展

得益于19世纪60年代改革，俄国的经济现代化速度加快。彼得堡和莫斯科成为最重要的资本主义大工业中心。其中，彼得堡以机械制造业中心而闻名，莫斯科依然是纺织工业的主要发源地。一大批工业城市普遍兴起。19世纪最后1/3时期，几乎在一片空荒之地上产生了巴库的石油工业。70年代，在俄国南部的顿涅茨克煤田，一个新的大型采矿工业和冶金工业区开始形成。

从80年代起，外国对俄投资增多。铁路建设，其中包括私人和外国投资的铁路建设发展迅猛。还在尼古拉一世时期，俄国的铁路建设就已经开始。1851年，彼得堡至莫斯科的铁路通车。1891年，俄国开始修造一条穿过整个西伯利亚的西伯利亚大铁路。19世纪末，俄国铁路的总长度约达5万公里，而在1861年改革前夕，俄国铁路总长度仅有1 500公里。

一个由贵族、商人和外资代表组成的新型阶级——俄国企业主阶级形成，其中出现了不少富人。工人阶级主要由现在能够到城里务工的农民组成。然而，工人处于一种完全无权的状态。他们生活在恶劣的条件下，每天平均干12—15个小时的活儿。妇女和儿童也跟男人们一起劳动，得到的报酬却更少。这样，随着经济的发展，阶级矛盾不断加剧。

农民并没有得到最主要的东西——土地。在世界粮食出口中，俄国占首位。然而，粮食的主要供给是通过拥有大量土地的地主经济进行的。在乡村，建立在陈旧的公有制原则基础上的农民村社仍然保持着，市场原则和土地私有制概念发展缓慢。落后的农耕经济无力抵御自然灾害，经常出现歉收和随之而来的饥荒。农村的社会关系依然很紧张。

第三节　民粹派运动

19世纪中叶，在俄国社会运动中，平民知识分子开始发挥巨大的作用。民主的信念，解放人民的思想正合他们的心意。这一阶段，以尼·加·车尔尼雪夫斯基和尼·亚·杜勃罗留波夫为主要合作者的《现代人》杂志对于民主运动的发展具有重要的意义。

1861年改革引起民主主义思潮高涨，但沙皇政府让这些希望落了空。青年们对和平改革的可能性感到失望。在彼得堡和莫斯科开始产生秘密政治组织和团体。民粹派的思想变得非常流行，该派成员向往发动农民进行革命并且以农民村社为基础在俄国建立社会主义。1874年春，几百名改穿农民服装的男女青年走向民间，宣传自己的思想。然而，这些目不识丁并且受尽了折磨的农民并不理解他们，甚至还经常将他们密报给警察。于是，警察便立即逮捕宣传者们。"到民间去"运动以完全失败而告终。到1877年秋，农村的民粹派成员几乎不存在了。

"到民间去"运动失败后，一个沿着何种道路继续发展的问题摆在民粹派成员面前。主张采取果断手段的人们建立了一个名为"民意"党的组织。他们选择恐怖行为作为自己的主要工具。民意党的领导人是安·伊·热里亚鲍夫——一个农奴制农民的儿子和索·利·彼罗夫斯卡娅——一位沙皇部长的女儿。

自1879年秋天起，民意党人开始真正地猎获沙皇。他们曾经两次试图炸毁沙皇专列，还在宫廷中策划了爆炸。沙皇政府对付他们的办法是逮捕和绞刑，但是民意党人没有屈服。1881年3月1日，在亚历山大二世出席军事检阅仪式后返回冬宫途中，民意党人向他投掷了炸弹，沙皇身负重伤。几个小时后，沙皇在冬宫自己的办公室里死去。

然而,刺杀沙皇的行为并没有引发革命。很快,几乎“民意党”的所有领导都被捕并被当众处以绞刑。随之,轰轰烈烈的战斗组织失去了活力。

第四节　亚历山大三世的反改革

亚历山大二世是在酝酿深化改革纲领时被杀害的。他的继承人亚历山大三世采取的是一种名为“反改革”的完全相反的方针。亚历山大三世的反改革主要针对19世纪60—70年代的改革而言,它包括:限制大学和报刊的自主性,加强对地方自治管理的监督,使社会处在全面的警察监督之下。

沙皇政府压制俄罗斯帝国其他各民族的民族文化,在民族地区强制推行俄罗斯化政策,强迫非俄罗斯民族接受俄语和俄罗斯习俗。亚历山大三世的政策旨在保持俄国的专制和等级制度。这种反动政策只能导致社会冲突的爆发。

第五节　马克思主义的传播

19世纪末,俄国工人的数量已经达到300万左右。残酷的剥削和艰苦的生活条件在工人中引起不满和强烈反抗。在大小工厂中经常出现自发的罢工和暴动。

这时,在欧洲社会主义运动影响下,部分俄国知识分子转向马克思主义。1883年,俄国主要的马克思主义者之一格·瓦·普列汉诺夫在日内瓦创办了第一个马克思主义小组“劳动解放社”。80—90年代,在俄国本土,马克思主义小组相继出现。它们从事革命宣传,包括在工人中进行宣传。1893年,彼得堡出现了一位年轻的马克思主义者弗·伊·乌里扬诺夫,他以自己的果敢和坚定信念引起了人们的关注。那年秋天，他参加了俄国最大的马克思主义组织——彼得堡“工人阶级解放斗争协会”的创建工作。1898 年，在“斗争协会”的倡议下，俄国各地马克思主义小组的代表在明斯克开会。会议宣布成立俄国社会民主工党，它是俄国共产党的前身。

第六节 在东方的扩张

19 世纪下半叶，俄国在欧洲奉行积极的外交政策，竭力消除克里木战争的后果。这一时期，泛斯拉夫主义思想对俄国的对外政策产生了相当大的影响。1877 年—1878 年，在“保护斯拉夫兄弟”的旗帜下，俄国加入了同土耳其的战争。1878 年 2 月，双方签订了和约。据此，塞尔维亚、黑山和罗马尼亚的独立得到承认，多瑙河口及巴统地区的黑海沿岸部分归俄国所有。

这一时期，俄罗斯帝国尤其加强在东方的疆域扩展。沙皇政府利用中亚国家的地方冲突和矛盾，加紧干预这些国家的内政。19 世纪 60 年代，哈萨克斯坦完全被并入俄国。接着，俄国军队征服了中亚诸国——浩罕、布哈拉和希瓦。80 年代，俄国依靠军事力量征服了土库曼诸部落。这样，到 19 世纪下半叶，中亚的大片土地——自里海至天山山脉和自咸海至阿富汗边界的地区被并入俄国。

财政困难迫使沙皇政府于 1867 年将 18 世纪末得到的阿拉斯加及阿留申群岛出售给美国人。然而，拓展远东边界在俄国对外政策中具有越来越重要的地位。19 世纪 50 年代，俄国在中国的黑龙江和乌苏里江地区进行军事“考察”。1858 年 5 月，沙皇政府借英法联军进攻天津之机，签订《瑷珲条约》，强迫清政府承认黑龙江左岸的土地(60 多万平方公里)归俄国所有，而乌苏里江至海的土地由双方共管。1858 年 6 月，俄中之间又签订一个条约——《天津条约》。据此，俄国不仅获得了在中国的陆路边境通商权，而且取得了海港通商权。同时，俄国还得到了在北京设常驻代表及在中国为欧洲列强开放的港口设立领事处的权利。1860 年，俄国要求清政府做出新的让步。一个新的条约在北京签订。据此，乌苏里以东(40 多万平方公里)被俄国占领。

19 世纪 60—90 年代，随着俄国向中亚的扩张，中国的西部边界也出现了问题。清政府被迫签订一系列承认俄国扩张的条约和备忘录。该地区一大片领土(50 多万平方公里)被俄国割占。

长期以来，边界问题一直是 20 世纪俄中两国关系中的一个棘手问题。考虑到历史实际情况以及建立睦邻友好关系的意愿，两国领导人为这一问题的解决做了大量工作。如今，中俄边界问题已得到解决。按照国际法准则解决历史遗留问题符合两国人民的共同愿望。

第九讲 战争和革命中的俄国

第一节 世纪之交的俄国

1894年,沙皇亚历山大三世去世,俄国末代皇帝尼古拉二世继位。这一时期,伴随着生产的集中和垄断资本的形成,俄国工业继续蓬勃发展。俄国经济现代化在这一阶段所取得的成就同财政大臣和大臣会议主席谢·尤·维特的名字紧密相连。在维特的倡导下,俄国进行了货币改革和旨在巩固国家财政和加速工业发展的其他领域的经济改革。

与此同时,俄国经济和社会中的内在矛盾不断加深。工农之间、城乡之间以及贫富之间的巨大差距依然存在。野蛮的剥削方式和政治权利的完全丧失引起了社会各阶层的不满。政治变革势在必行。

在这种形势下,19—20世纪之交,各种政党和政治派别开始在俄国形成,每一种政治团体都提出自己解决问题的方案。资产阶级自由派主张君主立宪制和议会体制。在俄国农村,发展了民粹派思想的社会革命党人具有很大的影响。在非俄罗斯民族中,民族主义和民族自治的情绪得到发展。在乌克兰、波兰、格鲁吉亚和阿塞拜疆都出现了自由民族主义党派。

俄国社会民主工党是一个以马克思主义思想为基础,以工人阶级为主要力量的派别。由普列汉诺夫和乌里扬诺夫(列宁)于1900年在国外创办的《火星报》对于传播该党的革命思想发挥了巨大作用。1903年7月,先在布鲁塞尔,后在伦敦,召开了俄国社会民主工党第二次代表大会。会议应当确定党纲和党章。与会者展开了激烈的争论。在选举中央委员会和《火星报》的编辑时,列宁的支持者占了多数。从此，在俄国社会民主工党中，跟随列宁的那部分人被称作布尔什维克，他们的反对者被称作孟什维克。布尔什维克代表社会民主党激进一翼，孟什维克则代表自由主义一翼。1905 年，布尔什维克在伦敦、孟什维克在日内瓦分别召开大会。这样，俄国社会民主工党的分野正式确定下来。

第二节 俄日战争

沙皇政府继续推行扩张政策，竭力加强在远东，首先是在中国的势力影响。1896 年，沙俄政府从清政府那里得到在中国东北修建中东铁路的许可。1898 年，在中国的辽东半岛建立了俄国海军舰队基地——旅顺。此外，沙俄伙同英、法及其他外部强国参与了镇压中国义和团起义的活动。从 1903 年起，俄国将大批军队驻扎在中国东北。

俄国向太平洋沿岸的进逼引起了日本的不安。日本也参与了瓜分中国的活动并且也觊觎辽东半岛。从 19 世纪 90 年代末起，日本开始积极准备同俄国进行争夺中国东北的战争。沙皇政府对自己的力量过于自信，对日本的实力估计不足。

1904 年 1 月 27 日，日本海军舰队突然袭击驻扎在旅顺口的俄国太平洋海军舰队。此后，经过几次海战，俄国大部分军舰被击沉，太平洋舰队被击溃。沙皇军队接连失败。1904 年末，旅顺口被日本占领。1905 年 2 月，在奉天(沈阳)战役中，俄军损失惨重。战争彻底失败了。按照 1905 年签订的《朴茨茅斯和约》，俄国将库页岛南部“让”给日本。同时，还将辽东半岛的租借权“让”给日本并承认朝鲜为日本的势力范围。俄国在战争中的失败加剧了俄国社会的动荡并将国家推向革命。

第三节 第一次俄国革命

1905年1月初，彼得堡一家最大的企业发生罢工。罢工得到全城工人的声援。神甫加邦建议工人向沙皇请愿。1905年1月9日(星期日)，15万男女及儿童向冬宫进发，准备向沙皇求助。在冬宫附近，他们遇到向和平群众开火的士兵。数千人受伤，几百人被打死。

"流血的星期天"激起了全国人民的极大愤慨，对沙皇的信任全部化为乌有。在莫斯科、里加、华沙和梯弗里斯(第比利斯)都爆发了群众性的罢工。随着春天的到来，俄国各地的农民骚动此起彼伏。农民开始占有地主的土地，烧毁庄园，拒绝纳税。在少数民族地区——乌克兰、白俄罗斯、波兰、立陶宛、格鲁吉亚也起来进行斗争。

起初，沙皇政府试图通过迫害来镇压革命。而当它明白这已经不可能时，便不得不做些许诺和让步。然而，俄国革命运动不断高涨。布尔什维克和其他党派都在工人、士兵尤其是在水兵中顺利地进行宣传。1905年夏，黑海沿岸"波将金"号战舰上爆发了水兵起义。9月19日，俄国全国爆发了规模最大的总罢工，参加人数超过200万。10月，彼得堡工人代表苏维埃成立。加入该组织的既有布尔什维克代表，也有孟什维克和社会革命党人代表。类似的苏维埃在莫斯科和其他城市也相继出现。在革命形势的压力下，1905年10月17日，尼古拉二世签署宣言，许诺给人民以民主自由并实行杜马选举。

11月末，工人骚动再起高潮。布尔什维克党领导的莫斯科苏维埃开始准备旨在推翻沙皇政权的起义。12月10日，工人们拿起武器，开始建造街垒。莫斯科街头的街垒战持续了10天。但是，起义被镇压下去。其他城市的武装起义也遭到了失败。

沙皇政府又一次感觉到自己的力量并加紧镇压。1906 年春天,全国关押和流放的人数超过了 5 万。讨伐队残酷地镇压农民的暴动,军事法庭将罢工者判处死刑。顽固的君主主义者彼·阿·斯托雷平被任命为大臣会议主席。他把拯救君主制视为自己的目标。1907 年春夏之交,革命运动被彻底镇压下去。

另一方面,斯托雷平做出了推行现代化改革的尝试。还在 1906 年 8 月末,在杜马和农民的压力下,他采取措施将部分国有和封建土地转归农民银行以便出售给农民。改革旨在摧毁村社,将农民变成小所有者。允许农民在得到自己的份地后自由退出村社,还鼓励农民迁往西伯利亚新土地。1907 年—1914 年间,共有约 350 万人迁到那里。斯托雷平的改革使许多富有农民(富农)变成了独立经营者。然而,改革没有触及到地主的土地,农村贫富分化加剧。斯托雷平改革遭到失败,斯托雷平本人于 1911 年 9 月 1 日被恐怖分子杀死。

第四节 第一次世界大战和君主制的终结

德国于 19 世纪下半叶的统一从根本上改变了国际环境,将俄国推向了同法国接近的轨道。20 世纪初,由俄国、法国和英国组成的地缘政治同盟形成。这些国家同德国和奥匈帝国对抗并与它们展开了争夺势力范围的斗争。欧洲紧张局势的主要中心是巴尔干地区。在这里,土耳其帝国继续衰落。1914 年,巴尔干危机转变成第一次世界大战。

1914 年 7 月,奥匈帝国向塞尔维亚宣战。继续坚持"保护斯拉夫人"政策的俄国开始全国总动员。作为回应,德国于 8 月 1 日对俄国宣战。在历史学中,第一次世界大战被称作帝国主义战争,因为所有的参加国都是为了自己的帝国主义利益而交战。各国社会民主党,包括孟什维克党在内,都支持自己的政府。以列宁为首的布尔什维克则坚决反对战争并要求把帝国主义战争转化成国内战争。

战争初期，俄国军队出师顺利。然而，这些成绩不过是暂时的。1915 年 5 月，德国和奥匈帝国展开全面进攻，致使俄国兵力损失过半，俄军向东部大幅度地撤退。战争的失败激起了士兵们反战情绪的高涨，城乡各地的不满情绪也与日俱增。劳动人民的生活条件急剧恶化。物价上涨，卢布汇率下跌，商店门前排满了买面包的长队。投机倒把和腐败现象盛行，当局没有采取任何有效的措施，表现出完全无力的状态。上层的内部斗争加剧。在宫廷中，一位赢得了皇室信任的冒险家格列高利·拉斯普京在宫廷中拥有极大的权力。他利用自己的特殊地位，干涉国家事务，干预政府的任命。本来已经摇摇欲坠的罗曼诺夫家族的威望进一步跌落。专制制度无力控制国家已成为尽人皆知的事实。俄国正走向一场新的革命。

1917 年 2 月，粮食短缺和大规模地解雇工人在彼得格勒引起了骚动，游行和罢工开始了。那些被政府派去镇压游行的士兵们也拒绝向人民开枪。这时，军官们亲自向人民开火，打死 150 人。1917 年 2 月 27 日*，士兵们发起了对抗军官的暴动。他们同人民一起走上街头。起义者夺取了武器，占领了办公大楼，释放了犯人。沙皇下令“整顿秩序”。然而，从前线召回的军队也转向革命一边。士兵和铁路工人们拦住沙皇的专列，不让沙皇从前线返回彼得格勒。

在这种情形下，国家杜马决定委派自己的代表劝说沙皇尼古拉二世退位。1917 年 3 月 2 日，尼古拉二世签署退位诏。君主制度被推翻，二月革命取得了胜利。全国人民在“打倒沙皇！”、“自由万岁！”的口号下庆祝胜利。

---

* 公历 3 月 12 日。

第五节 十月革命

二月革命是自发地开始的。还在革命的过程中,新的政权体制已经开始形成。彼得格勒苏维埃代表起义人民的利益,在士兵和工人中享有崇高的威望。但是,苏维埃尚没有作好夺权的准备。在苏维埃中占大多数的孟什维克和社会革命党人决定承认借助杜马得以成立并且得到资产阶级政党支持的临时政府。这样,俄国形成了两种政权——工兵代表苏维埃和资产阶级临时政府。

临时政府由崇尚西方议会制度的政治家们组成。掌握政权以后,他们不想改变经济和社会秩序。宣称,一切基本问题均需由即将召开的制宪会议来解决。他们承诺稍后召开制宪会议,目前则应当继续为"保卫革命"而进行战争。这种政策显然不符合人民的要求,人民不想也不能再等待下去了。

在莫斯科以及其他城市,到处都开始建立苏维埃。工人们武装起来,还建立了赤卫队。在乡村,农民继续要求平分地主的土地。至于士兵,他们最渴望结束战争。他们举行集会,拒绝服从军官的命令。在这种情况下,布尔什维克党的积极性和影响急剧扩大。二月革命后,约·斯大林和列·加米涅夫立刻从流放地回来,参加了彼得格勒苏维埃的工作。在革命的日子里,布尔什维克党最优秀的演说家之一——列·托洛茨基的威望迅速提高。弗·列宁是在瑞士得到二月革命的消息的。他归心似箭。可是,直到 1917 年 4 月,他才得以回国。列宁直接在火车站向迎接他的数千人发表了演说。演说以"社会主义革命万岁!"而结束。

布尔什维克党提出"打倒战争!"、"土地归农民!""面包属于饥饿者!"等口号。这些口号符合多数人的心意,为多数人所理解。布尔什维克党人还在集会上发表演说,在大小工厂、士兵和水兵中间进行宣传。布尔什维克党的威望急剧上升。1917 年 6 月,彼得格勒举行了以“全部政权归苏维埃”为口号的大规模游行。7 月初,示威开始具有起义性质。临时政府开始镇压。托洛茨基、加米涅夫和党的其他领导人被捕,《真理报》被关闭。列宁和格·季诺维耶夫得以在芬兰藏身。

七月事件以后,社会和政府中来自右翼的压力增强。1917 年 8 月,前线统帅科尔尼洛夫将军公开发动政变,派遣忠于自己的部队向彼得格勒进发。布尔什维克发动群众同科尔尼洛夫作斗争。叛乱迅速被平定。布尔什维克的影响与日俱增。布尔什维克在彼得格勒、莫斯科和其他许多城市的苏维埃中都占据了大多数。列宁紧密跟踪事态的发展,10 月初,他秘密返回彼得格勒。

10 月 10 日,俄国社会民主工党(布)中央委员会通过了列宁提出的开始起义的建议。为了领导起义,成立了军事革命委员会。起义的总部为斯莫尔尼宫,这里是布尔什维克党中央委员会所在地。10 月 24 日晨(公历 11 月 6 日),临时政府首脑克伦斯基下令查封布尔什维克的报纸。作为对这一决定的答复,布尔什维克开始行动。起义者占领了火车站、涅瓦河上的诸桥梁、邮局和电报大楼。数小时内,整个城市全部落到起义者手中。10 月 25 日(公历 11 月 7 日)傍晚,临时政府开会的冬宫被包围。停泊在涅瓦河畔的“阿芙乐尔”号巡洋舰发出了攻打冬宫的信号。深夜两点,冬宫被攻下,临时政府的部长们被捕,首都的起义取得了胜利。当夜,全俄苏维埃第二次代表大会通过了建立新的苏维埃政权的决定。这样,十月革命发生了。

继彼得格勒之后,1917 年 11 月,莫斯科和其他一些城市也发生了起义。1918 年 3 月,苏维埃政权在俄国全境建立。从 1918 年 3 月 12 日起,莫斯科成为苏维埃俄国的首都。

第十讲　苏维埃体制的巩固与发展

第一节　苏维埃政权初期的政策

以列宁为首的新政府积极投身于社会改革之中。《土地法令》是新政权最先颁布的法令之一，它宣布废除土地私有制，把以前属于地主、修道院和教会的全部土地交由地方苏维埃支配，以便在劳动者之间平分。这个法令符合农民的利益。1917 年 12 月，银行、铁路和大工业企业实现了国有化。实行 8 小时工作制，生产中禁止使用童工，企业交由工人委员会监管。苏维埃政权宣布教会同国家分离，学校同教会分离。改革字母表，取消了一些陈旧字母。俄国开始使用欧洲早已通行的新历。*

战争问题是摆在新生苏维埃政权面前的一个最重要的问题。人们兴高采烈地迎接 1917 年 10 月 26 日通过的和平法令。1918 年 3 月 3 日，苏维埃俄国与德国签订了《布列斯特和约》。按照这一条约，俄国放弃芬兰、波罗的海沿岸、乌克兰和白俄罗斯，向土耳其割让部分领土。红军被迫从乌克兰撤出，德国军队随即进驻。让步是巨大的，然而这些让步为在危急时刻挽救苏维埃政权提供了可能性。8 个月以后，即 1918 年 11 月，随着第一次世界大战的结束和德国革命爆发，苏维埃政权便趁机废除了《布列斯特和约》。

---

* 从旧历 1918 年 2 月 1 日起，依照人民委员会的法令，苏维埃政府开始在俄国推行新历（格列高利历）。旧历 2 月 1 日为新历 2 月 14 日。但是，俄罗期东正教会依然遵守旧历不变。因此，本书中凡是在此次历法改革前出现的日期全部为旧历日期，此后出现的日期全部为新历日期。

第二节 国内战争

十月革命遭到了往日的统治阶级和党派的顽固抵抗。1918年,国内战争爆发。对抗新生政权的主要策源地是顿河、库班和乌克兰地区以及东、西西伯利亚的部分地区。在南方,以邓尼金为首的沙俄将军们组织了自愿军,这支军队基本上由旧军队的军官组成。在西伯利亚,沙俄海军上将高尔察克领导着一股君主派力量。社会革命党人在伏尔加河流域建立自己的政府,继续奉行恐怖主义政策。左翼社会革命党人也因拒绝接受苏维埃政策和反对《布列斯特和约》而同布尔什维克分道扬镳。

由于外国列强的干预,苏维埃政权的局势更加严峻。俄国在战争中的前盟友对布尔什维克持敌视态度。1918 年 3 月,英、美和意大利士兵在北方(摩尔曼斯克和阿尔汉格尔斯克)登陆。8 月,英国人占领了巴库并推翻了那里的苏维埃政府。法国军队在奥德萨支持邓尼金。英法军队还在西伯利亚支持高尔察克。日本人和美国人在远东活动。

战线遍布全国,只有中心地区还控制在苏维埃政权手中。考虑到形势的复杂性,布尔什维克在极短的时间内组建了自己的军队,转向"红色恐怖"政策,还创立了一种特殊的经济管理办法,称之为"战时共产主义"。按照这一政策,国家不仅将全国的一切生产实行国有化,而且将产品的分配也完全控制在自己手中。农民必须交纳全部余粮,然后把这些余粮凭票在城市中分配。专门的征粮队被派往农村,他们强迫农民把粮食、土豆、鸡蛋、肉类、牛奶和其他食品交出来。工厂中推行严格的纪律,凡是年龄在 16—50 岁的公民都必须劳动。组织了"劳动大军",共产党人为星期六义务劳动树立了榜样。为了镇压反革命,早在 1917 年 12 月成立了"契卡"(全俄肃反委员会)。

硬性政策和坚强的领导将全国变成了统一的军营，保证了内战的胜利。内战中，红军发挥了巨大的作用。涌现出诸如谢·米·布琼尼和瓦·伊·夏伯阳等一批工农出身的天才指挥官。1919年，红军同"白军"在东部、北部、南部、西部进行了激烈的战斗。结果，白军的进攻被粉碎。1919年末，外国军队开始匆忙撤退回国。

1920年11月，红军粉碎了克里木半岛的弗兰格尔军队，白军残余逃往国外，内战基本结束。1921年—1922年，苏维埃政权彻底肃清了外高加索、中亚和远东地区的对手。

第三节 苏联的成立

按照列宁的说法，沙俄是"各族人民的监狱"。君主制度的垮台在全国各地引起民族解放运动的蓬勃高涨。十月革命刚结束，《俄国各族人民权利宣言》就颁布出来。《宣言》规定："俄国各民族拥有自由的自决权，甚至可以分离出去建立独立国家"。同时，宣布用"俄国各族人民自愿和真诚联盟的政策"来取代沙皇的民族政策。从1918年初开始，波兰、芬兰、爱沙尼亚、拉脱维亚、立陶宛、乌克兰和外高加索各共和国（格鲁吉亚、亚美尼亚、阿塞拜疆）宣布独立，俄罗斯帝国瓦解。

内战期间，苏维埃政权在乌克兰、白俄罗斯、外高加索和中亚确立。后来，又出现了各独立共和国走向联合的趋势。出现了新联邦内部关系的原则问题。斯大林所支持的联合草案实际上意味着其他共和国被俄罗斯（即俄罗斯苏维埃联邦社会主义共和国）所吞没。列宁不同意这一方案，他坚持各民族平等的原则，谴责大俄罗斯沙文主义。

1922年10月6日，俄共（布）中央全会在列宁批示的基础上通过了建立新联盟国家的草案。这个国家获得了苏联——苏维埃社会主义共和国联盟的称谓。1922年12月30日,苏联第一届苏维埃代表大会批准了关于成立苏联的宣言和由俄罗斯、乌克兰、白俄罗斯及外高加索签署的联盟条约。各共和国在联盟内部的一切权利及自由退出联盟的权利得到保证。1924年颁布的苏联宪法还确定了其他社会主义共和国自由加入联盟的权利。1925年,乌兹别克和土库曼共和国加入苏联;1929年,塔吉克共和国加入苏联。

第四节 新经济政策时期

国内战争使国家的经济遭到了严重破坏。多数工厂关闭,消灭了一切市场关系的"战时共产主义"政策使国家状况,尤其是农村的状况日趋恶化。许多地区发生了农民骚动。1921—1922年,伏尔加河流域、顿河和乌克兰地区都发生了罕见的旱灾。接踵而来的是可怕的饥荒,数百万人因此丧失生命。1921年3月,喀琅施塔得爆发了水兵军事叛乱。他们要求改变国家的政治和经济政策。

列宁越来越清醒地意识到重新审查党的政策及改变对农民态度的必要性。在1921年3月召开的俄共(布)第10次代表大会上,一场决定性的转折发生了,会议通过了在农村征收粮食税的决定。向"新经济政策"(亦称"耐普")的转变开始了。

新经济政策允许多种经济成分并存,其中包括国家资本主义,承认市场的作用。国家只保留那些最大的和高效的企业,其余的进行出租。小企业归还前主人,吸收外资用于发展工业。允许自由贸易,还允许使用雇佣劳动,个体商店和市场得到恢复。农民有权支配自己的产品,有权在完成粮食税以后,把产品拿到市场上自由出售。新经济政策很快改变了国家的经济状况。

1921年秋,向市场关系的转变基本完成。商业和小生产活跃起来。20年代中期,轻工和食品工业企业基本恢复到战前水平。自1924年起,重工业的状况也开始好转。各种形式的合作社经济迅速发展起来。农民的状况得到改善,农村中的贫农数量越来越少。

列宁多次强调新经济政策的意义。他指出,新经济政策应当"认真地、持久地"推行下去。然而,从1922年5月起,列宁的身体状况不断恶化。这一时期,斯大林的作用加强了。1922年,他成为党的总书记。列宁去世后(1924年1月21日),党内就国家的发展道路问题展开了激烈的争论。托洛茨基坚持"工业专政",布哈林则提倡逐步发展农业经济。1925年,斯大林开始了同托洛茨基及其追随者的公开斗争。1927年末,"左翼"反对派的代表托洛茨基和季诺维耶夫被开除党籍。

在党内斗争的过程中,斯大林提出了关于"一国能够建成社会主义"的理论。在1928年7月召开的中央全会上,斯大林强调,新经济政策已经走入死胡同,必须对农民征收"额外税"以保证工业的高速发展。作为回复,布哈林在《真理报》上发表了一系列文章,批评放弃新经济政策的做法。党内又展开了批判以布哈林为代表的"右倾主义"的斗争。1929年11月,布哈林被开除出政治局。从此,斯大林的意见开始成为党内的终极决定。

第五节　工业化和集体化

联共(布)领导层提出了将苏联由落后农业国变成发达工业强国的任务。1925年12月,党的第十四次代表大会提出了社会主义工业化的方针。发展国民经济的最初几个五年计划都是为这个目的服务的。"一五"(1928—1932)和"二五"(1933—1937)计划期间,整个国家都变成了庞大的建设工地。在乌拉尔地区、西伯利亚地区、乌克兰建成了拖拉机厂、钢铁厂。1935年,莫斯科地铁通车。新的水电站、铁路和新兴城市(新库兹涅茨克、阿穆尔共青城等)如雨后春笋般地出现,还诞生了一批新的、最先进的工业部门——汽车、航空、化学部门。这些巨型企业在很长一段时期成为苏联经济、尤其是工业和军事实力的重要基础。

苏联的工业化是在同资本主义国家的军事威胁作斗争的口号下进行的。斯大林曾经感慨道:“被动就会挨打”,“赶超”才有出路。然而,经济发展战略放在优先发展重工业和军事工业上,日用消费品生产退到次要位置。人民生活水平问题也没有引起重视。苏联前几个五年计划的成就主要是依靠人民的饱满热情而取得的。当时,为超额完成定额和计划而发起的斯达汉诺夫运动获得了很大的发展。

快速工业化导致了城乡差距的加大。20 年代末,农产品生产的增长停止了。1927 年 12 月,联共(布)第十五次代表大会通过了农业集体化的方针。两年后,按照政治局的决定,开始全盘集体化。有 2.5 万名工人被派往农村,他们同地方党委一起领导集体农庄的组织工作。与此同时,没收富农的全部财产和生产资料,将这些财产转归集体农庄所有。富农本人及其家眷被迁出故土,中农也经常跟着遭殃。许多人被迁往西伯利亚和其他边远地区。

强行的集体化导致了严重的后果。农业生产急剧下降,全国重新推行凭票供应制。为了养活城市,农村的一切都被拿走了。1932 年—1933 年冬,可怕的饥荒席卷了乌克兰、哈萨克、伏尔加河流域和北高加索,灾害夺去数百万条生命。国家不得不向农民做些让步。国家保证农民拥有自留地和一定数量牲畜的权利,还允许农民将自己的产品在市场上出售。然而,在农业管理上仍然以行政命令方式为主。1935 年,斯大林自豪地宣布,全国耕地的 98%已经变为社会主义所有制。

第六节 社会和政治生活的变化

20—30 年代，苏维埃社会发生了重大变化，过去的许多阶级和阶层消失。尤其在工业化开始以后，社会结构发生了根本性的改变。数百万农民涌向城市和工业工地。

国家急需新型的、首先是技术型的知识分子。况且，在十月革命后，有约 200 万人离开了俄国，其中包括许多旧知识分子的代表。苏维埃国家采取措施大力发展国民教育，扫除文盲。在前几个五年计划期间，掌握知识和新技术的重要性得到强调，建立起各类学校和工人职业培训班。1929 年—1930 年，整个高等和中等技术教育体制都得到了改造。一批批年轻工人被送入高校，从中培养出工程师、厂长和领导干部。他们成为新型知识分子和新一代苏维埃领导人的基础。30 年代末，苏联基本上消除了文盲。这些变化在苏联被称作“文化革命”。

苏联的少数民族地区也发生了巨大变化。在俄罗斯联邦社会主义共和国及其他加盟共和国的领土上，建立起一批新的自治共和国、州和民族专区。中亚地区成立了土库曼、乌兹别克、塔吉克、哈萨克和吉尔吉斯苏维埃社会主义共和国。20 年代，少数民族地区推行了大规模的社会改革，地主土地所有制被消灭，封建残余被铲除。有 40 多个民族第一次拥有了自己的文字。在前几个五年计划期间，各加盟共和国，尤其是乌克兰、白俄罗斯、外高加索等，也实行了工业化。

经济和文化的加速发展是在思想和政治监督不断强化的氛围下进行的。斯大林一直强调同“阶级敌人”斗争的必要性并且提出这样的理论：随着向社会主义的过渡，阶级斗争会不断尖锐。

1934 年 12 月 1 日，一场悲剧事件——联共(布)著名领导人谢·米·基洛夫在列宁格勒被暗杀——揭开了苏联政治生活中新的一页。逮捕和镇压党和国家领导人、著名军事将领、学者、作家、企业经理及工程师等的浪潮接连掀起。他们被指控为“托派分子”、“反革命分子”及“外国间谍”。1936 年—1938 年，大清洗达到了顶峰。其间，加米涅夫、季诺维耶夫、布哈林及联共（布）党的其他许多著名活动家在经过公开审讯后，纷纷被处决。大清洗波及数百万人，其中多数人死于集中营。

经过“大清洗”，联共（布）领导层中确定了忠于斯大林的人：维·莫洛托夫、克·伏罗希洛夫、阿·米高扬、尼·赫鲁晓夫和拉·贝利亚等。内务人民委员会（国家安全机构）及其领导人的作用进一步扩大。30 年代，对斯大林——党的领袖和“苏联人民之父”的个人崇拜形成。

第十一讲 苏联作为世界大国的崛起

第一节 20—30年代的苏联对外政策

苏维埃政权建立之初，布尔什维克认为，俄国革命是世界革命的第一阶段，这场革命很快将会在其他国家也取得胜利。因此，支持世界革命运动在苏维埃国家的对外政策中占有重要的位置。1919年，按照列宁的倡议，共产国际成立。在共产国际帮助下建立的各国共产党都加入共产国际并服从其领导。20年代，中国的革命事件成为联共(布)和共产国际关注的焦点，共产国际的一些代表和大批军事顾问被派往中国。

从20年代末起，随着“一国建成社会主义”理论的确立，苏联自身的地缘政治利益在其对外政策中开始占据越来越重要的位置。对于苏联领导层来说，这一时期最重要的任务是保持和平与安全，以便推行国家的工业化。此时，多数发达资本主义国家已经承认苏联并同苏联建立了外交和贸易关系。

希特勒在1933年的上台引起了苏联领导层的不安。苏联开始在欧洲寻找建立“集体安全”体系的可能性，但这些尝试未能取得西方国家的信任，这促使苏联决定同德国接近。1939年8月23日，德国外交部长里宾特洛甫和苏联外交人民委员莫洛托夫签署了互不侵犯条约。1941年，在同日本签订中立条约以后，苏联自身及其东部后方也有了保障。

1939年9月1日，德军进攻波兰。随之，苏军占领了西乌克兰和西白俄罗斯的一些地区。第二次世界大战在欧洲开始。然而，对于苏联来说，这一时期还属于战前阶段。1939年9—10月份，苏联同爱沙尼亚、拉脱维亚和立陶宛签订了“互助”条约。

1940年夏，在苏方的压力下，这些共和国都建立了“人民政府”。不久，这些“人民政府”又在波罗的海沿岸地区建立了苏维埃政权，波罗的海三国被并入苏联。随后，北布科维纳地区作为乌克兰的一个组成部分被并入苏联。同时并入苏联的还有比萨拉比亚，这里建立起摩尔多瓦苏维埃社会主义共和国。1939—1940年冬，苏联对芬兰发起军事入侵，苏军蒙受了巨大损失，却仍然没有取得成功。

第二节 卫国战争

尽管签订了苏德条约，希特勒仍继续准备同苏联进行战争。1941年春夏之交，法西斯德国将自己兵力的70%以及盟国匈牙利、罗马尼亚、芬兰的军队集中起来，对付苏联。侵略者的军队共有500万人、4 000辆坦克和5 000架飞机。进攻苏联的计划寄希望于“闪电战”。

1941年6月22日凌晨，德国军队不宣而战，越过苏联的西部边境。苏军对战争准备不足，在战争刚开始的日子里蒙受了重大损失。武装得很好的希特勒军队迅速占领了苏联的大片土地。这里居住着苏联40%的人口，工业生产总值的33%均产于此。6月28日，明斯克陷落。9月，基辅被攻下。敌人占领了全部白俄罗斯、立陶宛、拉脱维亚、爱沙尼亚、摩尔多瓦和乌克兰的许多州。9月9月，列宁格勒围困开始。列宁格勒居民同饥饿、严寒、机枪扫射和炮弹轰炸进行了长达900天的斗争。在列宁格勒围困中，总共有100多万人丧失了生命。

全国人民奋起展开同法西斯侵略者的斗争。到处建立起民兵队伍，游击队开始在敌后开展活动。在白俄罗斯和乌克兰，游击队活动开展得尤为轰轰烈烈。这场战争一开始便被称作“伟大的卫国战争”*。

在经历了短暂的惊慌以后，苏联高层领导成立了中央集权机构——国家防卫委员会。斯大林成为最高统帅。1941年9月，希特勒下令不惜一切代价攻取莫斯科。1941年11月7日，尽管德国人距克里姆林宫仅有几十公里了，红场上传统的阅兵式依然在进行。在这次阅兵式上，斯大林发表了讲话。红军从阅兵式现场直接奔赴战场。12月初，苏军在格·朱可夫的指挥下转入反攻。1942年1月，敌人被打退到距莫斯科几百公里远的地方。莫斯科城下的胜利标志着“闪电战”的破产。

苏联的工业迅速转向战时轨道。一些新的、更加现代化的武器种类——坦克、飞机和“卡秋莎”火箭炮制造出来。战争期间，乌拉尔的老工业基地得到了巩固。一批新企业在西西伯利亚和中亚产生。

1942年7月，德军主要力量集中到斯大林格勒方面。法西斯分子打算拿下斯大林格勒并渡过伏尔加河。在这紧要关头，被任命为最高副统帅的格·朱可夫受命领导城市保卫工作。德国人指望通过一次猛攻就能得到城市，但是，战役持续了好几个月。展开了保卫每一条街道、每一幢房屋的战斗。瓦·崔可夫领导的军队在保卫斯大林格勒的战役中发挥了巨大作用。1942年11月，进攻斯大林格勒的德军被包围并被消灭，苏联军队转向进攻。

---

* 伟大的卫国战争是指苏联人民进行的一场反对德国法西斯侵略者的解放战争(1941年6月22日—1945年5月9日)，它是第二次世界大战的一个重要组成部分。在俄国史上，被称作卫国战争(Отечественная война)的战争有两次：第一次是1812年俄国抗击拿破仑侵略的解放战争，在俄语中通常以“Отечественная война 1812 г.(1812年卫国战争)”的称谓出现；第二次是苏联卫国战争，在俄语中通常以“Великая Отечественная война(伟大的卫国战争)”的称谓出现。在我国学界，通常将“伟大的卫国战争”称作“苏联卫国战争”或者“卫国战争”。本书的中文表述采用中国学界的习惯用法。

1943年2月2日，斯大林格勒战役结束。在这次战役中，德军总共失掉约80万人。

斯大林格勒城下的胜利为战争的根本转折奠定了基础。1943年7—8月，双方在库尔斯克城下又发生了一次交战。在这次战役中，双方共投入了1 500辆坦克。这是历史上最大的一次坦克战，战役以苏军的胜利而告终。1943年秋，苏军一路作战，渡过第聂伯河并解放了包括基辅城在内的乌克兰大部分地区。随后，开始了全线进攻。

1944年是苏联全境解放的一年。秋天，苏联国境得到完全恢复。军事活动转向其他国家。1944年8月末，苏军占领了罗马尼亚。9月，进入保加利亚和南斯拉夫。1945年1月，苏军进入华沙。2月，经过艰苦的作战，攻下布达佩斯。4月，攻下奥地利首都维也纳。

在波兰领土上击败德国军队以后，苏军打开了一条通往柏林的道路。1945年4月，苏军在格·朱可夫的领导下开始攻打柏林。城市街头的艰苦战斗持续了10天。终于在5月1日凌晨，柏林市中心升起了胜利的旗帜。希特勒在自己的地下避难所自杀身亡。法西斯军队完全被粉碎。5月9日早晨，苏联军队进入捷克斯洛伐克首都的街道。同日，德军指挥部在柏林签署了无条件投降书。欧洲战争结束了。

卫国战争是俄罗斯历史上一场最严酷的战争。战争期间，苏联共失去约2 700万人口，其中70%为和平居民。被毁城市和工人居住区1 710个，工业企业32 000家，铁路65 000公里。然而，严峻的考验增强了国民的凝聚力，提高了爱国主义热情。卫国战争期间，涌现出一大批享誉国内外的英雄，如卓娅·科斯莫杰米扬斯卡娅、亚历山大·马特罗索夫、“青年近卫军”组织等。苏联人的大无畏精神和英雄主义气概推动国家走向战胜德国法西斯的胜利。

第三节 第二次世界大战中的国际关系

卫国战争一开始，英国和美国政府就宣布在反法西斯德国的战争中支持苏联。苏联还同英国及其他国家签订了在战争中共同行动的协议。

1942—1943年间，苏德战场依然是欧洲的主战场。1943年11月28日—12月1日，在苏联战绩显赫的情况下，斯大林、丘吉尔和罗斯福"三巨头"在德黑兰（伊朗首都）会晤。通过了三国在反对德国的战争中共同协作和战后军事合作的宣言，关于不迟于1944年5月1日开辟欧洲第二战场的决定以及其他决定。苏联代表团承诺在打败德国军队之后对日本宣战。1944年6月6日，英美军队在法国北部登陆并开始了在西欧的军事行动。临近1945年春，他们已经到达德国中部地区。1945年4月，联军同苏军在易北河会师。

鉴于战争即将结束，1945年2月4日—11日，在雅尔塔（克里木，苏联）"三巨头"召开了新的会议。会上，盟国彻底粉碎法西斯德国的军事计划得到确定和协调，战后和平组织的基本原则明确下来；在德国建立三国（在法国参与下，即在法国同意的条件下）占领区的决定，从德国索取战争赔款的决定以及关于建立联合国的决定等，这些决定均获得通过。审议了波兰未来的国界问题。在这次会议上，斯大林同美国和英国签署了秘密协定，约定了苏联在结束欧洲战争两三个月内对日本宣战的条件。

1945年7月17日—8月2日，苏联（约·维·斯大林）、美国（加·杜鲁门）和英国（乌·丘吉尔，从7月28日起为克·艾德礼）在波茨坦（德国）又举行了一次会议。会议通过了有关德国非军事化和肃清纳粹影响，消除德国垄断，赔款和波兰西部边界的决定；确定了将哥尼斯堡（今加里宁格勒）及其毗邻的东普鲁士地区让给苏联的决定。德黑兰会议、雅尔塔(克里木)会议和波茨坦(柏林)会议确立了苏联在世界主要大国中的新地位。

1945 年 8 月 8 月,苏联按照同盟友签订的协议对日宣战。苏军进入中国东北和北部地区。日本军队的力量被中国人民的英勇斗争摧垮,很快投降。1945 年 9 月 2 日,日本在无条件投降书上签字。由于战胜了日本,苏联获得了南库页岛和千岛群岛,这里曾是沙俄在 1904 年—1905 年俄日战争失败后失去的土地,还恢复了租用中国的旅顺和使用中东铁路的权利。国民党政府承认了苏联的大部分要求。

这样,在第二次世界大战中,苏联显示了自己的政治和军事实力并赢得了世界主要强国的地位。

第四节 战后初期的苏联

战争一结束,被毁的国民经济立即开始恢复,军事生产又转回到和平轨道,被毁坏的城市和乡村逐步得到恢复。恢复所需的资金主要尽力在国内寻找。苏联从德国以及罗马尼亚、匈牙利、芬兰和中国东北获得的战争赔偿也发挥了一定作用。1946 年—1950 年,苏联从这些地区得到的设备占苏联用于工业生产设备总量的 50%。由于苏联人民的顽强劳动,1948 年,工业生产总值已经超过战前水平。

战后初期,农村的形势十分严峻。人们忍受着饥饿的折磨,纷纷涌向城市。1946 年—1953 年,约有 800 万人离开了农村。农业失败的主要原因是国家推行牺牲其他经济部门利益优先恢复重工业的政策。

早在 30 年代,斯大林就开始强调建设强国的必要性。他认为俄罗斯民族应成为这个强国的中流砥柱。卫国战争期间,斯大林直接转向俄罗斯民族的价值观，转向俄罗斯的爱国主义，做出了接近东正教会的举措，设立了苏沃洛夫勋章、库图佐夫勋章和涅瓦王亚历山大勋章。战后初期，苏维埃祖国——大俄罗斯国家继承人的思想不断被强化。随着对强国思想的渲染，领袖的思想也越来越具有重大的意义。斯大林的威信在战争期间尤其得到提高（当时，士兵们冲锋陷阵伴随着“为了祖国，为了斯大林！”的喊声），战后则达到了前所未有的高度。斯大林的肖像和纪念碑随处可见，以斯大林的名字命名的工厂、农庄和街道比比皆是。

战后，全社会都期待着变革，希望一切将会很美好。有关社会变革，首先是经济领域里改革的各种建议函不断地传向中央。然而，几经波折，苏联领导层还是选择了对各个领域加强监督的“强硬”方针。

在苏联 1939 年以后获得的新领土上，推行压制苏维埃各种潜在对手的政策和强制集体化政策。成千上万人从波罗的海沿岸地区、西乌克兰和西白俄罗斯迁往西伯利亚和北部边陲。还在战争期间，已经开始推行将车臣人、卡尔梅克人、克里木鞑靼人和伏尔加河沿岸的德国人等整个民族迁徙的政策。

从 1946 年起，一场同异己思想作斗争的运动掀起。1946 年—1947 年，在斯大林提议和联共（布）中央委员会书记日丹诺夫的积极参与下，一批著名作家、诗人、作曲家、历史学家以及文学杂志《星》和《列宁格勒》遭到批判。学术界展开了批判遗传学、控制论、物理学发展新方向等的斗争，这些学科被指责为“资产阶级的伪科学”。从 1948 年末开始，又展开了一场批判“世界主义”的斗争，其主要打击对象是犹太人。这场斗争的最后一次行动是发生于 1953 年 1 月的所谓“医生案”，一批著名医生，其中多数人为犹太人，被指控为“杀手”。

第五节 “冷战”和两个阵营的形成

战争期间得到改善的苏联与西方之间的关系很快又出现了紧张局面。西方对苏联在东欧影响的加强感到不满。1946 年—1947 年,丘吉尔和美国总统杜鲁门制定出西方针对苏联的战略目标:不允许苏联的势力范围及苏联共产主义意识形态继续扩大。此外,还制定了所谓的向“各自由民族”提供经济援助的马歇尔计划。苏联和东欧国家拒绝参加这一计划。

国际关系的恶化在苏联同以美国为首的西方国家之间引起了一场真正的意识形态的和政治的战争。这一阶段被称作“冷战”*。双方都为扩大自己的势力范围而斗争,结果导致世界分裂为两个阵营。

战后初期,在苏联的扶持下,东欧国家的共产党开始执政。从 1948 年起,这些国家开始按照苏联的模式推行经济和社会变革。1949 年 1 月,为了开展更加广泛的经济合作,成立了经济互助委员会(经互会)。同苏联一起加入经互会的还有阿尔巴尼亚、保加利亚、东德、波兰、罗马尼亚、捷克斯洛伐克和蒙古。

在这种形势下,西方国家加快了建立西德的过程。1949 年 5 月 23 日,在西方的支持下,德意志联邦共和国宣告成立。同年 10 月 7 日,在苏占区,成立了德意志民主共和国。德国长期处于一分为二的状态。

与此同时,欧洲出现了两个军事同盟。美国在西欧建立军事基地,对苏联的邻国提供军事援助。苏联也同样加强在东欧地区、尤其在民主德国的军事力量。作为对北约建立(1949 年)的回

* 冷战是指西方国家与以苏联为首的阵营之间维持的一种对峙方针,意思是在战争的边缘状态搞平衡。该方针于 1946 年由丘吉尔在富尔敦城(美国)公布于众。

复，苏联与东欧国家之间组建了有关军事互助的华沙条约组织(1955年)。

战后初期，苏中关系可谓一波三折。出于对苏联自身利益的考虑，斯大林并不希望中国内战扩大，努力同国民党政府保持外交联系。只是在新中国成立前夕，当毛泽东在《论人民民主专政》一文(1949年6月30日)中提出“向苏联一边倒”的政策后，苏联的立场才发生了根本转折。1949年10月2日，即中华人民共和国宣告成立的第二天，苏联第一个宣布承认新的共和国。

中华人民共和国加入社会主义阵营，无疑加大了社会主义阵营在地缘政治活动中的分量。1950年1月，毛泽东访问莫斯科，经过同斯大林的艰难谈判，签订了《中苏友好同盟互助条约》。苏方承诺将其在中国东北的所有权利归还中国，还向中国提供巨额贷款和大规模的经济技术援助。“俄罗斯人和中国人永远是兄弟”——这句来自歌曲“莫斯科—北京”的歌词在整个50年代广为流传。

第十二讲　从“解冻”到“停滞”

第一节　“解冻”的开始

1953年3月5日，斯大林去世。在同拉·贝利亚和格·马林科夫的斗争中，党和国家的权力逐渐集中到尼·谢·赫鲁晓夫手中。赫鲁晓夫执政时期的特点是：试图缓和紧张的国内政治气氛和国际环境，推行了一些往往是缺乏周密性和连续性的改革。暂时中止了大清洗政策，为斯大林时期遭到清洗的许多党和军界领导人恢复了名誉。1953年—1956年，多数政治犯从集中营获释。车臣人、卡尔梅克人以及一些其他民族获准返回故里。依据爱伦堡于1954年发表的同名小说，赫鲁晓夫时代的相对自由化和书刊检查的放松被称作“解冻”。

苏共新领导层采取了一系列举措来缓和国际关系，首先是社会主义阵营内部的关系。1955年，经过同约·铁托的长期冲突，同南斯拉夫的关系得到恢复。1954年—1955年，苏中关系进一步改善，苏联军队从大连和旅顺口撤出。50年代，苏联向中国提供了大量的经济和科技援助。苏军从奥地利撤出（1955年）奠定了在欧洲缓和关系的基础。苏联同印度以及其他亚非国家的关系也有了改善。

苏共20大是赫鲁晓夫时代最轰动的事件之一。在会议工作的最后一天（1956年2月24日深夜至25日凌晨），赫鲁晓夫在内部会议上向代表们做了题为《关于个人崇拜及其后果》的报告。报告把政策中的所有失误以及1953年国家严峻的经济状况都归罪于斯大林。虽然会议是非公开的，代表们也被警告要对所发生的事件保密，但是有关《秘密报告》的信息还是很快在国内外传播开来。20大会议立刻在苏联社会中引起了激烈的争议和讨论，国内有不少人表示不理解和莫名其妙。非斯大林化运动在东欧，尤其在匈牙利和波兰引起了大规模的骚动。在苏联军队的帮助下，“匈牙利事件”(1956年)被镇压下去。

第二节 50年代的经济和管理改革

50年代初，国内首先需要关注的是农业状况。1953年9月，赫鲁晓夫在苏共中央委员会的全会上强调，没有物质刺激，就不可能有农业增长。为此进行了相应的改革。国家提高农产品的收购价格，减少集体农庄必须向国家交售的粮食数量，勾销债务，降低个人副业以及向市场出售产品的税收。农村的负担略有缓解。生产——首先是个体经济的生产开始提高。

1954年—1958年是整个农庄史上最成功的时期。在西伯利亚、北哈萨克和阿尔泰地区进行的新土地开发也促进了农业总产值的提高。这一活动依靠的是团员和青年的自愿劳动。1956年，处女地获得了创纪录的收成，达到粮食总产量的一半。1956年—1958年间，农业生产提高了1/3。那些年，消费和社会规划也越来越受到重视。工资有了提高，退休金增加，大规模的住房建设开始进行。退休年龄下降到男60岁和女55岁。报纸上大量论述“物质利益”是生产发展的刺激性因素。

赫鲁晓夫及苏共其他领导人继续认为苏联的经济模式是正确的，只是计划改变个别“不正常”之处，如管理的高度集中等。为此，地方机关的管理权得到扩大，各共和国和地区获得了更大的经济自主性。改组管理机构，削减各个部机关。除了防卫部门以外，国家各部被数十个地域性的管理机构——国民经济委员会(经委会)取代。管理机构的改组最初带来了一些成效。通过了新的经济发展计划。科学快速地发展起来，几个大型的宇航规划开始付诸实施。1957年,世界上第一颗人造地球卫星发射成功。1961年4月,苏联宇航员尤里·加加林飞上了太空,这是人类史上第一次宇宙飞行。在宇宙研究领域,苏联曾一度领先于美国。

然而,所有这些措施都没有改变旧的管理原则,经济杠杆没有运转起来。依靠行政手段保证经济的稳步增长是不可能的。经济没有发生根本性的变化。

1957年,赫鲁晓夫提出了“赶超美国”的口号,这一口号成为其后七年计划(1959—1965)的理论依据。到1970年,苏联打算在工业和农业生产的人均规模上跃居世界首位。然而这个计划事实上是一种空想。为了“完全地和彻底地取得社会主义的胜利”,再次开始削减自留地和强行赎买农民私人牲畜。这些措施削弱了农民的生产兴趣。1964年,肉类生产甚至比1958年的水平还逊色。为了解决农业问题,赫鲁晓夫不考虑气候和地方条件,下令像美国一样到处种玉米,但玉米收成微不足道。60年代初,农业方面发生了全面滑坡,经济发展的整体速度也降了下来。

第三节 赫鲁晓夫的下台

赫鲁晓夫进行的改革考虑不周,充满矛盾,经常导致相反的结果。尽管如此,在苏共22大(1961年)通过的新党纲中,依然提出了在20年内过渡到共产主义的任务。然而,人民的希望又一次落空了。当政府通过从1962年7月1日起提高商品价格的决定时,人们的反响非常强烈。赫鲁晓夫失去了广大群众的支持。

同内政一样,赫鲁晓夫的对外政策也不连贯、不合理。从50年代末起,在“和平共处”的口号下,他积极缓和同西方的关系。1959年,美国副总统里·尼克松访问莫斯科。同年,苏联领导在历史上首次对美国进行访问。然而,同美国新总统乔·肯尼迪在维也纳的会晤(1961年6月)以失败告终。赫鲁晓夫企图对美国人施加压力的尝试导致了赫赫有名的"柏林墙"的出现(1961 年 8 月)。这道墙将柏林一分为二,成为两个阵营对峙的标志。1962 年,"古巴危机"爆发。这是由苏联在古巴建立导弹发射基地引起的。在美国的压力下,赫鲁晓夫下令将导弹撤出古巴。这些事件严重地损害了苏联和赫鲁晓夫本人的国际威望。

在同中国的关系上,赫鲁晓夫的行为加剧了苏中两国冲突的发展。苏共 20 大以后,苏中冲突逐渐加剧。出于对中国共产党有关一系列问题立场的不满,赫鲁晓夫于 1960 年夏将在中华人民共和国工作的几千名苏联专家出乎意料地召回,致使许多设计方案中断。苏联不顾中国出现的经济困难,要求中国偿还苏联在朝鲜战争期间向中国提供的贷款。从 1963 年起,苏联共产党和中国共产党之间开始了公开论战。苏中关系事实上中断了许多年。

赫鲁晓夫采取的鲁莽措施引起改革派经济学家们的反对,而从自由主义到攻击知识分子的急剧转变则使他失去了知识阶层的信任。现在,他只剩下面对党的机构了。然而,党的干部和经营管理干部对那些无休止的"改革"也很担心,这些改革破坏了他们地位的稳定性。他们想要一个更加安分的领导。1964 年 10 月,赫鲁晓夫的各种职位被解除。列·伊·勃列日涅夫成为苏共中央第一书记,政府由亚·尼·柯西金领导。

第四节 柯西金改革的夭折

60 年代初,苏联以巨大的努力和牺牲为代价,建立起强大的工业和科技实力。这为苏联保持世界强国地位提供了可能性。然而,国家现代化的任务并没有彻底完成。在苏联经济中,实现根本变革的客观条件已经成熟。

赫鲁晓夫被解职后,按照苏联部长会议主席亚·尼·柯西金的倡议，开始了新的改革尝试。1965 年 9 月召开的苏共中央全会做出了关于推行经济方法进行管理的决定。这些决定成为改革的基础。企业获得了更大的自由：现在它们能够独立地规划自己的活动，更加自由地支配所得利润。这种改革尝试进行得很慢，也不果断，甚至连这样的尝试也没能进行到底。国家的多数领导、党的机构和经营管理机构都担心计划体制会遭到破坏，因此并不希望改革。捷克斯洛伐克事件加剧了苏联领导层对各种新生事物的恐惧。

从 1968 年起，捷克斯洛伐克开始推行一系列改革，这些改革后来被称作"布拉格之春"。这一事例引起了东欧各国的密切关注。苏共领导人出于对事态发展的担心，做出决定：以武力方式干涉捷克斯洛伐克事务。1968 年 8 月 20 日深夜到 21 日凌晨，华约组织 5 个成员国的军队开进捷克斯洛伐克。苏联坦克置民众的抗议和游行于不顾，驶入布拉格街头。捷克斯洛伐克党和政府的领导人都被换成听从于莫斯科的新人。苏联的野蛮行径在全世界引起抗议。

这一事件以后，以勃列日涅夫为首的苏联领导人在国内拒绝任何改革尝试，完全转到保守立场上去。苏联内政中开始了漫长的"停滞"时期。在对外政策中，依靠同美国、联邦德国及其他国家签署一系列条约而使国际紧张局势趋于缓和的阶段逐渐为国际矛盾急剧尖锐的阶段所代替。苏联继续同美国为争夺世界霸权地位而进行军备竞赛和斗争，努力扩大自己的影响，尤其是在第三世界的影响。1979 年，苏联对阿富汗内部事务的干涉导致了阿富汗抗击苏联的战争爆发。这场战争给苏联的国际形象造成了重大损伤，引起了阿富汗内部的坚决抵抗。阿富汗战争以苏联撤出军队(1989 年)而告终。为了保持超级大国的地缘政治地位，需要巨大的经济和财政支持，这明显让苏联感到力不从心。

第五节 “停滞”时期

60—70 年代,苏联社会管理中的关键作用转到所谓的“新阶级”——拥有巨大权力和特权的国家官僚阶级手中。官僚内部存在着各种团体,这些团体的私利削弱了中央的权力,破坏了苏维埃体制的完整性。勃列日涅夫尽力回避各种改革,保持各方面的现有平衡,稳定干部队伍。1965 年—1984 年间,各共和国、州和部委的领导班子事实上已经停止了人事变动。到 80 年代初,政治局委员的平均年龄已经达到 70 岁,国家生活似乎停止了。然而,事实上,在停滞的外壳下,内部正进行着体制的迅速分化。

放弃改革后,苏联领导层依旧借助于行政命令手段来实现经济管理。工业中过分的中央集权和垄断、市场杠杆的缺乏、对个人首创性与个性化劳动的限制等,将经济引入了死胡同。1970 年—1985 年,工业(年增长率由 60 年代下半叶的 8.4%降至 1981 年—1985 年的 3.5%)和农业(由 4.3 %降至 1.4%)增长速度都在下降。政府扩大了农业投资,但已经不能解决农村的问题。只好到国际市场上大量征购粮食,为此花费了大量外汇,这些外汇主要是靠出口石油得来的。然而,80 年代初石油价格的下降又对这一经济支柱造成了强烈冲击。

经济的军事化主要表现在军工综合体中,它带来诸多重大问题。无休止的军备竞赛、保持与美国平等地位的追求迫使苏联不断扩大军费开支。这笔开支早已成为国家的巨大负担。苏联经济的封闭性严重地阻碍了经济的发展。对外经济联系主要在“社会主义阵营”内部发展。

从 60 年代下半叶起,苏联生产工艺的落后开始明显加剧。轻工和食品工业的落后导致日用消费品的经常性短缺。苏联人每天要花费好几个小时到商店寻找日用品,没完没了地排队。生产和分配的超集中体制有自己的消极面,其表现形式为非法生意和腐败。"停滞"时期,"影子经济"波及到所有部门和地区。在外高加索和国家南部各区,"影子经济"尤为猖獗。黑手党和有组织的犯罪现象明显发展起来。官僚与影子资产阶级、官方经济与影子经济迅速而顺利地结合起来。

苏共20大以后,社会上对许多现象的批评态度发展起来。在此基础上,苏联出现了持不同政见运动。60—70年代,持不同政见运动发展到顶峰。得到西方支持的持不同政见者在地下条件下出版杂志(所谓的"自行出版物"),这些杂志在知识分子中间传播。物理学家安·萨哈罗夫和作家亚·索尔仁尼琴等持不同政见者的名字广为人知。苏联当局利用克格勃不断地同持不同政见运动作斗争,将许多人驱逐出境、送到集中营和"精神病院"。与此同时,在乌克兰、亚美尼亚、格鲁吉亚、波罗的海沿岸各共和国进行了镇压民族运动参加者的斗争。然而,社会上的不满情绪持续上升。在"铁幕"的背后,苏联出现了关于"西方生活"和"西方民主"的神话。到80年代初,在苏联事实上已经没有一个对现状满意的社会集团了,所有的人都在期待着变革。

第十三讲　戈尔巴乔夫改革与苏联解体

第一节　改革

勃列日涅夫的去世(1982 年 11 月)和尤·安德罗波夫的上台使社会上对生活可能发生改变的希望再度复苏。安德罗波夫开始加强社会纪律,然而他试图做些改变的尝试很快因患病和去世(1984 年 2 月)而中断。于是,体弱多病的康·契尔年科——勃列日涅夫的“继承人”成为国家的头号人物。列宁墓旁一次又一次的葬礼(契尔年科于 1985 年 3 月去世)迫使苏联领导层最终明白,应当推选一个年轻些的人上台执政。1985 年 3 月 11 日,米·戈尔巴乔夫当选为党的总书记。在“加速”、“改革”和“公开性”口号下,改革的一个新时期开始了。

苏共中央的新领导层不可能不了解苏联经济的深刻危机以及与之相关的国家国际威望的削弱。戈尔巴乔夫坚信,必须“从上面”进行改革。在苏共中央四月全会(1985 年)上,戈尔巴乔夫提出必须通过更加充分地利用生产实力和加强劳动纪律来加速国家社会经济发展。1985 年—1986 年,推行了以实现党和国家领导层年轻化为宗旨的干部改革。1986 年,苏共 27 大确定了加速国家社会经济发展的战略。然而,“加速”政策没有连续性和战略路线。从 1986 年 11 月起,在一系列部门允许从事个体劳动。为了加强劳动纪律,一场反酗酒的斗争开展起来。事实上经济改革几乎没有带来任何现实结果。相反,许多措施,其中包括有名的“反酗酒运动”,还使国家经济蒙受了损失,进一步加剧了衰退。

这时,一个表示更加深刻地改造现有体制的口号——“改革”被提出来。按照 1987 年夏天通过的《国营企业(联合公司)法》,

国营企业获得了更大的自主权。随后,又推行了租赁承包制,私营部门的活动范围扩大了。合作制企业、商店和餐馆开始出现。从 1988 年春天起,对外贸易活动的自由化开始。

然而,经济中启动的改革事实上一个也没有贯彻到底。改革只是动摇了旧的管理体制。国民经济陷入混乱之中,苏联人的生活水平急剧下降。工业生产的增长指标不断下滑。1989 年,达到零点水平。1991 年上半年,又降了 10 个百分点。与巨大的预算赤字相伴随,通货膨胀不断加剧。原因有二:一是戈尔巴乔夫的改革不连续和不周密。二是腐败体制、影子经济和官僚机构竭力阻挠。不断恶化的经济状况激起了人民的不满。

在经济改革受挫的情况下,戈尔巴乔夫决定利用政治改革来克服旧体制的阻力。1987 年 1 月,一种借助大众传媒公开讨论尖锐经济和政治问题的政策——“公开性”出台。“公开性”政策的主要内容是重新审视历史。1988 年,几乎被斯大林镇压的所有政治和社会活动家都得到平反。各种文学、艺术和哲学作品,其中包括俄罗斯境外文学作品的禁令被解除。“公开性”涉及精神生活的各个领域。然而,一股无法扼制的消极和批判信息洪流在社会上引起思想分歧,对许多苏联人造成了精神创伤。

随着“公开性”的发展,社会上出现的各种自发状况变得越来越难以控制。从 1988 年起,各种非正式组织和团体迅速发展起来。其中,许多组织结成联盟和人民阵线等,提出了各种各样的政治口号。在苏联各加盟共和国,民族主义运动发展得尤为活跃。“公开性”加剧了各政治、社会、民族和团体利益的激烈冲突。

1988 年夏,苏共第 19 次党代会提出改变社会的政治结构。改革的政治目标是将政权由苏共转向苏维埃。1989 年 5 月,按照新的体制进行了苏联最高苏维埃的选举。举行了人民代表大会。苏共的影响和威望急剧下降。执政党的队伍发生分裂。退党成为大规模的行为——从 1985 年到 1991 年夏天,苏联共产党的人数由 2 100 万降至 1 500 万。1990 年 3 月，苏联人民代表大会非常会议取消了规定一党制体制的宪法第 6 条。在这次会议上，戈尔巴乔夫当选为苏联首任总统。

第二节 “新思维”

在国内改革开始后，戈尔巴乔夫同时在“新思维”的旗帜下采取一系列步骤来改变苏联的对外政策。1987 年，戈尔巴乔夫在《改革与新思维》一书中宣称，“全人类的价值高于阶级的价值”。确定了新的对外政策的三个基本方向：通过裁军实现同西方关系的正常化，缓和地域冲突，放弃社会主义阵营国家优先的做法，积极发展同各个国家的政治和经济交往。

苏联领导层竭力通过同美国裁军谈判的途径来缓和同西方的关系。1987 年，苏美之间签署了战后第一个裁军条约。1991 年，戈尔巴乔夫与乔治・布什签署了削减战略性进攻武器的条约。1989 年，苏联放弃对阿富汗内政的干涉并从那里撤走军队。这就为苏中之间恢复对话提供了可能性。对于中国来说，苏联终止(对阿富汗的)军事干涉成为两国实现关系正常化的三个条件之一。另外两个条件涉及到苏联在中苏边界上军队数量的削减和受苏联支持的越南军人从柬埔寨撤出。1986 年 7 月 28 日，戈尔巴乔夫在海参崴发表的讲话表达了改善苏中关系的愿望，重申关系正常化的障碍很快将被消除。1989 年 5 月，戈尔巴乔夫对中国的访问成为中华人民共和国和苏联之间确定关系正常化的重要步骤。

苏联的危机和戈尔巴乔夫的退让，以及自 1989 年开始的苏军从阿富汗的撤离在东欧国家引起了连锁反应。1989 年—1990 年间，东欧多数国家发生了政权更替。新政府的政策急剧地偏离苏联并转向西方。1990 年，在群众的压力下，柏林墙被拆除，东、西德完成了统一。1991 年,经互会(6 月 28 日)和华沙条约组织(7 月 1 日)被撤销。东欧社会主义阵营瓦解。随之,冷战也终止了。

第三节 社会矛盾的加剧

苏联国内民族关系的紧张早已存在。然而,外部压力不允许它显露出来。民主化和公开性政策导致了所有矛盾的表面化。1987 年 8 月 23 日,即 1939 年苏德条约签订纪念日,波罗的海三国首都举行了群众性的游行,这一事件成为"主权检阅"的开端。波罗的海沿岸地区的运动为其他加盟共和国提供了样板。被镇压的民族纷纷要求返回历史故地。乌克兰、格鲁吉亚、摩尔多瓦以及随后的其他共和国都提出了扩大民族权利和承认民族语言的国家地位等要求。许多历史问题,其中包括领土问题重新活跃起来。

处于关注中心的民族问题导致俄罗斯人与非俄罗斯人之间,以及长期睦邻相处的各个非俄罗斯民族之间的冲突加剧。如今,邻居成了仇人。民族冲突、洗劫和杀戮在全国各地发生。与纳戈尔诺—卡拉巴赫州相关的冲突(1988 年)发展得尤为激烈。这一冲突酿成亚美尼亚和阿塞拜疆之间的真正战争。民族冲突削弱了中央的权力并且使离心倾向不断加强。

苏联离心倾向的发展自然触及到俄罗斯(俄罗斯苏维埃联邦社会主义共和国)本身。自 80 年代末起,在俄罗斯民主化和公开性的氛围中,前苏共政治局委员、戈尔巴乔夫的反对派鲍·叶利钦的威信越来越高。1990 年夏,在苏共最后一次——第 28 次代表大会上,叶利钦退党,这一举动大大削弱了苏共的阵地。他成为自由民主力量的一个新引力中心。自由民主力量对俄罗斯联邦的社会情绪产生了越来越大的影响。

1990年6月12日,俄罗斯苏维埃联邦社会主义共和国第一次人民代表大会宣布俄罗斯为主权国家。后来,这一天被宣布为国家节日——独立日(今俄罗斯日)。整整一年以后,1991年6月12日,叶利钦当选为俄罗斯第一任总统。叶利钦与戈尔巴乔夫之间的对抗表明,国家实际上出现了两个政权并存的局面。在经济危机的情况下,俄罗斯通过了"500天计划",宣布率先转向市场,不再等待苏联最高苏维埃做出相关决定。俄罗斯苏维埃联邦社会主义共和国通过了一系列不符合苏联法律的法规。这样,俄罗斯同中央之间、两个总统——叶利钦和戈尔巴乔夫之间的矛盾越来越激化。

第四节 苏联的终结

1990年夏、秋之交,人人都清楚,"改革"政策遭到了失败。市场经济一直没有运转起来。经济形势不断恶化,中央权力正在削弱,罢工、集会、游行浪潮遍及全国。局势要求政策发生决定性的改变。然而,中央并不急于做这件事。

为了解决民族问题,还在1988年,波罗的海沿岸地区的人民阵线就提出了签署新联盟条约的思想。但是,这一建议没有得到国家领导层的支持。于是,在1991年,这些共和国相继宣布自己的主权独立。当每个共和国都将自己的法律置于联盟法律之上时,一场"法律战"爆发了。

在政治失利的情况下,戈尔巴乔夫摇摆到保守派一边。后者曾试图通过强力手段来"挽救"国家。克格勃的秘密活动加强了,其中包括煽动民族冲突。在同离心倾向斗争的过程中,第比利斯(1989年)和巴库(1990年)都使用了军事力量。1991年1月,立陶宛和拉脱维亚发生了利用军队和克格勃力量来发动政变的尝试。这些使形势更加恶化。戈尔巴乔夫时而从一方转向另一方,时而作为"观察家"凌驾于各派之上。他的动摇和矛盾既没能赢得左派的欢心,也没能使右派满意。戈尔巴乔夫的政治命运已成定局。

作为国家总统,戈尔巴乔夫的命运同苏联的命运紧密相连。1991 年 3 月 17 日,苏联就是否保留联盟举行全民公决,多数人对此持肯定态度。戈尔巴乔夫匆忙同 9 个加盟共和国的领导人就签署新联盟条约进行谈判。新联盟原则给各共和国以更大的权力,这一点引起保守派的不满。

在条约签署前夕,1991 年 8 月 19 日,保守势力成立了苏联国家紧急状态委员会,将国家权力掌握在自己手中。在宣布正在克里木休假的戈尔巴乔夫"因健康状况不能履行自己的职务"之后,国家紧急状态委员会公布了恢复国家秩序和阻止苏联崩溃的意图。坦克开进了莫斯科。以叶利钦为首的俄罗斯领导层拒绝承认紧急状态委员会并号召人民起来保卫民主和白宫(现为俄罗斯政府所在地)。国家紧急状态委员会遭到人民的积极抵制,总共存在了三天。8 月 21 日晚,戈尔巴乔夫返回莫斯科。然而,真正的赢家并不是他,而是叶利钦。

未遂的国家政变尝试急剧加速了苏联的解体。在国家紧急状态委员会垮台后,立刻又有 8 个加盟共和国宣布独立。1991 年 9 月,戈尔巴乔夫签署了承认波罗的海三国退出苏联的法令。恢复新联盟条约签署工作的一切努力均告失败。1991 年 12 月 8 日,在明斯克近郊举行了俄罗斯、乌克兰和白俄罗斯总统的会晤。他们指出"苏联不再存在",从而签署了成立独联体(独立国家联合体)的《别洛维日协议》。1991 年 12 月 21 日,在阿拉木图会晤中,又有 8 个加盟共和国(除波罗的海沿岸各共和国和稍后加入的格鲁吉亚外)加入独联体。1991 年 12 月 25 日,戈尔巴乔夫宣布因国家本身不存在而辞去苏联总统职务。克里姆林宫上空带有镰刀和斧子的红旗降下,俄罗斯三色旗升起。苏联不复存在。

Тесты по истории России
(俄罗斯历史测试题)

Билет №1

1. Выберите правильные ответы. (选择正确的答案。**30 баллов**)

1) Восточные славяне — предки современных ________.
(东斯拉夫人是当代________人的祖先。)

А. русских, украинцев и белорусов

Б. болгар, сербов и хорватов

В. поляков, чехов и словаков

Г. венгров, румын и албанцев

2) ________ Русь приняла христианство из Византии.
(________,罗斯从拜占庭接受了基督教。)

А. В девятом веке　　Б. В конце десятого века

В. В двенадцатом веке　　Г. В 1240 году

3) Основателем Москвы был ________. (莫斯科的创立者是________。)

А. Дмитрий Донской　　Б. Иван Калита

В. Александр Невский　　Г. Юрий Долгорукий

4) К ________ и ________ присоединились западные и юго-западные земли бывшей Руси в 13-15 гг. (13—15世纪,西部和西南罗斯并入下列两个国家:________和________。)

А. Литве, Польше　　Б. Литве, Болгарии

В. Чехии, Польше　　Г. Литве, Моравии

5) Нерчинский договор установил границу между Россией и ________.
(《尼布楚条约》确定了俄罗斯与________之间的边界。)
А. Польшей Б. Японией В. Кореей Г. Китаем

6) В результате ________ войны Россия получила первый выход к морю — выход к Балтийскому морю. (在________战争后,俄国得到了第一个出海口——波罗的海出海口。)
А. Ливонской Б. Северной
В. русско-французской Г. Крымской

7) Антифеодальное движение на Украине в 1648 г. возглавил ________.
(1648 年爆发的乌克兰反封建运动是由________领导的。)
А. Степан Разин Б. Богдан Хмельницкий
В. Емельян Пугачев Г. Иван Болотников

8) Московский государственный университет носит имя Михаила Васильевича Ломоносова, потому что ________. (莫斯科大学以米·罗蒙诺索夫的名字而命名,因为________。)
А. он основатель этого университета
Б. он учился в этом университете
В. он был профессором этого университета
Г. он был первым русским ученым

9) Среди русских мыслителей ________ призывали восстановить старые обычаи и порядки России, существовавшие до реформы Петра I. (在俄国思想家中,________号召恢复彼得一世改革以前的俄国旧礼仪和秩序。)
А. западники Б. славянофилы
В. народники Г. марксисты

10) С ________ года в России был введен юлианский календарь.
(俄国从________年开始推行儒略历。)
А. 1789 Б. 1700 В. 1713 Г. 1918

11) Царствование ________ считается "золотым веком" дворянства в России.
(________统治时期被称作俄国贵族的"黄金时代"。)
А. Петра I Б. Екатерины I
В. Екатерины II Г. Александра I

12) В 1812 году в России произошла Отечественная война против нашествия ________. (1812 年,俄国爆发了一场反对________入侵的卫国战争。)
А. Турции Б. Польши В. Швеции Г. Франции

13) Главнокомандующим войск России во время Отечественной войны 1812 г. был ________. (在 1812 年卫国战争期间,俄国的陆军统帅是________。)
А. А. В. Суворов Б. М. И. Кутузов
В. Г. К. Жуков Г. В. И. Чуйков

14) ________ считается первым русским интеллигентом.
(________被称作俄国第一位知识分子。)
А. А. Н. Радищев Б. А. С. Пушкин
В. П. Я. Чаадаев Г. А. И. Герцен

15) Крепостное право в России было отменено в ________ году.
(________年,俄国农奴制度被取消。)
А. 1825 Б. 1853 В. 1870 Г. 1861

16) Последним императором России был ________. (俄国末代皇帝是________。)
А. Александр II Б. Николай I

В. Николай II　　Г. Александр III

17）Октябрьская революция произошла в Петрограде ________ по новому стилю.
（公历________，彼得格勒发生了十月革命。）
А. в октябре 1905 г.　　Б. в ноябре 1917г.
В. в октябре 1917 г.　　Г. в ноябре 1907г.

18）После ________ и ________ договоров свыше миллиона кв. км территории Китая присоединилось к России.
（在________和________条约签订后，中国有 100 多万平方公里的土地被并入俄国版图。）
А. Айгунского，Тяньцзиньского
Б. Айгунского，Пекинского
В. Тяньцзиньского，Пекинского
Г. Айгунского，Илийского(1881)

19）После Крымской войны Россия лишилась права иметь военный флот на ________.
（克里木战争后，俄国失去了在________拥有海军舰队的权利。）
А. Балтийском море　　Б. Азовском море
В. Черном море　　Г. Белом море

20）С марта ________ года Москва стала столицей Советской России.
（从________年 3 月起，莫斯科成为苏俄的首都。）
А. 1917　Б. 1918　В. 1919　Г. 1924

21）В конце ________ годов 20 века неграмотность в СССР была в основном ликвидирована.（20 世纪________年代末，苏联基本上扫除了文盲。）
А. 20　Б. 30　В. 40　Г. 50

22) Брестский мир был подписан между Советской Россией и ________.
(《布列斯特和约》是苏俄同________签订的。)
А. Японией Б. Германией
В. Италией Г. Польшей

23) ________ является одним из крупнейших всенародных праздников России — День победы.
(________月________日是俄罗斯最大的节日之一——胜利日。)
А. 23 февраля Б. 7 мая В. 9 мая Г. 2 сентября

24) Началом “оттепели” стал секретный доклад Хрущева в ________ году.
(赫鲁晓夫于________年所做的秘密报告被称作“解冻”的开端。)
А. 1953 Б. 1954 В. 1955 Г. 1956

25) Диссидентство в СССР возникло в конце ________ годов.
(苏联的持不同政见运动产生于________年代末。)
А. 50 Б. 60 В. 70 Г. 80

26) В ________ году советский космонавт Юрий Гагарин совершил первый в истории человечества полет в космос.
(________年,苏联宇航员尤里·加加林完成了人类历史上首次宇宙飞行。)
А. 1957 Б. 1960 В. 1961 Г. 1962

27) Первым и последним президентом СССР был ________.
(苏联首任和末任总统是________。)
А. К. Черненко Б. М. Горбачев
В. Б. Ельцин Г. В. Путин

28) СССР существовал всего ________ лет.（苏联总共存在了________年。）

А. 74　Б. 71　В. 70　Г. 69

29) "Холодная война" началась после ________.（"冷战"开始于________之后。）

А. Второй мировой войны

Б. создания НАТО

В. разделения Германии на ФРГ и ГДР

Г. венгерских событий

30) Среди советских лидеров ________ был лауреатом Нобелевской премии Мира.
（在下列苏联领导人中，________是诺贝尔和平奖的得主。）

А. Н. Хрущев　Б. Л. Брежнев

В. Ю. Андропов　Г. М. Горбачев

2. Переведите следующие словосочетания на китайский язык.（将下列词组译成汉语。9 баллов）

Путь "из варяг в греки"　"Повесть временных лет"

Смутное время　Великое посольство

Российская империя　культурная революция

Ленинградская блокада　культ личности

династия Рюриковичей

3. Назовите лиц, события и даты по следующим признакам.
(按下列特征说出人名、事件和日期。15 баллов)

1) Он был молодым новгородским князем 13-го века. В 1240 г. и 1242 г. русские воины во главе с этим талантливым полководцем разбили шведов и немцев и прогнали их на море. Таким образом северо-западные границы Руси были спасены. За этот подвиг позднее русская православная церковь признала его святым. Его считали покровителем русских воин. Во время Великой Отечественной войны по указанию Сталина был учрежден воинский орден по его имени.
(他是13世纪一位诺夫哥罗德的王公。1240年和1242年，罗斯军队在这位天才指挥官的领导下，打败了瑞典人和日尔曼人并把他们赶到海外。这样，罗斯西北部边境获得拯救。由于他出色的业绩，后来东正教会把他奉为圣人。他被视为俄国军队的庇护神。卫国战争期间，斯大林以他的名字设立军事勋章，专门奖励那些英勇善战的指挥官。)

2) Царское правительство, сознавая невозможность удержать Аляску под своей властью, решило продать ее американскому правительству. По русско-американскому договору США приобрели у России Аляску с близлежащими Алеутскими островами за 7200 тысяч долларов. В каком году был подписан этот договор в Вашингтоне?
(沙皇政府在意识到无力控制阿拉斯加以后，决定将它卖给美国。按照俄美条约，美国以720万美元的价格购买了阿拉斯加及其附近的阿留申群岛，请指出，哪一年在华盛顿签署了该条约?)

3）С сентября 1814 г. по июнь 1815 г. состоялся Венский конгресс в столице Австрии. Конгресс был созван союзниками после разгрома наполеоновской империи. Его важнейшей задачей было восстановление феодальных порядков и прежних династий в государствах Европы，завоеванных Наполеоном I，борьба с революционными движениями. После конгресса по инициативам русского，прусского и австрийского монархов образовалась реакционная организация，где ведущую роль играла Россия и ее император Александр I. Как называется эта реакционная организация?
（1814 年 9 月—1815 年 6 月，在奥地利首都召开了由反对拿破仑帝国的同盟国参加的维也纳会议。会议的主要任务是恢复欧洲的封建制度并在拿破仑占领的国家里恢复往日的王朝，同革命作斗争。会议结束后，按照俄、普、奥君主的倡议，成立了一个反动组织，俄国及其皇帝亚历山大一世在这个组织中起了主导作用。这个反动组织的名称是什么？）

4）В 1853-1856 гг. между Россией и Турцией произошла война за господством на Ближнем Востоке. Но с февраля 1854 г. России пришлось вести войну с коалицией государств，в которую помимо Турции входили Великобритания，Франция и др. Положение России было тяжелым，так как она оказалась не готова к боевым действиям. 18 марта 1856 г. в Париже был подписан Парижский мирный договор，по которому Россия потеряла часть территории на юге и лишилась права иметь военный флот на Черном море. Война закончилась поражением России. Как называется эта война?
（1853 年—1856 年，俄国和土耳其之间发动了一场争夺对近东控制权的战争。战争很快发展成为俄国同英法等许多国家的国际战争。俄国的形势十分严峻,战争准备不足。1856 年 3 月 18 日,交战国在巴黎签订和约。据此,俄国失去了南方的部分领土,还失去了在黑海拥有舰队的权利,战争以俄国的失败而告终,这场战争的名字是什么?)

5) Он был князем Смоленским, генерал-фельдмаршалом (1812), много раз участвовал в русско-турецких войнах, был главнокомандующим в Отечественную войну 1812 г., возглавил известную Бородинскую битву. Под его командованием русская армия вступила в пределы Западной Европы в январе 1813 г. Назовите фамилию и имя этого полководца.
[他曾经是斯摩棱斯克的一位公爵,大将(1812 年),多次参加过俄土战争,是 1812 年卫国战争的统帅,领导了著名的博罗季诺战役。在他的指挥下,俄国军队越出国界,于 1813 年 1 月到达了西欧。指出这位统帅的姓名。]

4. Исправьте ошибки.(改错。12 баллов)

1) Под руководством князя Дмитрия в 1380 году русское войско разбило татар на Куликовом поле у реки Днепра.
(1380 年,王公德米特里率领罗斯军队在第聂伯河畔的库里科沃原野上大败鞑靼人。)

2) Из феодалов в России бояре поддержали централизацию власти.
(在俄国的封建主中,世袭贵族支持中央集权。)

3) “Русская правда” была написана Пестелем “Северного общества”.

（《俄国法典》是由“北方协会”的领导人彼斯捷尔写成的。）

4）После реформ Петра I русские крестьяне юридически стали свободными.

（彼得一世改革后，俄国农民在法律上成为自由人。）

5）В 1242 году русское войско под руководством Александра Невского разбило шведских феодалов на льду Чудского озера.

（1242年，罗斯军队在涅瓦王亚历山大的指挥下，在楚德湖冰面上击败瑞典封建主。）

6）Чтобы получить выход к Балтийскому морю，Иван IV начал Северную войну.（为了夺取波罗的海出海口，伊凡四世发动了北方战争。）

5. Объясните смыслы следующих слов и словосочетаний.

（解释下列词和词组的含义。24 балла）

1）закон о Юрьевом дне（尤利节法令）

2）опричнина（特辖制）

3）Богдан Хмельницкий（鲍格丹·赫梅利尼茨基）

4）Декрет о мире（和平法令）

5）Новая экономическая политика（新经济政策）

6）Стахановское движение（斯达汉诺夫运动）

6. Расскажите о главных мероприятиях реформ Петра I и об их историческом значении.

（试述彼得一世改革的主要措施及其历史意义。10 баллов）

Билет №2

1. Заполните пропуски.(填空。45 баллов)

1) В истории России существовали две династии: ________ и ________.
(俄国史上存在过两个王朝,它们分别是________王朝和________王朝。)

2) Основателями славянской письменности были ________.
(斯拉夫文字的创始人是________。)

3) В конце ________ века завершилось объединение русских земель в единое централизованное государство "Россия".
(________世纪末,统一的中央集权制国家——俄罗斯形成。)

4) В 1612 г. Москва была освобождена от польских интервентов под руководством ________ и ________.
(1612 年,在________和________领导下,莫斯科从波兰干涉者手中获得解放。)

5) Первым указом закрепощения русских крестьян считается ________, он был опубликован в ________ году. Формирование крепостничества в России завершилось ________ в 1649 г.
(俄国农民农奴化的第一个法令是________,它颁布于________年。1649 年颁布的________成为俄国农奴制最终形成的标志。)

6) В ________ году, после ________ войны, Россия стала империей.
(________年,在________战争之后,俄罗斯成为帝国。)

7) Конец 19-го века и начало 20-го века называются ________ веком русской культуры. (19 世纪末—20 世纪初被称作俄国文化的"________时代"。)

8) ________ был руководителем крупнейшей крестьянской войны в истории России. Война произошла в ________ веке. (俄国史上最大的农民战争的领导人是________,战争发生在________世纪。)

9) После Февральской революции 1917 года в России сложилось ________, власть попала в руки Временного правительства.
(1917 年二月革命后,俄国形成了________局面,政权落到临时政府手中。)

10) В 1867 г. Россия продала Аляску и Алеутские острова ________(какой стране?).
(1867 年,俄国将阿拉斯加和阿留申群岛卖给________国。)

11) Первая аграрная политика и первая национальная политика Советской России были установлены в ________ и ________ соответственно.
(苏俄第一个土地政策和第一个民族政策分别在________和________中得到确定。)

12) Во время Гражданской войны в 1919 году Красная Армия разгромила наступления войск белогвардейцев во главе с ________ с востока, ________ с запада, ________ с юга и ________ с севера.
(1919 年,即在内战的关键性阶段,红军打退了白卫分子________将军从东部、________将军从西部、________将军从南部和________将军从北部发起的联合攻势。)

13) В 1921 г. Советская Россия завершила переход от политики военного коммунизма к ________.
(1921 年,苏俄完成了从战时共产主义政策向________的转变。)

14) На 14-ом съезде ВКП(б) 1925 г. был взят курс на ________.
(1925 年, 联共(布)第 14 次代表大会通过了________的方针。)

15) Массовые репрессии под руководством Сталина произошли в ________ годы и после Великой Отечественной войны. Дело еврейских врачей является огромной трагедией во время ________ репрессии.
(斯大林时期的两次大清洗运动分别发生在________年代和卫国战争胜利后,其中"犹太医生案"是发生在第________次清洗中的一大悲剧。)

16) В 1940 г. члены СССР достигли до 15. В этом году ________, ________, ________ и ________ вошли в состав СССР. Бессарабия и Северная Буковина относятся к ________ и ________ СНГ.
(1940 年,苏联的成员国增至 15 个。这一年加入苏联的国家分别是________、________、________和________。其中,比萨拉比亚和北布科维纳地区分别属于当今独联体的________和________两个国家。)

17) ________ гитлеровская Германия вторглась на территорию СССР, так и началась Великая Отечественная война.
(________年________月________日,希特勒德国进攻苏联,自此苏联史上的卫国战争开始。)

18) ________ и ________ битвы играли переломную роль во время Второй мировой войны.

（苏联卫国战争时期的两次战役——________和________是第二次世界大战中具有转折意义的战役。）

19）4-11 февраля 1945 г. состоялась ________ конференция между СССР, США и Англией. На ней были согласованы условия для вступления СССР в войну против ________.
（1945年2月4日—11日，苏、美、英三国首脑举行了________会议，旨在讨论苏联向________宣战的条件。）

20）В ________ году Черчилль выступил с речью в Фултоне, его выступление раскрыло занавес конфронтации между США и СССР. С тех пор мир делился на 2 полюса. Началась "________" в мировой истории.
（________年，丘吉尔的富尔敦讲话揭开了美苏两个大国对抗的序幕。此后，世界分为两极，世界历史进程中出现了"________"时期。）

21）4 апреля 1949 г. по инициативе США был организован военно-политический союз западных стран мира — ________. В ответ на его создание был оформлен ________ (1955) между СССР и странами Восточной Европы.
（1949年4月4日，按照美国的倡议，西方国家组成的军事政治集团——________成立。作为对该组织成立的回复，1955年，苏联和东欧国家成立了________。）

22）Ухудшение отношений между СССР и Китаем началось при советской главе ________. Самые напряженные отношения обеих стран произошли при советской главе ________. В ________ году завершилась нормализация отношений между двумя странами.
（中苏关系的恶化从苏联领导人________执政时期开始，两国关系最紧张的阶段当属苏联领导人________执政时期，中苏关系的正常化在________年实现。）

23）Эпоха Брежнева называется периодом “________”.

（勃列日涅夫时期被称作“________”时期。）

2. Выберите правильные ответы.（选择正确的答案。18 баллов）

1）Киевская Русь была образована в ________ году.（基辅罗斯形成于________年。）

А. 862　　Б. 882　　В. 988　　Г. 1237

2）Под ________ игом более 240 лет находилась Северо-Восточная Русь.

（东北罗斯在________的桎梏下存在了240多年。）

А. ливонским　　Б. татаро-монгольским

В. польским　　Г. французским

3）Первым русским царем был ________.（俄国首任沙皇是________。）

А. Ярослав Мудрый　　Б. Петр I

В. Иван IV　　Г. Александр I

4）Храм Христа Спасителя в Москве был построен в честь победы русских войск над ________.

（位于莫斯科的救世主大教堂是为庆祝俄国军队同________战争的胜利而修建的。）

А. Крымским ханством

Б. польскими интервентами（波兰干涉军）

В. французскими войсками

Г. гитлеровцами（希特勒匪徒）

5）В середине 19 в. в русском общественном движении большую роль стали играть ________.

(19世纪中叶，________在俄国社会运动中发挥了巨大的作用。)

А. западники Б. славянофилы

В. разночинцы Г. пролетариаты

6) ________ договор между Россией и Китаем был подписан в 1858 году.

(俄中两国间的________条约签署于1858年。)

А. Пекинский Б. Тяньцзиньский

В. Нерчинский Г. Айгунский

7) ________ первым начал пропаганду марксизма в России.

(________是第一位在俄国传播马克思主义思想的人。)

А. В. И. Ленин Б. Г. В. Плеханов

В. П. Н. Ткачёв Г. П. Л. Лавров

8) Александр II был убит ________. (亚历山大二世是被________杀害的。)

А. марксистами Б. западниками

В. славянофилами Г. народниками

9) Русско-японская война 1904-1905 гг. проходила ________.

(1904年—1905年的俄日战争发生在________。)

А. на Севере-Востоке Китая и в Корее

Б. на территории России

В. в Монголии

Г. на территории Японии

10) ________ является одним из выдающихся композиторов серебряного века России.

(________是俄国白银时代最杰出的作曲家之一。)

А. А. Блок Б. В. Маяковский

В. Ф. Шаляпин Г. С. Рахманинов

11）Среди самобытных русских философов серебряного века России можно назвать ________.（________堪称俄国白银时代独特的哲学家。）

А. С. Н. Булгакова，С. Л. Франка и Н. А. Бердяева

Б. С. Н. Булгакова，С. Л. Франка и И. Левитана

В. Н. А. Бердяева，С. Н. Булгакова и И. А. Бунина

Г. С. Н. Булгакова，Н. А. Бердяева и Г. С. Рахманинова

12）Григорианский календарь，то есть новый стиль был введен в Советской России с ________ года.（苏俄从________年开始推行格列高利历，即公历。）

А. 1700　Б. 1917　В. 1918　Г. 1924

13）Московский метрополитен открыл движение в ________ году.

（________年，莫斯科地铁通车。）

А. 1931　Б. 1933　В. 1935　Г. 1937

14）Победа под ________ означала провал “молниеносной войны”.

（________战役的胜利宣告了“闪电战”计划的破产。）

А. Москвой　Б. Минском

В. Киевом　Г. Сталинградом

15）Самым талантливым полководцем во время Великой Отечественной войны СССР является маршал ________.（卫国战争时期，苏联最杰出的军事指挥是________元帅。）

А. Г. К. Жуков　Б. В. И. Чуйков

В. И. В. Сталин　Г. С. М. Буденный

16）2 октября ________ года СССР первым объявил о признании КНР.

(________年 10 月 2 日,苏联第一个承认中华人民共和国。)

А. 1949　　Б. 1950　　В. 1951　　Г. 1952

17) Лозунг "мирное сосуществование" был выдвинут (кем?) ________.

("和平共处"的口号是由________提出的。)

А. И. Сталиным　　Б. Н. Хрущевым

В. Л. Брежневым　　Г. М. Горбачевым

18) Горбачев предпринял шаг к изменению международной политики СССР под флагом "________".

(戈尔巴乔夫在"________"的旗帜下采取步骤,改变苏联的对外政策。)

А. гонки вооружений

Б. мирного сосуществования

В. нового мышления

Г. свободы и равенства

3. Переведите следующие слова и словосочетания на китайский язык.

(将下列词或词组译成汉语。7 баллов)

просвещенный абсолютизм　　дворцовый переворот

Гражданская война　　теневая экономика

гонка вооружений　　СНГ

СССР

4. Объясните следующие исторические события.（解释下列历史事件。20 баллов）

1）“Хождение в народ”（“到民间去”）

2）Восстание декабристов（十二月党人起义）

3）“Кровавое воскресенье”（“流血的星期日”）

4）Договор о ненападении между СССР и Германией（苏德互不侵犯条约）

5）“Оттепель”（“解冻”）

5. Дайте характеристику о трех волнах реформ СССР в 50-80 годах.

（评析苏联 50—80 年代出现的三次改革浪潮。10 баллов）

Билет №3

Выберите правильные ответы.（选择正确的答案。70 баллов）

1. В самом начале восточные славяне жили на Восточно-Европейской равнине — от ________ до Киева.

（起初，东斯拉夫人生活在东欧平原上，自________至基辅之间。）

А. Чудского озера　　Б. Ладожского озера

В. озера Ильменя　　Г. Белого озера

2. Киевская Русь образовалась в ________ веке.（基辅罗斯形成于________世纪。）

А. 8　Б. 9　В. 10　Г. 11

3. Первобытным верованием у восточных славян было（был）________.

（东斯拉夫人的原始宗教为________。）

А. язычество　　Б. христианство

В. ислам Г. шаманизм

4. При ________ Киевская Русь достигла своего расцвета.
(________在位期间,基辅罗斯达到了鼎盛。)
А. Святой Ольге Б. Святославе
В. Святом Владимире Г. Ярославе

5. "Русская Правда" это — ________. (《罗斯法典》是________。)
А. первый свод законов на Руси
Б. первое литературное произведение в истории России
В. первая летопись на Руси
Г. первый сборник сказок в истории России

6. ________ лет длилось татаро-монгольское иго в истории России.
(在俄罗斯历史上,鞑靼蒙古桎梏持续了________年。)
А. 100 Б. 200 В. 240 Г. 480

7. Москва была основана в ________ году. (莫斯科创建于________年。)
А. 988 Б. 882 В. 1147 Г. 1206

8. Объединение русских земель довел до конца ________.
(________完成了罗斯土地的兼并。)
А. Иван Калита Б. Иван III
В. Василий III Г. Иван IV

9. Теория "Москва-Третий Рим" сложилась в годы правления ________.
(________统治时期,"莫斯科—第三罗马"的理论形成。)
А. Ивана Калиты Б. Ивана III
В. Ивана IV Г. Василия III

10. В ________ году московский митрополит получил высший титул патриарха.
(________年,莫斯科都主教获得了牧首的最高尊号。)
А. 1589　　Б. 1594　　В. 1613　　Г. 1649

11. Кто из русских царей первым начал войну за выход к морю?
(俄罗斯哪位沙皇最先开始了争夺出海口的战争?)
А. Александр Невский　　Б. Дмитрий Донской
В. Петр I　　Г. Иван IV

12. Среди русских феодалов ________ поддерживают централизацию власти.
(在俄国的封建主中,________支持中央集权。)
А. бояре　　Б. дворяне
В. князья　　Г. аристократы

13. При ________ Россия стала государством, которое расположено в Евразии.
(________在位期间,俄国成为一个横跨欧亚的国家。)
А. Иване Калите　　Б. Иване III
В. Василии III　　Г. Иване IV

14. Освободителями Москвы называются ________. (________被称作莫斯科的解放者。)
А. Борис Годунов и Василий Шуйский
Б. Лжедмитрий I и Лжедмитрий II
В. Кузьма Минин и Дмитрий Пожарский
Г. Иван Сусанин и Дмитрий Пожарский

15. Самым мощным народным выступлением России 17 в. стало восстание казаков и крестьян под руководством ________.
(由________领导的哥萨克和农民起义是俄国 17 世纪规模最大的民间反抗行动。)

А. Степана Разина Б. Ивана Болотникова

В. Емельяна Пугачева Г. Ивана Сусанина

16. По указу ________1597 г. срок сыска убежавших крестьян стал 5 лет.

(依照 1597 年颁布的________令,寻找逃亡农民的期限变为 5 年。)

А. о Юрьевом дне Б. о заповедных летах

В. об урочных летах Г. о бессрочном сыске

17. В ________ году Украина воссоединилась с Россией. (________年,乌克兰并入俄国。)

А. 1651 Б. 1653 В. 1654 Г. 1686

18. После реформы Никона верующие русской православной церкви стали креститься ________.(尼康改革以后,俄国东正教会的教徒们开始以________的方式划十字。)

А. одним перстом Б. тремя перстами

В. двумя перстами Г. пятью перстами

19. В марте ________ года Великое посольство во главе с Петром I выехало из Москвы в Европу. (________年 3 月,以彼得一世为首的大使团从莫斯科出发,出访欧洲。)

А. 1695 Б. 1696 В. 1697 Г. 1698

20. Первый выход к морю в истории России — это выход к ________ морю.

(________出海口是俄国的第一个出海口。)

А. Черному Б. Азовскому

В. Белому Г. Балтийскому

21. Русский морской флот создался при ________.

(俄国海军舰队是在________时期建立的。)

А. Петре I Б. Михаиле Романове

В. Иване IV　　Г. Екатерине II

22. Высшим органом власти России после реформ Петра I стал (стала)________.
(彼得一世改革以后，________成为俄国的最高权力机构。)
А. Земский собор　　Б. Боярская Дума
В. Избранная Рада　　Г. Сенат

23. Санкт-Петербург был основан по имени ________.(圣彼得堡是以________的名字创立的。)
А. Петра I　　Б. Святого Петра из Библии
В. Петра II　　Г. Петра III

24. Главное произведение А. Радищева — это "________".
(《________》是亚·拉季舍夫的主要作品。)
А. Путешествие из Петербурга в Москву
Б. Путешествие из Москвы в Петербург
В. Кто виноват?
Г. Что делать?

25. Грузия и Азербайджан присоединились к России в первой половине ________ века.
(________世纪上半叶，格鲁吉亚和阿塞拜疆并入俄国版图。)
А. 16　　Б. 17　　В. 18　　Г. 19

26. Бородинское сражение произошло во время ________ войны 1812 г.
(博罗季诺战役发生在 1812 年________战争期间。)
А. русско-турецкой　　Б. русско-шведской
В. русско-французской　　Г. русско-польской

27. Северное общество выступило за создание ________ в России.
(北方协会主张在俄国建立________。)
А. конституционной монархии
Б. республики
В. капитализма
Г. социализма

28. Россия получила прозвище “жандарма Европы” после ________.
(________之后,俄国获得了“欧洲宪兵”的绰号。)
А. создания Священного союза
Б. Великой Французской революции
В. разделов Польши
Г. подавления венгерских восставших

29. После Крымской войны Россия лишилась права иметь военный флот на ________.
(克里木战争后,俄国失去了在________拥有海军舰队的权利。)
А. Балтийском море　　Б. Азовском море
В. Черном море　　Г. Каспийском море

30. Главным редактором журнала России “Колокол”, напечатанного в Лондоне, был ________.
(在伦敦印刷出版的《钟声》杂志的主编是________。)
А. В. Белинский　　Б. Н. Чернышевский
В. Г. Плеханов　　Г. А. Герцен

31. Реформы Александра II дали толчок развитию ________ в России.
(亚历山大二世的改革为俄国________的发展提供了动力。)

А. феодализма Б. крепостничества

В. капитализма Г. социализма

32. В ________ году было открыто движение по железной дороге от Петербурга до Москвы.

(________年,自彼得堡至莫斯科的铁路开始通车。)

А. 1840 Б. 1850 В. 1861 Г. 1851

33. В середине 19 в. в русском общественном движении большую роль стали играть ________.(19 世纪中叶,在俄国社会运动中,________发挥了巨大的作用。)

А. западники Б. славянофилы

В. пролетариаты Г. разночинцы

34. Первым пропагандистом марксизма в России был ________.

(在俄国,第一个传播马克思主义的人是________。)

А. В. И. Ленин Б. Г. В. Плеханов

В. А. И. Герцен Г. Л. Мартов

35. Во 2-й половине 19в. идеи ________ оказывали значительное влияние на внешнюю политику России на Балканах.

(19 世纪下半叶,________思想对俄国在巴尔干的外政产生了相当重要的影响。)

А. панславизма Б. западничества

В. славянофильства Г. шовинизма

36. После ________ и ________ договоров свыше миллиона кв. км территории Китая присоединилось к России.

(在________和________条约签订后,中国有 100 多万平方公里的领土被并入俄国版图。)

А. Айгунского, Тяньцзиньского

Б. Айгунского, Пекинского

В. Тяньцзиньского, Пекинского

Г. Айгунского, Илийского

37. ________ 1905 г. Россия уступала Японии южную часть острова Сахалина и права на аренду Ляодунского полуострова.

(依照 1905 年________,俄国将库页岛南部以及对辽东半岛的租借权让给日本。)

А. По Портсмутскому миру

Б. По Парижскому миру

В. По Рижскому договору

Г. По Пекинскому договору

38. В "Манифесте ________" Николай II обещал дать народу демократические свободы и провести выборы в Думу.

(在《________宣言》中,尼古拉二世许诺给人民以民主自由并举行杜马选举。)

А. 19 февраля 1861 г. Б. 17 октября 1905 г.

В. 19 февраля 1905 г. Г. 17 октября 1861 г.

39. В 1914-1924 гг. Санкт-Петербург или Петербург назывался________.

(1914—1924 年,圣彼得堡或彼得堡被称作________。)

А. Петродворцом

Б. Петергофом

В. Ленинградом

Г. Петроградом

40. Штабом Петроградского вооруженного восстания в октябре 1917 г. (по старому стилю) стал ________.

[1917 年 10 月(旧历)彼得格勒武装起义的总部为________。]

А. Зимний дворец　　Б. Петергоф

В. Смольный　　Г. Екатеринский дворец

41. С 12 марта ________ года Москва стала столицей Советской России.

(自________年3月12日起,莫斯科成为苏俄的首都。)

А. 1917　Б. 1918　В. 1919　Г. 1922

42. Григорианский календарь (Новый стиль) был введен в России с ________ года.

[自________年起,俄国开始实行格列高利历(新历)。]

А. 1700　Б. 1917　В. 1918　Г. 1924

43. В годы Гражданской войны ________ царские генералы во главе с А. Деникиным создал Добровольческую армию.

(内战期间,以安·邓尼金为首的沙皇将军在________成立了自愿军。)

А. на юге　Б. на севере　В. на западе　Г. на востоке

44. ВЧК была создана для подавления ________.

(全俄肃反委员会是为镇压________而成立的。)

А. эсеров

Б. меньшевиков

В. иностранных шпионов

Г. контрреволюционеров

45. СССР образован 30 декабря ________ года. (苏联成立于________年12月30日。)

А. 1917　Б. 1918　В. 1920　Г. 1922

46. В конце 1925 г. на XIV съезде ВКП(б) был принят курс на ________.

[1925年末,联共(布)第14次代表大会通过了________的方针。]

А. индустриализацию

Б. коллективизацию

В. проведение первой пятилетки

Г. сплошную коллективизацию

47. Пятилетний план в СССР начался в ________ г.

(苏联的五年计划是从________年开始的。)

А. 1925　Б. 1927　В. 1928　Г. 1930

48. В конце ________ годов 20 века неграмотность в СССР была в основном ликвидирована.

(20 世纪________年代末，苏联基本上扫除了文盲。)

А. 20　Б. 30　В. 40　Г. 50

49. Московский метрополитен открыл движение в ________ году.

(莫斯科地铁于________年开始通车。)

А. 1928　Б. 1929　В. 1931　Г. 1935

50. В 1919 г. по инициативе Ленина был создан Коммунистический Интернационал (Коминтерн). Это — ________ Интернационал.

(1919 年，按照列宁的倡议成立了共产国际。它是第________国际。)

А. Первый　Б. Второй　В. Третий　Г. Четвертый

51. В 1940 г. в состав СССР входили 4 союзные республики: ________.

(1940 年，下列 4 个加盟共和国加入苏联：________。)

А. Эстония, Латвия, Литва и Молдавия

Б. Карелия, Эстония, Латвия и Литва

В. Молдавия, Украина, Белоруссия и Карелия

Г. Молдавия, Карелия, Белоруссия и Украина

52. Победа под ________ означала провал “молниеносной войны”.
(________近郊的胜利宣告了“闪电战”的破产。)
А. Москвой　　Б. Минском
В. Киевом　　Г. Сталинградом

53. ________ является одним из крупнейших всенародных праздников России — День победы.
(________是俄罗斯最大的全民节日之一——胜利日。)
А. 23 февраля　　Б. 7 мая
В. 9 мая　　Г. 2 сентября

54. На ________ конференции подтвердилась передача г. Кенигсберга (ныне Калининград) СССР.
[________会议决定将哥尼斯堡(今加里宁格勒)城转给苏联。]
А. Тегеранской　　Б. Ялтинской
В. Потсдамской　　Г. Генуэзской

55. Массовые репрессии под руководством Сталина, которые серьезно нарушали законодательство страны, произошли в ________ годы и после Великой Отечественной войны в ________ годы. (斯大林领导的大清洗运动破坏了国家法制,这些活动分别发生在________年代和卫国战争后的________年代。)
А. 20, 30　Б. 30, 40　В. 30, 50　Г. 30, 60

56. Началом “оттепели” стал секретный доклад Хрущева в ________ г.
(赫鲁晓夫于________年做的秘密报告成为“解冻”的开端。)

А. 1953 Б. 1956 В. 1955 Г. 1954

57. В ________ году в СССР был запущен первый в мире искусственный спутник Земли.
(________,苏联发射了世界上第一颗人造地球卫星。)
А. 1956 Б. 1957 В. 1959 Г. 1961

58. Диссидентство в СССР возникло с конца ________ годов.
(苏联的持不同政见运动始于________年代末。)
А. 50 Б. 60 В. 70 Г. 80

59. Перестройка в СССР началась с 1985 г. при ________.
(始于 1985 年的苏联改革是在________时期进行的。)
А. Л. Брежневе Б. Ю. Андропове
В. К. Черненко Г. М. Горбачеве

60. Объединение Западной и Восточной Германии совершалось в ________ году.
(东、西德国的合并于________年完成。)
А. 1988 Б. 1989 В. 1990 Г. 1991

61. Суверенитет РСФСР был провозглашен в ________ году.
(俄罗斯苏维埃联邦社会主义共和国于________年宣布为主权国家。)
А. 1989 Б. 1990 В. 1991 Г. 1993

62. СНГ образовался ________ 1991 года. (独联体成立于 1991 年________。)
А. 8 декабря Б. 21 декабря
В. 25 декабря Г. 30 декабря

63. 21 декабря 1991 г. на встрече в Алма-Ате еще ________ республик Советского Союза было присоединено к СНГ.
(1991 年 12 月 21 日,在阿拉木图会晤中,又有________个苏联共和国加入独联体。)

А. 4　　Б. 6　　В. 7　　Г. 8

64. 60-70 годы 20 века в истории России называются ________.
(在俄罗斯历史上，20 世纪 60—70 年代被称作“________”。)

А. периодом “оттепели”

Б. периодом “застоя”

В. периодом “перестройки”

Г. периодом “НЭПа”

65. В советское время рыночные отношения лучше всего развивались в ________.
(苏维埃时期，市场经济发展的最佳阶段为________。)

А. период индустриализации

Б. период “оттепели”

В. период перестройки

Г. период НЭПа

66. Массовое крещение Руси при Владимире состоялось на берегах реки ________.
(弗拉基米尔时期，罗斯大规模的受洗是在________河畔进行的。)

А. Волги　　Б. Невы　　В. Дона　　Г. Днепра

67. Первый полет пилотируемого корабля в космос в России совершился раньше, чем в Китае, на ________. (俄罗斯第一次载人飞船的飞行早于中国________年完成。)

А. 46 лет　　Б. 43 года　　В. 42 года　　Г. 40 лет

68. Декабристы по происхождению были, в основном, ________.
(从出身来看，十二月党人主要是________。)

А. молодыми казаками

Б. интеллигентами-разночинцами

В. молодыми офицерами из дворянских семей

Г. простыми горожанами

69. С 1952 г. правящая партия Советского Союза стала называться ________.

(从 1952 年起,苏联的执政党始称________。)

А. КПСС Б. ВКП(б) В. РКП(б) Г. РСДРП

70. Крестьянская община в России существовала вплоть до ________.

(俄国的农民村社一直存在到________为止。)

А. Октябрьской революции

Б. отмены крепостного права

В. реформы Столыпина

Г. реформ Петра I

Приложения(附录)

1. 俄罗斯历史测试题答案

试卷 1 答案

Ответы к билету №1

1. Выберите правильные ответы.（选择正确的答案。30 баллов）

1）А 2）Б 3）Г 4）А 5）Г 6）Б

7）Б 8）А 9）Б 10）Б 11）В 12）Г

13）Б 14）А 15）Г 16）В 17）Б 18）Б

19）В 20）Б 21）Б 22）Б 23）В 24）Г

25）А 26）В 27）Б 28）Г 29）А 30）Г

2. Переведите следующие словосочетания на китайский язык.（将下列词组译成汉语。9 баллов）

“自瓦良格至希腊”之路 往年纪事 混乱时期 大使团
俄罗斯帝国 文化革命 列宁格勒围困 个人崇拜
留里克王朝

3. Назовите лиц, события и даты по следующим признакам.（按下列特征说出人名、事件和日期。15 баллов）

1）Александр Невский 2）1867 3）Священный союз

4）Крымская война 5）М. И. Кутузов

4. Исправьте ошибки.（改错。12 баллов）

1）将 Днепра 改为 Дона； 2）将 бояре 改为 дворяне；

3）将 Северного 改为 Южного；

4）将 Петра I 改为 Александра II；

5）将 шведских 改为 немецких；

6）将 Иван IV 改为 Петр I，或者原句子前半部不动，将 Северную 改为 Ливонскую。

5. Объясните смыслы следующих слов и словосочетаний.
（解释下列词和词组的含义。24 балла）

1）尤利节法令是俄国东正教会为纪念圣约翰而设立的节日（旧历11月26日），这一天基本上与农活结束的日子相吻合。1497年，全罗斯君主伊凡三世颁布法令限制农民在结束农活后离开土地，规定农民只能在每年尤利节前后各一周，即完成主人的活计以后，有权利离开原主人去寻找新的主人，其余的时间不允许农民出走。这就是尤利节法令，它是俄国农民农奴制形成的开端。

2）特辖制是沙皇伊凡四世于1564—1572年间采取的相对于50年代改革来说特殊的军事、行政和社会措施。主要包括：将全国的土地分成两部分——特辖区和普通区。前者由沙皇直接管辖，后者由沙皇任命的领主管理。当然，领主的措施丝毫不可违背沙皇的意愿。将领主从特辖区迁往普通区，把他们的土地转给效忠沙皇的分封贵族。此外，沙皇还建立了一支由王权的忠实拥护者组成的特辖军。他们巡游各地，扫除逆叛。特辖制彻底铲除了分立势力，巩固了中央集权。但是，沙皇无度的镇压为国家和人民带来了沉重的灾难。

3）鲍格丹·赫梅利尼茨基是17世纪中叶乌克兰和白俄罗斯民族起义的领导人。14世纪末—15世纪初，西部和西南罗斯并入立陶宛和波兰。这里的乌克兰和白俄罗斯民族长期受到波兰封建主和天主教会的压迫。1648年，这里爆发了一场由哥萨克鲍格丹·赫梅利尼茨基领导的反波兰人压迫的农民起义。赫梅利尼茨基作战勇敢，但起义者的力量有限，难以将这场农民战争进行到底。于是，他向俄国沙皇求救。1654年,俄国接纳乌克兰。俄军随即进入波兰,经过13年的战争,俄军得到了第聂伯河左岸乌克兰地区。

4) 1917年10月26日,即在彼得格勒武装起义胜利的第二天,全俄苏维埃第二次代表大会通过了《和平法令》。这是一个针对第一次世界大战的各参战国制定的法令,其内容是建议各交战国同苏俄进行不割地、不赔款的民主和谈。俄国推出《和平法令》的意图是尽快退出帝国主义战争,集中精力巩固新生的苏维埃政权,努力营造一个和平的国际环境。

5) 国内战争(1918—1920)结束后,苏俄进入了经济恢复时期。此时,"战时共产主义"政策已经不适合和平时期经济发展的需要,改变现行的经济体制势在必行。1921年3月,俄共(布)第10次代表大会通过了在农村推行粮食税的决定。从此,苏俄经济由"战时共产主义"政策转向新经济政策(缩写形式译为"耐普")。新经济政策规定以固定的粮食税额代替余粮收集制,允许多种经济成分并存,其中包括国家资本主义,承认市场的作用。国家仅保留一些大型的和效益高的企业,其余的实行租赁制和租让制。允许私人贸易,允许使用雇佣劳动。实行经济核算制和计件工资制。新经济政策的实质是:利用市场、货币流通、经济核算、利润、奖金等经济杠杆建设社会主义经济。

6) 20世纪30年代,苏联的社会主义建设全面展开。全国各地都出现了突击队,劳动竞赛活动广泛地开展起来。1935年8月,顿涅茨煤矿的采煤工阿列克塞·斯达汉诺夫首次创造了采煤纪录。从此,一场为提高劳动生产率和更好地利用技术设备而展开的革新和生产运动在各工业部门、交通和农业中掀起。这种大规模的劳动竞赛活动被称作斯达汉诺夫运动。

6. **Расскажите о главных мероприятиях реформ Петра I и об их историческом значении.**

(试述彼得一世改革的主要措施及其历史意义。10 баллов)

彼得一世上台后不久,便开始了一场以富国强兵为核心的全方位改革。他按照欧洲的方式组建了一支新型常备军。士兵们统一着装,接受良好的训练。此外,彼得还创建了俄国史上第一个海军舰队;为了实现沙皇的战略目标,首要的任务是发展经济。国家采取重商主义政策,鼓励国家工商业的发展。无偿地向企业主提供土地和贷款,以支持他们建设工厂。在免税方面提供优惠政策,将部分国有农民拨给各个工厂,企业主有权连同土地一起购买农民。

军事使命促使彼得一世进行大规模的国事改革。政府规定所有的贵族都必须为国家服务,或者从军,或者在民事部门服务。彼得一世制定出《官阶表》,采取任人唯贤的政 策,凭功论赏。彼得还建立了新的国家机构。全国在行政区划上分为省,各省由省长来管理,在首都设立了枢密院。新的司法体制也建立起来。为了牢牢地掌握对教会的控制权,1700 年,彼得一世颁令规定不再选举新的牧首。这样,东正教事务开始转由国家世俗机构管理。1721 年,彼得设立宗教事务院来负责宗教事务。

文化习俗方面的欧化改革是彼得一世改革的重要内容。1698 年,彼得从欧洲回国后,命令所有的大小贵族剪掉胡子和改穿欧式服装。他下令举办游戏、晚会、音乐会和舞会,规定没有文化的贵族不许晋升,甚至不许结婚。为了发展教育事业,全国建立起初等教育网,开设了军事和技术专科学校,创立了海军学院和医学专科学校。自 1700 年起,俄国废除创世纪纪年法,改用欧洲的儒略历纪年法。

彼得一世改革使俄国的面貌发展了根本性的变化。从此,一个封闭而保守的俄国开始转向欧洲。在彼得改革后较短的时间内，俄国工业、教育和强大的陆海军相继建立和发展起来，这些变化直接影响到俄国的国际地位。彼得一世的欧化改革为俄国文化注入了欧洲文明的成份，自此欧洲的文化习俗开始在俄国贵族阶层中扎根。可见，彼得一世改革在俄国历史上具有划时代的意义，它是俄罗斯与西方接轨的开端。

试卷 2 答案

Ответы к билету №2

1. Заполните пропуски.（填空。45 баллов）

1）династия Рюриковичей，династия Романовых

2）Кирилл и Мефодий　　3）15

4）Минина，Пожарского

5）закон о Юрьевом дне，1497，законом о бессрочном сыске（или соборным уложением）

6）1721，Северной　　7）серебряным

8）Емельян Пугачев，18　　9）двоевластие

10）США

11）Декрете о земле，Декларации прав народов России

12）Колчаком，Юденичем，Деникином，Миллером

13）НЭПу　　14）индустриализацию

15）30-е，второй

16）Эстония，Латвия，Литва，Молдавия，Молдове，Украине

17）22 июня 1941 г.　　18）Сталинградская，Курская

19）Ялтинская，Японии　　20）1946，холодная война

21）НАТО，Варшавский договор

22）Хрущеве，Брежневе，1989　23）застоя

2. Выберите правильные ответы.（选择正确的答案。18 баллов）

1）Б 2）Б 3）В 4）В 5）В 6）Г
7）Б 8）Г 9）А 10）Г 11）А 12）В
13）В 14）А 15）А 16）А 17）Б 18）В

3. Переведите следующие слова и словосочетания на китайский язык.
（将下列词或词组译成汉语。7 баллов）

开明专制 宫廷政变 国内战争 影子经济 军备竞赛
独联体 苏联

4. Объясните следующие исторические события.（解释下列历史事件。20 баллов）

1）19 世纪 60—70 年代，在俄国社会运动中民粹派起了主导作用。“到民间去”是这一时期俄国民粹派活动的一个重要内容。1874 年春夏之交，约有 2 000—3 000 名革命青年从俄国各大城市来到伏尔加河中游地区，他们打扮成工人、农民模样，到工厂、农村去，同那里的人们一起劳动，分别谈心，目的是感化群众，最终发动他们起来参加推翻专制制度的革命。但是，他们的宣传没有得到农民的理解。一些农民甚至将民粹派青年的活动密报当局。因此，“到民间去”运动虽然声势浩大，但是收效甚微。民粹派青年的行动反而引起沙皇当局的警觉，遭到政府的无情镇压。1877 年秋，民粹派发动的“到民间去”运动最终宣告失败。

2）十二月党人是 1825 年 12 月起义的参加者。从出身来看，他们都是贵族青年军官，参加过 1812 年战争，随同俄国军队到过法国。回国后，产生了改变俄国农奴制度的愿望。于是，他们开始秘密结社，成立了“南方协会”和“北方协会”，分别主张俄国走共和制和君主立宪制的道路。1825 年 12 月 14 日，在沙皇尼古拉一世宣誓就职之际，北方协会发动了武装起义。他们召集一些贵族青年军官在彼得堡枢密院广场上聚集,拒绝向新沙皇宣誓效忠,提出了君主立宪的口号。尼古拉一世派军队向起义者开枪,起义失败。十二月党人起义是俄国历史上第一次贵族武装起义。虽然起义遭到镇压,但是,十二月党人的思想和行为对后来的俄国革命运动产生了深远的影响。

3) 1905年1月9日(星期日),彼得堡的工人在神甫加邦的劝诱下,携带妻子儿女共15万人,举着圣像向冬宫——沙皇政府请愿,要求改善生活条件。然而,冬宫门前早已有沙皇的士兵在等待着他们。这些士兵向手无寸铁的群众开枪,使数千人受伤,死亡人数达到好几百。发生流血事件的这一天叫做"流血的星期日"。"流血的星期日"激起了全国人民的愤慨,俄国工人对沙皇彻底失望。于是,各地纷纷举行群众性的罢工,农民的骚动也此起彼伏。"流血的星期日"成为俄国第一次资产阶级民主革命的开端。

4) 1939年8月23日,德国外交部长里宾特洛甫同苏联外交人民委员莫洛托夫签署了为期10年的苏德互不侵犯条约。条约规定:苏德双方互不侵犯,当其中一方成为第三方侵略的对象时,另一方保持善意中立并不给予第三方以任何支持。苏联签订该条约的目的是延缓法西斯战争到来的时间,赢得时间备战。事实上,德国法西斯并没有遵守条约。条约签订后不到两年,苏德战争便爆发了。

5) "解冻"一词源自苏联作家爱伦堡于1954年发表的同名小说。1956年2月24日,在苏共第20次代表大会闭幕的当天夜里,赫鲁晓夫向与会代表做了题为《关于个人崇拜及其后果》的报告。报告揭露了斯大林在30年代和50年代初两次大清洗中犯下的错误,指出了斯大林搞个人崇拜所带来的严重后果。由于报告是在内部会议上做出的,是非公开的，因此，通常被称作“秘密报告”。事实上，“秘密报告”很快在苏联国内外传播开来。此后，苏联的内政、外交中出现了一个相对活跃的时期。人们通常把 50 年代中后期苏联政治和社会文化生活中的相对活跃状态称为“解冻”，赫鲁晓夫的“秘密报告”成为“解冻”的开端。

5. Дайте характеристику о трех волнах реформ СССР в 50-80 годах.

（评析苏联 50—80 年代出现的三次改革浪潮。10 баллов）

第一次改革浪潮发生在 50 年代中叶。赫鲁晓夫上台后，决定对农业进行改革。1953 年 8 月，苏联最高苏维埃会议公布了第一批农业改革措施。其中包括：增加对农业的投资，提高农产品的收购价格；缩小工农产品的剪刀差；减少农业税收，大幅度地削减自留地物产税，取消对果树、家禽和家畜的实物税等。1954 年，国家发起了垦荒运动。许多青年自愿者到北高加索、西西伯利亚、哈萨克、阿尔泰和乌拉尔等地开垦荒地。开展种玉米运动也是赫鲁晓夫农业改革的一项重要内容。1954—1956 年，苏联开始推广美国的经验，大力开展种玉米运动。此外，赫鲁晓夫还对国家管理机构进行了改革，取消各个部机关，改由国民经济委员会管理，目的是扩大地方机关、共和国和各地区的经济自主权。然而，由于改革措施不配套和改革者考虑不周密，许多改革措施没有达到预期目的。

第二次改革浪潮发生在 60 年代中叶，即勃列日涅夫执政初期。60 年代中叶，苏联部长会议主席柯西金发起了一场改革经营管理体制的尝试。此次经济改革主要在工业企业内部进行。国家提倡扩大企业自主权，突出计划经济下加强刺激因素的必要性，将国家下达给企业的指令性指标降到最低限度。这一改革方案被称作“新经济体制”。新经济体制改革尝试对斯大林模式再次造成冲击，在一定程度上缓解了原有管理体制与生产力之间的矛盾，经济杠杆的调节和刺激作用得到加强，改革取得了一定成效。然而，由于国家、党的机构和经营管理机构的绝大多数领导担心计划体制会因此遭到破坏，改革步履十分缓慢且不够果断。捷克斯洛伐克事件(1968)以后，苏联新一轮的改革宣告夭折。

80 年代中叶，戈尔巴乔夫开始了苏联史上的第三次改革浪潮。与前两次改革不同，戈尔巴乔夫的改革堪称全方位的，范围涉及政治、经济和社会等诸多领域。这次改革的特点是城市先于农村，政治改革快于经济改革。1986 年，戈尔巴乔夫提出了加速国家社会经济发展战略。随后，便开始了初步的改革尝试。先后颁布了国营企业法、合作社法和个体经营法，强调市场机制和所有制的多样化，实现了多种经济成份和经营形式并存的局面，提倡个人的劳动与最终成果挂钩。整体看来，戈尔巴乔夫的经济改革声势浩大，收效甚微。

在经济改革受挫的情况下，戈尔巴乔夫决定利用政治改革来克服旧体制的阻力。1988 年 6 月，在“公开性”和“民主化”的口号下，改革的重心由经济转向政治领域。此后，苏联进入一个经济空转和社会动荡的时期。1990 年，戈尔巴乔夫宣布苏联由共产党一党专政的时代过渡到多党制时期，这是苏联政治改革的一个重要步骤，也是苏联政治体制剧变的重要导火索。随后出现的是经济继续滑坡以及与之相伴随的财政赤字、通货膨胀、消费品奇缺和人民生活水平下降等现象。戈尔巴乔夫推行的轰轰烈烈的“全方位”改革最后以失败而告终。

三次改革在不同程度上分别对苏联的经济发展产生了一定的效果，然而最终都进行得虎头蛇尾，改革缺少周密性、连续性和配套性。它们没有从根本上超出斯大林模式的框架，旧的管理体制依然存在，经济杠杆没有发挥应有的作用，国民经济中重工业—轻工业—农业的比例失调局面没有得到扭转。可见，不从根本上改革高度集中的指令性计划管理体制，要想保证经济的稳步增长和社会的安定是不可能的。

试卷3答案

Ответы к билету №3

Выберите правильные ответы.（选择正确的答案。）

1. В	2. Б	3. А	4. Г	5. А	6. В
7. В	8. Б	9. Г	10. А	11. Г	12. Б
13. Г	14. В	15. А	16. В	17. В	18. Б
19. В	20. Г	21. А	22. Г	23. Б	24. А
25. Г	26. В	27. А	28. А	29. В	30. Г
31. В	32. Г	33. Г	34. Б	35. А	36. Б
37. А	38. Б	39. Г	40. В	41. Б	42. В
43. А	44. Г	45. Г	46. А	47. В	48. Б
49. Г	50. В	51. А	52. А	53. В	54. В
55. В	56. Б	57. Б	58. А	59. Г	60. В
61. Б	62. А	63. Г	64. Б	65. Г	66. Г
67. В	68. В	69. А	70. А		

2. 电子版正文中的视频插播文字及出处

I (第1讲第2节)

Послы пришли за море к варяжскому народу, Русь, и сказали знатным русским начальникам, которых варяги называли князьями, такие слова: "Наша земля велика и богата, только порядка в ней нет. Приходите управлять нами!" Тогда три брата, три знатных русских князя, Рюрик, Синеус и Трувор, собрались и пришли в славянскую землю. С тех пор земля по имени русских князей стала называться Русью.

(音频材料选自 CD-ROM Альбом "История Руси", Diamed Info Ltd, Donetsk, 1997年。)

II (第1讲第3节第1个视频插播片段)

Вернувшись в Киев, Владимир велел изрубить всех деревянных кумиров, а страшного идола Перуна привязать к конскому хвосту и бросить его в воду. А народу велел сказать: "Пусть все приходят к реке креститься. Кто же не придет — тот будет мне врагом!"

(音频材料选自 CD-ROM Альбом "История Руси", Diamed Info Ltd, Donetsk, 1997年。)

III（第1讲第3节第2个视频插播片段）

Летопись “Повесть временных лет” создана в XII веке, описывает первое Русское государство. Она представляет собой энциклопедию по истории Древней Руси. Начиналась она словами: “**Се повести времянных лет, откуду есть пошла Русская земля, кто во Киеве нача первее княжити и откуду Руская земля стала есть**”. Автор повести — легендарный летописец Нестор рассказывает об истории племён, живших на территории современного ему государства, о первых русских князьях и об увеличении государства и его могуществе.

Великолепны иллюстрации летописи. Всего в летописи 617 миниатюр. Тут и войска, идущие в походы, и битвы, и осады городов, и мирные дела русских людей.

(страницы из “Повести временных лет” с тремя миниатюрами)

（音频材料选自 CD-ROM Альбом “История Руси”, Diamed Info Ltd, Donetsk, 1997 年。）

IV（第2讲第2节）

— За Русь! За Русь! За Русь!

Вы видите кадры из кинофильма “Александр Невский” режиссера Эйзенштейна, иллюстрирующий победу русского оружия над тевтонскими рыцарями в великой битве средневековья, Ледовом побоище.

— А ну, мужики, ударим по немцу!

（视频材料选自 VCD “Энциклопедия истории России 862-

1917”，Москва，электронное издательство АО “КОМИНФО”，1998 年。）

V（第 2 讲第 4 节）

В 1453 году Царьград пал. А спустя четверть века，освободившись от ордынского ига，Москва стала столицей единственного независимого православного государства. С конца 15 века в Москву，как в столицу，начинают переезжать удельные князья，бояре，епископы. Каждый значительный человек стремился иметь здесь собственное подворье. На планах средневекового города подворья священнослужителей и монастырей составляют значительную часть застройки.

После разорения и гибели Царьграда царство Московское как бы наследует это старшинство. Отразилось это в принятии Русью византийского герба — двуглавого орла，в женитьбе великого князя Ивана Васильевича Третьего на византийской принцессе，племяннице последнего императора，Софье Палеолог，в постепенном формировании представления о Москве как о столице восточно-христианского мира，в формировании идеи “Москва — третий Рим”. Преемственности Москвы Риму и Константинополю нашли свое отражение в ряде символов. Первым и очевиднейшим из них является семихолмие. Семь высоких холмов ясно видны на плане Древнего Рима. Условно можно выделить их на плане Константинополя. Подражая им，москвичи утверждают，что и их город располагается на семи холмах，хотя указать расположение и название этих возвышенностей затрудняются даже самые опытные краеведы. Центром Рима была квадратная в плане площадь. А Константинополь — квадратный в плане Дворец византийских императоров.

Теремные дворцы, великокняжеские палаты составляют именно эту геометрическую фигуру.

Была еще одна московская загадка. Во время строительства Белого города все проездные башни были трехверхими, и только одна самая западная — семиверховой. Дело в том, что западные въездные ворота Царьграда были совмещены семибашенным замком, просто《третий Рим》впитал в себя образы предшествующих ему христианских столиц.

（视频材料选自俄罗斯电视台 Школьник-TV 频道“Москва на все времена”栏目中的节目“Образ средневековой Москвы”, 2001 年。）

VI（第 3 讲第 3 节）

Перед вами кадры из кинофильма “Иван Грозный”, снятого Сергеем Эйзенштейном. Царь Иван предстает в нем жестоким правителем, охваченным манией разрушения, сродни безумию.

— Упраздни опричнину, пока не пришли последние времена!

— Молчи!

— Это — грозный царь языческий?! Мамка, это — грозный царь языческий?!

— Отныне буду таким, каким меня нарицаете! Грозным буду!

（视频材料选自 VCD“Энциклопедия истории России 862-1917”, Москва, электронное издательство АО “КОМИНФО”, 1998 年。）

VII (第3讲第4节)

В южной части площади поражает взгляд одно из главных чудес древней русской архитектуры, каменный цветок, как часто называют его — Собор Василия Блаженного.

Правильное его древнее название Храм Покрова Богородицы на Рву. Чтобы отличать одноименные храмы, по старой русской традиции часто прибавлялось название местности. Так исчезнувший в 19 веке ров у Кремлевской стены остался лишь в названии храма.

В 1552 году русское войско одержало ряд замечательных побед во время Казанского похода. Казань была присоединена к Московскому государству, исчезла старая угроза с востока. Царь Иван IV велел поставить 8 заветных престолов, посвятив каждый из них святому, в день памяти которого были одержаны победы. Главный же успех московского войска оказался связан с особо почитаемым на Руси праздником Покрова Богородицы. Зодчие, предположительно их звали Барма и Постник, поставили《яко по Бозе разум даровася им в размерении основания》, т. е. следуя данным от Бога чувства гармонии, вместо восьми — девять престолов, сгруппировав их вокруг центральной шатровой церкви, посвященной празднику Покрова. Высота ее 60 метров.

Каждый предел индивидуален по своим формам, поражают разноцветные купола, выложенные особыми приемами, разработанными итальянскими мастерами.

Позднее над могилой известного московского юродивого Василия Блаженного, прославившегося еще при жизни чудесами, предсказаниями и смело говорившего правду в глаза Грозному Царю, был поставлен еще один предел. Покровский собор был построен в расчете главным образом на внешнее восприятие и служил как бы алтарем под открытым небом в дни больших церковных праздников. А московский люд больше хотел поклониться Василию Блаженному, его предел имел отдельный вход. И со временем название этого предела перешло на весь храм. Собором Покрова на Рву его называют только специалисты, а название Василий Блаженный стало известно, без преувеличения, на весь мир.

（视频材料选自俄罗斯电视台 Школьник-TV 频道“Москва на все времена”栏目中的节目“Прогулка по Красной площади”, 2001 年。）

VIII（第 4 讲第 2 节）

На фоне Покровского собора со стороны площади застыли две бронзовые фигуры — памятник гражданину Кузьме Минину и князю Дмитрию Пожарскому, организаторам народного ополчения 1612 года, первый скульптурный монумент Москвы. Памятник борьбе патриотов против поляков во времена Смутного времени был задуман скульптором Иваном Мартосом еще в самом начале 19 века и мог бы украсить город к двухсотлетию окончания Смуты и освобождению Москвы от интервентов, но именно в юбилейном 1812 году в Москву явился новый завоеватель — Наполеон Бонапарт. Поэтому открыт этот памятник был уже в 1818 году. Первоначально памятник стоял напротив Сенатской башни неподалеку от входа в Верхние торговые ряды. Памятник был передвинут к собору Василия Блаженного в 1930-ые годы, когда площадь расчищали для военных парадов.

(视频材料选自俄罗斯电视台 Школьник-TV 频道 "Москва на все времена"栏目中的节目 "Прогулка по площади", 2001 年。)

IX (第 4 讲第 3 节)

(视频材料选自 VCD "Династия Романовых: три века российской истории", историческая энциклопедия, Москва, электронное издательство АО "КОМИНФО", 1997 年。)

X (第 5 讲第 3 节)

Перед вами кадры из кинофильма "Петр Первый" режиссера Петрова, отображающие решительные наступления русских войск в сражении со шведской армией под Полтавой.

Благодаря военной реформе, проведенной Петром, русская армия стала более боеспособной и мобильной, возрос ее боевой дух. Мужество и героизм солдата, а также умелое командование позволили армии Петра обратить противников в паническое бегство и одержать блестящую победу в этой столь важной для России битве.

(视频材料选自 VCD "Энциклопедия истории России 862-1917", Москва, электронное издательство АО "КОМИНФО",

1998年。)

XI(第5讲第5节第1个视频插播片段)

Петр не прорвался к морю, Петр дорвался. Ему мало крепости, он собирается здесь строить город. Неизвестен ни один сподвижник, поддержавший идею, все были против. Бросовая земля, проклятое место, как тут ногою твердой стать при море! Кругом хляби болотные. Орденоносец Меньшиков и тот будто указывал на сосну с отметкой последнего наводнения выше человеческого роста и говорил государю: "Люди не рыбы, под водой не живут". А Петр будто ответил: "Где та сосна, там твой дом будет".

На этом островке Петр вырезает куски дёрна и выкладывает их крестом на песчаной косе: здесь быть городу. Случилось это 16 мая 1703 года. Дата отмечается как день основания Петербурга.

Конечно, без железной воли Петра здесь бы ничего не получилось. Здесь естественным путем не мог бы возникнуть просто большой город, не то что столица. Петербург называли самым умышленным городом на свете. 60-ая параллель — он и сейчас самый северный город с населением свыше миллиона человек.

(视频材料选自俄罗斯电视台 НТВ 频道中的节目"Российская империя", серия I, "Петр Первый", часть I.)

XII(第5讲第5节第2个视频插播片段)

С рубежа веков Петр начинает новое летоисчисление. Не от сотворения мира как прежде, а от Рождества Христова, и 7208 год становится 1700-ым，а наступление нового года переносят с первого сентября на первое января.

Цифры тоже другие. Свои，обозначаемые буквами кириллицы，меняют на арабские.

Издаваемая Петром первая русская газета —《Ведомости》，маленького карманного формата. Петр вводит гражданскую азбуку，церковная трудна для письма и чтения，лично выбирает образцы написания，вычеркивая негодные варианты.

Так до Петра писали 1703 — год，в котором по новому исчислению Петр начал выпускать свою первую газету. Что касается изменений в алфавите，то это множество упрощений：была такая“Щ”，стала наша нынешняя，была такая“Я”，стала наша нынешняя.

Еще важнее，что этим гражданским шрифтом пытаются писать，как говорят. А до этого речь и текст были очень различные，это было два разных языка. С Петра начинается триста лет движения русского письменного к русскому устному.

（视频材料选自俄罗斯电视台 НТВ 频道中的节目“Российская империя”，серия II，“Петр Первый”，часть II.）

XIII（第 6 讲第 3 节）

Дворянство получило вольность по указу Петра Третьего. Екатерина ее подтвердила，расширила и своей《Жалованной грамотой》окончательно превратила благородное сословие в привилегированнейшее.

Дворянина освободили от обязательной службы，вообще от

обязанности перед государством и наказаний, иначе как по дворянскому суду, при исключительном праве владения землей и крепостными. Выбор жизненного пути стал личным делом, а помещичья усадьба — гарантией материальной независимости.

Из первой статьи《Жалованной грамоты》Екатерины: "Дворянское название — есть следствие от качества мужей."

(视频材料选自俄罗斯电视台 HTB 频道中的节目"Российская империя", серия IV, "Екатерина Вторая", часть I.)

XIV (第 6 讲第 5 节)

Александр Васильевич Суворов — великий русский полководец, чье имя связывается с самыми известными победами русского оружия второй половины 18 века.

Перед вами кадры из кинофильма: генералы армии Наполеона преклонили колени перед военным гением Суворова.

(视频材料选自 VCD "Энциклопедия истории России 862-1917", Москва, электронное издательство АО "КОМИНФО", 1998 年。)

XV (第 6 讲第 6 节)

Первый год Великой французской революции (1789-й) Екатерину не испугал, бунт в Париже она давно предсказывала и отнеслась к нему почти со злорадством.

Книга《Путешествие из Петербурга в Москву》, прочитанная ею в следующем году, возмутила императрицу не революционностью вообще，а призывом к насильственному свержению строя（за это всегда наказывают）и категоричностью утверждения，что всё в России плохо.

Екатерине впору подводить итоги царствования и она-то давно уверила себя в процветании отечества. “Боже，как я желаю，чтобы мой народ пребывал в счастье и благополучии!”

Радищев，《Путешествие из Петербурга в Москву》：“Я взглянул окрест меня，и душа моя страданиями человечества уязвлена стала.”

Александр Радищев служил директором петербургской таможни，через нее проходило девяносто процентов российского импорта，взяток не брал，по тем временам тоже поразительное исключение，разработал новый таможенный тариф，за него получил от Екатерины перстень в подарок，но почти гарантированного в будущем министерского поста Радищеву мало. Его мечта — быть властителем умов и наставником власти.

（视频材料选自俄罗斯电视台 НТВ 频道中的节目“Российская империя”，серия V，“Екатерина Вторая”，часть II.）

XVI（第 7 讲第 2 节）

Фельдмаршал Кутузов. Мундир полководца украшают высшие русские ордена，по которым можно проследить весь его боевой путь. В его послужном списке названия сражений，составивших славу русскому оружию. С 19-ти лет он участвовал в кровопролитнейших сражениях：военные походы 1764，1765，1769-х годов，участие под командованием Румянцева в трех знаменитых битвах 1770 года при Рябой Могиле, Ларге и Кагуле. Кутузов принимал участие в осаде и взятии Очакова в 1788-м году, в знаменитом штурме Измаила в 1790-м году, где особенно отличился. В последующие годы участие в бое при Алуште в Крыму, где был тяжело ранен. За все подвиги Кутузов был удостоен почётнейшей боевой наградой: ордена Святого Георгия всех четырех степеней.

（视频材料选自俄罗斯电视台 НТВ 频道中的节目“Российская империя”, серия VIII, “Александр Первый”, часть II.）

XVII（第 7 讲第 3 节）

Наконец Николай решается принять власть. На 14-ое декабря назначают переприсягу. Для членов тайных дворянских обществ междуцарствие — лучшее время для выступления. В Петербурге поднимают восстание прямо 14-ого по утру.

Рухнул разом весь план. Заставить не присягнувших сенаторов издать манифест русскому народу, а в нем про низложение самодержавия и отмену крепостного права. И некому решить, как действовать в новой обстановке. От всех республиканских замыслов остался лишь исторический анекдот, будто солдаты выкрикивали на царства Константина и жену его — Конституцию.

— Конституция! Константин! Конституция! Константин!

Впервые в русской истории ум, честь и совесть эпохи непримиримо разошлись с официальным курсом. Членам тайных обществ приговор выносится с запасом. В первом варианте есть даже четвертование и отсечение головы. Николай，являя монаршую милость，заменяет их соответственно виселицей и вечной каторгой.

—... Повесить!

В России не казнили полвека — от Пугачева. Кондратий Рылеев，Петр Каховский，Павел Пестель，Сергей Муравьев-Апостол，Михаил Бестужев-Рюмин. Сто двадцать один человек сослан на каторгу，за двенадцатью из них в Сибирь добровольно поехали их молоденькие жены.

（视频材料选自俄罗斯电视台 НТВ 频道中的节目"Российская империя"，серия IX，"Николай Первый"，часть I.）

XVIII（第 7 讲第 5 节）

Державное самомнение исключает частное сомнение. Петр Чаадаев，《Философическое письмо》："Мы ничего не дали миру，ничему не научили его. Мы продолжаем жить лишь для того，чтобы послужить каким-то важным уроком для последующих поколений".

За публикацию《Философического письма》журнал《Телескоп》закрыт，а сам Чаадаев официально объявлен сумасшедшим. Так начинается применение психиатрии против инакомыслия.

С сороковых годов 19-ого века и по сию пору не решен русский вопрос. Одни，в тогдашней терминологии славянофилы，отстаивают свой особый путь России к счастью. Другие，западники，выступают за общую дорогу с Европой. Раскол среди русских либералов произошел в гостиной известной литературной семьи Аксаковых. Славянофилы пошли преподать к истокам на родимой сторонке, а западники — перенимать прогресс на стороне, дойдя потом до революционности Герцена.

Власть не признаёт права на дискуссию. Конечно, западники еще опаснее, но и к славянофилам отношение неприязненное.

（视频材料选自俄罗斯电视台 НТВ 频道中的节目“Российская империя”, серия X, “Николай Первый”, часть II. ）

XIX（第 8 讲第 1 节）

Александр II в речи перед московским дворянством 30 марта 1856 года: “И сами вы знаете, что существующий порядок владения душами не может оставаться неизменным. Лучше отменить крепостное право свыше, нежели дождаться, когда оно само собою станет отменяться снизу”. Учредили десятый секретный комитет, назвав его главным. С редкой для себя настойчивостью Александр повел дела быстро, при этом выдавая их за инициативу самого помещичьего дворянства. Подписание манифеста приурочили к шестой годовщине восшествия на престол — 19-ое февраля, а обнародование — к Прощеному воскресенью пятого марта 1861-ого года.

Даже сами творцы реформы понимали, что обманывают ожидание деревни. Помещик, лишаясь крепостных, получал компенсацию, вроде бы выкуп за крестьянские земельные наделы, но много дороже их цены. 20 процентов сносил мужик, 80 процентов казна, но это долг, который мужик потом выплачивал, и с большими процентами. Был неимущий крепостной, а стал свободный должник.

Крестьянская реформа и вправду великая. Но в ее год

крестьянских бунтов больше всего，и главное，в Казанской губернии и в Пензенской，в деревне Кандеевка.

（视频材料选自俄罗斯电视台 НТВ 频道中的节目“Российская империя”, серия XI，“Александр Второй”, часть I.）

XX（第 8 讲第 2 节）

Поставить страну на рельсы предлагали и русские инженеры. Но согласия Николая добился австрийский профессор Франц Герстнер. Главный аргумент — “По железной дороге быстрее перебрасывать войска”. Император дозволяет строительство экспериментальной линии Санкт-Петербург — Царское село — Павловск. Полтора года 3 тысячи крестьян окрестных деревень прокладывают 25 верст единственной колеи с единственным поворотом. 30-го октября 1837 года открывают первую железную дорогу，окропляют святой водой первый паровоз，и первый состав ведет сам Герстнер.

До Царского Села доезжают за 35 минут，обратно машинист лихачит всего за 27. В 3 раза быстрее，чем на лошадях. Вторую и важнейшую железную дорогу страны проложат почти через 15 лет после первой.

（视频材料选自俄罗斯电视台 НТВ 频道中的节目“Российская империя”, серия IX，“Николая Первый”，часть I.）

XXI（第 8 讲第 3 节）

В среде нигилистов Нечаева ругали за средство — убийство，а не за цель — поднять крестьян на восстание. Все убеждены，крестьянская община — зародыш русского социализма，в деревне зреет бунт，надо только спичку поднести.

“Бросайте скорее этот мир，эти университеты，академии и школы. Ступайте в народ! Грамотная молодежь должна быть сплотителем народных сил.”

После неурожая голод весны 1874-ого года. Бросая работу и учебу，в народ идут стихийно тысячи студентов，учителей，семинаристов. В тридцати семи губерниях，используя критический момент，ведут они пропаганду и агитацию. Товарищам в города народники удивленно пишут：“Мужики невежественны и суеверны，говорить с ними некогда. Днем работают и пьют，на ночлег в избу пускают，но сами рано валятся спать，брошюры рвут на цигарки”.

Бывает хуже，мужики на агитаторов доносят властям. “Он в пристав едет，он тебе покажет!”

Деревня хочет земли побольше，жизни побогаче，а революции，власть менять не хочет. Хождение в народ взбудоражило не низы，а верхи. Александр поменял шефа жандармов. Арестовано до 4 тысяч человек，проведен самый массовый политический процесс.

（视频材料选自俄罗斯电视台 НТВ 频道中的节目“Российская империя”，серия XII，“Александр Второй”，часть II.）

XXII（第9讲第3节）

Началом первой русской революции 1905-1907 гг явились события 9 января 1905 года в Петербурге. Этот день — воскресенье. Массовое шествие рабочих двинулось к Зимнему дворцу，чтобы передать петицию царю. Однако царские власти，предупрежденные о демонстрации рабочих，привели в боевую готовность петербургский гарнизон. На Дворцовой площади рабочих встретили пули. В тот день были убиты более тысячи человек. Свыше пяти тысяч были ранены.

（视频材料选自 VCD“Энциклопедия истории России 862-1917”，Москва，электронное издательство АО“КОМИНФО”，1998 年。）

XXIII（第 9 讲第 4 节）

В феврале 1917 года в Петербурге начались демонстрации и стычки с полицией. Первого марта Временный комитет Государственной думы сформировал Временное правительство. Император Николай II отрёкся от престола.

（视频材料选自 VCD“Династия Романовых：три века российской истории”，историческая энциклопедия，Москва，электронное издательство АО“КОМИНФО”，1997 年。）

XXIV（第 9 讲第 5 节）

Сентябрь 17-го года. Ленин едет в Питер из Финляндии，где пряталось Временное правительство. Его ждет партия，без Ленина не начать восстание. И вождя приводит в Питер его охранник，финский большевик Эйно Рахья. Теперь-то восстание будет.

— Со всей решительностью ставить вопрос о немедленном вооруженном восстании！

Два дня（24-го и 25-го октября）большевики захватывают стратегические точки и напоследок Зимний дворец с беспомощным

Временным правительством. Конец демократии.

— Свершилось!

（视频材料选自俄罗斯电视台 Культура 频道“Петербург от А до Я”栏目中的节目“В. Ленин и Советская власть”，2004 年。）

XXV（第 10 讲第 1 节）

В ноябре 1917 года начались переговоры большевиков с немцами о заключении мира. Немцы выдвинули ультиматум, который содержал громадные территориальные и материальные требования. Большевики приняли ультиматум и подписали мирный договор.

（视频材料选自 10CD-ROM “Большая энциклопедия Кирилла и Мефодия 2003”，диск 8，Москва，2003 年。）

XXVI（第 10 讲第 2 节）

Товарищи красноармейцы! Капиталисты Англии，Америки и Франции ведут войну против России. Они помогают деньгами и военными боеприпасами русским помещикам，которые ведут против Советской власти войска из Сибири，с Дона，с Северного Кавказа，желая восстановить власть царя，власть помещиков，власть капиталистов. Нет，этому не бывать! Красная Армия непобедима! Ибо она объединила миллионы трудовых крестьян с рабочими，которые научились теперь бороться，научились товарищеской дисциплине，не падают духом，закаляются после небольших поражений.

（视频材料选自 10CD-ROM “Большая энциклопедия Кирилла

и Мефодия 2003", диск 9, Москва, 2003 年。)

XXVII (第 10 讲第 4 节)

Главной проблемой был надвигающийся голод. В 1921-1922 годах от голода в Поволжье умерло более пяти миллионов человек. Вводится НЭП — новая экономическая политика. Крестьянство стало возвращаться к земле. Первое важнейшее мероприятие НЭПа: замена продразвёрстки продналогом. В результате НЭПа в 1925-ом году промышленность достигла уровня 1913 года, а в 1926-ом году превзошла его.

(视频材料选自 VCD--Иллюстрированный энциклопедический словарь "ИЭС'98", Москва, Золотой фонд, 1998 年。)

XXVIII (第 10 讲第 5 节第 1 个视频插播片段)

В 32-ом году началось строительство первой ветки московского метрополитена от "Сокольников" до "Парка культуры имени Горького". Метрострой стал парадной вывеской грандиозных успехов индустриализации. Героев-метростроевцев знала вся страна. Об их успехах писали центральные газеты. Метрострой был объявлен комсомольской стройкой, и тысячи молодых людей и девушек участвовали в строительстве первого в России метро. Одиннадцать с половиной километров тоннелей было пробито всего за два года.

Впервые в 1935-ом году москвичи смогли потратить на этот маршрут чуть больше 20 минут. Трамваи тут же сравнили с черепахами. Они тащились до места назначения около 2 часов. На улицах все еще ловили извозчиков. А Леонид Утесов удивлялся, до чего контрастна Москва строящаяся и уходящая навсегда.

Подземные поезда, состоящие из 4 вагонов, курсировали с интервалом в 5 минут. Уже через год московское метро перевозило гораздо больше людей, чем подземка в Париже. С 22-го июня 41-го года у столичного метрополитена появились другие функции. Бомбоубежища, мастерские, медпункты. Здесь выпускали боеприпасы, ремонтировали танки. "Новокузнецкая", "Павелецкая" и "Автозаводская". Три эти станции открылись именно в военные годы. В 50-х замкнулась кольцевая. В метро заговорили дикторы, а москвичи и гости столицы заводили в метро знакомства и узнавали о литературных новинках.

Метро Сталинское, Хрущевское, Брежневское... Архитектура каждой станции неповторима. Самые отчаянные патриоты советской эпохи утверждали, что метро Лондона, Вены и Парижа похожи на наше, как сараи на дворец.

（视频材料选自 10CD-ROM "Большая энциклопедия Кирилла и Мефодия 2003", диск 10, Москва, 2003 年。）

XXIX（第 10 讲第 5 节第 2 个视频插播片段）

В эту историческую ночь Алексей Стаханов впервые дал свой небывалый рекорд. Вместе с ним друг и руководитель, парторг шахты товарищ Петров. Сто две тонны угля вместо нормы в семь тонн, небывалый рекорд! Опрокинуты старые технические нормы! На рассвете весь посёлок встречал Алексея Стаханова.

（视频材料选自 10CD-ROM "Большая энциклопедия Кирилла и Мефодия 2003"，диск 10，Москва，2003 年。）

XXX（第 11 讲第 1 节）

Пакт Молотова и Риббентропа был заключен в августе 39-го года. По секретному приложению к пакту в сферу влияния СССР отошли Восточная Польша，Прибалтийские государства，Финляндия и Бессарабия. Сталин считал，что таким образом восстанавливаются законные границы Российской империи. В ноябре 40-го года в Берлин прибыл нарком иностранных дел Молотов. Пышный прием главы государства，оказанный министру，и несколько встреч с Гитлером，должны были убедить советское руководство в серьезности долгосрочного сотрудничества. А в то же самое время Гитлер，не дожидаясь исхода переговоров，отдал приказ активизировать подготовку плана "Барбаросса". Союз Германии отодвинул для Советского Союза сроки начала войны，он же обеспечил Гитлеру надежный тыл на время покорения Польши и Западной Европы.

（视频材料选自 10CD-ROM "Большая энциклопедия Кирилла и Мефодия 2003"，диск 10，Москва，2003 年。）

XXXI（第 11 讲第 2 节第 1 个视频插播片段）

Сегодня в 4 часа утра без всякого объявления войны германские вооруженные силы атаковали границы Советского Союза！

Во второй половине 22 июня германские войска встретились с передовыми частями полевых войск Красной Армии. Авиация противника атаковала ряд наших аэродромов，населенных пунктов.

Превосходство фашистов было заметно, но наши войска наносили ответные удары, были сбиты 65 самолетов противника.

（视频材料选自俄罗斯电视台 Первый канал 频道 2004 年 6 月 22 日新闻——“В России День памяти и скорби”，见网页 http://www.1TV.ru）

XXXII（第 11 讲第 2 节第 2 个视频插播片段）

В последних числах ноября 1941 года Георгий Константинович Жуков предложил без паузы в оборонительных боях перейти в контрнаступление. Войскам ставилась задача разгромить ударные группировки армии центра и устранить непосредственную угрозу Москве. Шестого декабря части Красной Армии нанесли контрудар по передовым группировкам немецко-фашистских войск севернее и южнее столицы. В январе 1942 года началось наступление девяти фронтов в полосе около двух тысяч километров.

（视频材料选自 10CD-ROM “Большая энциклопедия Кирилла и Мефодия 2003”，диск 10，Москва，2003 年。）

XXXIII（第 11 讲第 2 节第 3 个视频插播片段）

Всю зиму и весну 1942-го года продолжались попытки Красной Армии прорвать блокаду Ленинграда. Но для проведения встречной наступательной операции не было сил. В январе 1943 года было прорвано кольцо блокады, а в 44-м году была окончательно снята девятисотдневная блокада Ленинграда.

(视频材料选自 10CD-ROM“Большая энциклопедия Кирилла и Мефодия 2003”, диск 10, Москва, 2003 年。)

XXXIV(第 11 讲第 2 节第 4 个视频插播片段)

Товарищи красноармейцы и краснофлотцы, командиры и политработники, партизаны и партизанки! На вас смотрит весь мир, как на силу, способную уничтожить разбойничьи орды немецких захватчиков. На вас смотрят все народы Европы, временно подпавшие под иго немецкой тирании, как на своих освободителей. Великая освободительная миссия выпала на вашу долю. Будьте же достойны этой миссии! Вы ведете войну освободительную, справедливую. Пусть в этой войне вдохновляет вас мужественный образ наших великих предков — Александра Невского, Димитрия Донского, Кузьмы Минина, Димитрия Пожарского, Александра Суворова, Михаила Кутузова. Пусть осенит вас непобедимое знамя великого Ленина. За полный разгром немецких захватчиков! Смерть немецким оккупантам! Да здравствует наша славная Родина! Ее свобода, ее независимость! Под знаменем Ленина вперед!

(视频材料选自 10CD-ROM“Большая энциклопедия Кирилла и Мефодия 2003”, диск 9, Москва, 2003 年。)

XXXV(第 11 讲第 2 节第 5 个视频插播片段)

Каждый из нас, советских генералов и адмиралов, беззаветно предан народу, делу Ленина-Сталина, великому Сталину! Я думаю, что не вызову ничьих возражений, если скажу от имени всех моих товарищей: высокие звания, присвоенные нам советским правительством, мы постараемся оправдать.

（视频材料选自 10CD-ROM “Большая энциклопедия Кирилла и Мефодия 2003”, диск 9, Москва, 2003 年。）

XXXVI（第 11 讲第 2 节第 6 个视频插播片段）

За 50 километров от Тракторного завода до Пикетовки не осталось ни одного уцелевшего квартала. Не стало 42 тысяч домов, 126 заводов, в том числе таких гигантов, как Тракторный и “Красный Октябрь”.

（视频材料选自 10CD-ROM “Большая энциклопедия Кирилла и Мефодия 2003”, диск 10, Москва, 2003 年。）

XXXVII（第 11 讲第 2 节第 7 个视频插播片段）

Навстречу друг другу двинулись бронированные лавины. Танковая лавина русских, танковая лавина немцев. Тысяча двести танков и самоходных орудий с обеих сторон. Силу победила сила.

（视频材料选自 10CD-ROM “Большая энциклопедия Кирилла и Мефодия 2003”, диск 10, Москва, 2003 年。）

XXXVIII（第 11 讲第 2 节第 8 个视频插播片段）

Крымская конференция глав правительств трех союзных держав во Второй мировой войне Сталина（СССР）, Рузвельта（США）и Черчилля（Великобритания）проходила в феврале

1945-го года в Ялте. Были определены военные планы союзных держав и основные принципы их послевоенной политики.

(视频材料选自 10CD-ROM "Большая энциклопедия Кирилла и Мефодия 2003", диск 8, Москва, 2003 年。)

XXXIX (第 11 讲第 3 节)

Внимание! Говорит Москва. 8-го мая 1945-го года в Берлине представителями Германского Верховного Командования подписан акт о безоговорочной капитуляции германских вооруженных сил!

(视频材料选自俄罗斯电视台 Первый канал 频道 2004 年 10 月 2 日新闻——"90 лет со дня рождения Юрия Левитана", 见网页 http://www.1TV.ru)

XL (第 12 讲第 2 节)

(视频材料选自 10CD-ROM "Большая энциклопедия Кирилла и Мефодия 2003", диск 9, Москва, 2003 年。)

XLI (第 12 讲第 3 节第 1 个视频插播片段)

Берлинский кризис 61-го года положил конец надеждам на мирное разрешение германской проблемы. Мир оказался на гране третьей мировой войны. Противоборствующие стороны от прямого боевого столкновения отделяло всего несколько метров пограничной территории. В августе 61-го года правительство

ГДР решило пресечь подрывную деятельность Западного Берлина. На самом деле необходимо было остановить массовую эмиграцию восточных немцев в Западную Германию. 19-го августа за одну ночь была возведена Берлинская стена, ставшая мрачным символом “холодной войны”.

（视频材料选自 10CD-ROM “Большая энциклопедия Кирилла и Мефодия 2003”, диск 8, Москва, 2003 年。）

XLII（第 12 讲第 3 节第 2 个视频插播片段）

Наш народ, наша партия могут гордиться результатами своих решительных действий в эти грозные дни. События подтвердили, что силы, выступающие за мир, в состоянии преодолеть самые опасные международные кризисы, обуздать империалистических агрессоров.

（视频材料选自 10CD-ROM “Большая энциклопедия Кирилла и Мефодия 2003”, диск 8, Москва, 2003 年。）

XLIII（第 12 讲第 5 节第 1 个视频插播片段）

“Ленин жил, Ленин жив, Ленин будет жить!”

В последний раз страна видела его на празднике. 7 ноября 82-го Леонид Брежнев довольно бодро стоял на Мавзолее, и близкого（через три дня）конца эпохи ничто не предвещало. Есть в этом последнем появлении что-то символичное. И страна любила праздновать, и Леонид Ильич любил.

（视频材料选自俄罗斯电视台 НТВ 频道“Намедни”栏目中的

节目"勃列日涅夫去世20周年纪念活动"，2002年11月10日。）

XLIV（第12讲第5节第2个视频插播片段）

Под лозунгом "Экономика должна быть экономной" советская экономика при Брежневе села на нефтяную трубу. Залежи нефти в шестидесятых открыли в Сибири, в 72-ом грянул мировой топливный кризис, и экспортные нефтедоллары стали золотом партии. Тратили его на свои ракеты и на мировое рабочее движение. Закончится всё Афганистаном. А Лаос, Камбоджа, Эфиопия, Ангола долгов России не вернут никогда. "Береги же наш народный драгоценный каравай!!" — читали советские люди в булочных. Народным каравай не был, а драгоценным бесспорно. Советский Союз при Брежневе побил рекорды закупки американского зерна. Застойные стабильность и нестрогость отбили у граждан последний стимул к труду, а сельский труд выродился первым. И никакая продовольственная программа не отменяла стояние за дефицитом, колбасные электрички и всесоюзную тему для обсуждения: "Сколько бумаги в нашей колбасе?"

— Здесь люди по 6 дней стоят в очереди, а те только пришли.

Застой еще и расцвет халтуры в обоих смыслах слова: и ничегонеделанье на официальной работе и левый заработок на неофициальной. Романтически некогда стройотряды, молодежные десанты, выезды по комсомольским путевкам стали при Леониде Ильиче халтурками и шабашками. И от главной стройки эпохи в память осталась скабрезное “Приезжай ко мне на БАМ，я тебе на рельсах дам.” На совесть трудились，но для себя，в дачных и жилищно-строительных кооперативах，записываясь в нужную очередь，доставая югославскую стенку и чешский хрусталь. Застой принес в общество обаяние буржуазности，и оставаясь “советской” по названию，страна стала “антисоветской” по сути. Разве может быть равенство，если у соседа есть “Жигули”. От душной скуки рождалось дремучее пьянство，и само время походило на влажность старческих поцелуев.

（视频材料选自俄罗斯电视台 НТВ 频道“Намедни”栏目中的节目“勃列日涅夫去世 20 周年纪念活动”，2002 年 11 月 10 日。）

XLV（第 13 讲第 1 节第 1 个视频插播片段）

Чередой торжественных похорон ознаменовались 80-ые годы. После смерти Брежнева его законным наследником стал Юрий Владимирович Андропов，человек，способный，по мнению многих，реформировать Советское государство. При новом генсеке началась энергичная борьба с коррупцией，укреплялась трудовая дисциплина. Но тяжелая болезнь не дала Андропову шанса воплотить в жизнь свои планы.

И вот уже новый генсек Константин Устинович Черненко зачитывает официальный некролог：“В сердцах советских людей с глубокой скорбью отозвалась кончина Юрия Владимировича Андропова. Ушел из жизни славный сын Коммунистической партии，выдающийся политический деятель，человек широкой души и большого сердца.”

Но в феврале 85-го года и сам Черненко, страдающий смертельным заболеванием, скончался. По Москве поползли слухи о борьбе внутри политбюро вокруг кандидатуры нового генсека. Но верхушка ЦК уже знала, новым генеральным секретарем станет самый молодой член политбюро, андроповский выдвиженец Михаил Сергеевич Горбачев.

"Дорогие товарищи! Мы провожаем в последний путь Константина Устиновича Черненко."

(视频材料选自 10CD-ROM "Большая энциклопедия Кирилла и Мефодия 2003", диск 10, Москва, 2003 年。)

XLVI (第 13 讲第 1 节第 2 个视频插播片段)

89-ый год. Съезд народных депутатов. На трибуне Сахаров.

— Я пропускаю очень многое...

— Все, все. Ваше время, два регламента истекло. Я прошу извинить меня.

К жизни общества он подошел как к физике. И проанализировав, понял — формула, по которой оно развивается, не верна. Еще в 60-ые он заговорил о нравственности в политике, без которой у общества нет будущего.

В 66-ом Сахаров с соратниками выходит на демонстрацию с требованием выпустить из тюрем инакомыслящих. В 68-ом открыто осуждает вторжение войск Варшавского договора в Чехословакию для подавления "пражской весны". Он видит, что самые худшие его прогнозы сбываются. Две ядерные сверхдержавы неуклонно идут к открытому противостоянию. Он пишет ряд статей, где говорит о необходимости сближения двух этих лагерей, с тем, чтобы взять друг от друга все самое лучшее.

Гнев властей не заставил себя долго ждать. Сахарова отстраняют от секретной работы. Афганские события окончательно убедили его в том, что без либеральных реформ страна так и останется тюрьмой народов.

Сахаров трижды выступает с протестом и требует от советского руководства вернуть войска. И вот ответ: в 80-ом его задерживают и без суда ссылают в Горький вместе с семьей. 85-го в СССР перестройка и гласность. Михаил Горбачев возвращает Сахарова из ссылки. Его, говорившего о свободе, когда это было опасно для жизни, возвращают совсем в другую страну. И вскоре, уже став депутатом и одним из разработчиков новой конституции, он снова оказался в меньшинстве. И снова, уже бессильным больным стариком, пытался сказать всем, что свободы наполовину не бывает. Он умер во сне, и, уходя спать, сказал жене: “Нужно выспаться, завтра предстоит бой”.

(视频材料选自俄罗斯电视台 Первый канал 频道 2004 年 12 月 14 日新闻——“День памяти Андрея Дмитриевича Сахарова”, 见网页 http://www.1TV.ru)

XLVII (第 13 讲第 3 节)

На сцену Дворца съездов поднимается Борис Николаевич Ельцин. Согласно Конституции Республики он принес присягу: “Уважаемые граждане России! Народные депутаты! Соотечественники! Уважаемые гости! Невозможно передать словами душевное состояние, которое я переживаю в эти минуты. Впервые в тысячелетней истории России президент торжественно присягает своим согражданам.”

(视频材料选自俄罗斯电视台 Первый канал 频道的节目——“10 лет, которые...”, 2000 年 3 月 14 日)。

XLVIII (第 13 讲第 4 节第 1 个视频插播片段)

Уважаемые товарищи, дамы и господа! Начинаем пресс-конференцию исполняющего обязанности президента СССР Геннадия Ивановича Янаева.

Вместе с ним в президиуме пресс-конференции находится Олег Дмитриевич Бакланов, заместитель председателя Совета обороны при президенте СССР, далее Борис Карлович Пуго, министр внутренних дел СССР, далее Стародубцев Василий Александрович, председатель Крестьянского союза СССР, и Тизяков Александр Иванович, президент Ассоциации предприятий и объединений промышленности, строительства, транспорта и связи СССР.

Вступительное слово имеет Геннадий Иванович Янаев.

— Дамы и господа, друзья, товарищи! Как вы уже знаете из сообщений средств массовой информации, в связи с невозможностью по состоянию здоровья исполнения М. С. Горбачевым обязанностей президента СССР, на основании статьи 127 (7) Конституции СССР вице-президент СССР приступил к временному исполнению обязанностей президента.

(视频材料选自 10CD-ROM “Большая энциклопедия Кирилла

и Мефодия 2003”，диск 10，Москва，2003 年。)

XLIX（第 13 讲第 4 节第 2 个视频插播片段）

25 декабря первый президент Советского Союза Михаил Горбачев подписал указ о своей отставке и выступил с прощальным словом по телевидению.

Дорогие соотечественники! Сограждане! В силу сложившейся ситуации с образованием Содружества Независимых Государств я прекращаю свою деятельность на посту президента СССР.

（视频材料选自俄罗斯电视台 НТВ 频道的专题片“Первый президент всея Руси”，2003 年 8 月。)

（周天璐听记，М. Григорьева 审校）

3. 电子版图片素材和背景音乐出处

1. CD-ROM Альбом《История Руси》, Diamed Info Ltd, Donetsk, 1997.
2. VCD《Энциклопедия истории России 862-1917》, Москова, электронное издательство АО"КОМИНФО", 1998.
3. 10CD-ROM《Большая энциклопедия Кирилла и Мефодия 2003》, Москва, 2003.
4. 俄文网站 Книжный развал: альбом иллюстраций(http://www. rassvet. websib. ru)中有关古罗斯历史的图片素材资源。
5. 俄文网站 Страницы русской истории (http://art. narod. ru)中 Картинная галерея Александра Петрова 网页(http://art. narod. ru/main. html)上俄罗斯名画家的祖国史绘画作品。
6. 俄文网页 Политическая история (http://web－local. rudn. ru/web－local/uem/ido/9/data/)中第1－11专题上的俄罗斯历史图片资源。
7. 俄文网页 Русская история в зеркале изобразительного искусства (http://www. sgu. ru/rus—hist/)中的俄罗斯历史图片资源。
8. 俄文网页 Российская империя в фотографиях (http://www. all－photo. ru/empire/index. ru/html)上的相关图片资源。
9. 俄文网页 Фото городов СССР и глав Советского Союза, советские плакаты и гербы республик СССР (http://sovertsk—soyuz. narod. ru/foto/)上的相关图片资源。
10. 本书电子版正文中的背景音乐为俄罗斯作曲家柴科夫斯基的

《第一钢琴协奏曲》和俄罗斯作曲家拉赫玛尼诺夫的《帕格尼尼主题狂想曲》,选自 2CD《世界名曲鉴赏》,江西文化音像出版社出版发行,2004。

4. 俄罗斯历史大事记[1]

Хронология основных событий русской истории

VII-VIII вв.	斯拉夫人散居于东欧地区 Расселение славян по территории Восточной Евровы
IX в.	最早提到"罗斯"这个国家 Первые упоминания о государстве "Русь"
862 г.	留里克开始统治诺夫哥罗德 Начало княжения Рюрика в Новгороде
882 г.	奥列格占领基辅，基辅罗斯建立 Захват Киева Олегом и основание Киевской Руси
988 г.	罗斯受洗 Крещение Руси
1147 г.	编年史首次提及莫斯科 Первое летописное упоминание о Москве
1206 г.	铁木真成为蒙古各部落的首领，称"成吉思汗" Провозглашение Темучина правителем всех монгольских племе - Чингисханом
1237-1238 гг.	以大汗拔都为首的鞑靼蒙古人入侵东北罗斯 Нашествие татаро-монголов во главе с ханом Батыем на Северо-Восточную Русь
1240 г.	鞑靼蒙古人占领基辅，金帐汗国建立，东北罗斯并入金帐汗国

	Взятие татаро-монголами Киева, образование Золотой Орды, вхождение Северо-Восточной Руси в ее состав
1240 г.	涅瓦河之战 Невская битва
1242 г.	楚德湖上的"冰湖大战" Ледовое побоище на Чудском озере
1380 г.	库利科沃战役 Куликовская битва
1426 г.	弗拉基米尔公国的首都迁往莫斯科 Перенесение столицы Владимирского княжества в Москву
1480 г.	"乌格拉河上的僵持",鞑靼蒙古统治被推翻 "Стояние на Угре" и свержение татаро-монгольского ига
1547 г.	伊凡四世加冕为沙皇 Венчание Ивана IV на царство
1552 г.	俄国军队攻取喀山,伏尔加河中游地区并入俄国 Взятие Казани русскими войсками и присоединение Среднего Поволжья к России
1558-1583 гг.	立沃尼亚战争 Ливонская война
1564-1572 гг.	特辖制 Опричнина
1581 г.	《禁年令》实施 Введение "заповедных лет"
1581-1582 гг.	哥萨克首领叶尔马克·季莫菲耶维奇征服西

	伯利亚 Покорение Сибири казачьим атаманом Ермаком Тимофеевичем
1589 г.	牧首制在莫斯科建立 Учреждение патриаршества в Москве
1597 г.	《追捕令》通过 Принятие закона об "урочных летах"
1598 г.	沙皇费多尔·伊凡诺维奇去世,留里克王朝终结 Смерть царя Федора Ивановича и прекращение династии Рюриковичей
1604 г.	伪季米特里一世侵入俄国境内 Вторжение Лжедмитрия I в пределы Русского государства
1606-1607 гг.	伊万·鲍洛特尼科夫领导的农民起义 Восстание под предводительством Ивана Болотникова
1608-1609 гг.	伪季米特里二世在莫斯科附近的图申诺建立了自己的营地 Создание Лжедмитрием II Тушинского лагеря под Москвой
1612 г.	莫斯科从波兰人手中解放出来 Освобождение Москвы от поляков
1613 г.	米哈依尔·罗曼诺夫当选为沙皇,罗曼诺夫王朝开始 Избрание Михаила Романова царем, начало династия Романовых
1648 г.	莫斯科"食盐暴动" "Соляной бунт" в Москве

1649 г.	沙皇阿列克塞·米哈伊洛维奇颁布《会议法典》 “Соборное уложение” царя Алексей Михайловича
1653 г.	牧首尼康开始教会改革 Начало церковной реформы патриарха Никона
1654 г.	乌克兰并入俄国 Воссоединение Украины с Россией
1662 г.	莫斯科“铜钱暴动” “Медный бунт” в Москве
1667-1671 гг.	斯杰潘·拉辛领导的农民战争 Крестьянская война под предводительством Степана Разина
1682 г.	莫斯科火枪兵暴动 Стрелецкий бунт в Москве
1687 г.	斯拉夫—希腊—拉丁语学院开办 Открытие Славяно-греко-латинской академии
1689 г.	彼得一世独立理政 Самостоятельное правление Петра I 中俄尼布楚条约 Нерчинский договор между Китаем и Россией
1697-1698 гг.	彼得一世的“大使团”出访西欧 “Великое посольство” Петра I в Западную Европу
1699 г.	自 1700 年 1 月 1 日起实行新纪年的法令颁布 Указ о введении нового летосчисления с 1 января 1700 г.
1700-1721 гг.	俄国同瑞典的北方战争 Северная война России со Швецией

1703 г.	圣彼得堡建立 Основание Санкт-Петербурга
1709 г.	波尔塔瓦战役 Полтавская битва
1713 г.	俄国首都迁至圣彼得堡 Перенесение столицы России в Санкт-Петербург
1721 г.	彼得一世加冕为皇帝，俄罗斯称帝国 Принятие Петром I императорского титула и провозглашение России империей
1722 г.	《官阶表》出台 Издание “Табели о рангах”
1724 г.	建立俄罗斯科学院的命令颁布 Указ об учреждении Российской Академии наук
1755 г.	莫斯科大学创立 Основание Московского университета
1766 г.	阿留申群岛并入俄国 Присоединение к России Алеутских островов
1772-1773 гг.	第一次瓜分波兰 Первый раздел Польши
1773-1775 гг.	叶·普加乔夫领导的农民战争 Крестьянская война под предводительством Е. Пугачева
1783 г.	克里木半岛并入俄国 Присоединение Крыма к России
1793 г.	第二次瓜分波兰

	Второй раздел Польши
1795 г.	第三次瓜分波兰
	Третий раздел Польши
1801 г.	格鲁吉亚并入俄国
	Присоединение Грузии к России
1812 г.	抗击拿破仑的卫国战争
	Отечественная война с Наполеоном
1814-1815 гг.	维也纳会议,"神圣同盟"建立
	Венский конгресс, основание "Священного союза"
1825 年 12 月 14 日	十二月党人起义
(14 декабря 1825 г.)	Восстание декабристов
1851 г.	莫斯科—圣彼得堡铁路通车
	Открытие движения по железной дороге Москва- С. Петербург
1853-1856 гг.	克里木战争
	Крымская война
1858 г.	俄中《瑷珲条约》、《天津条约》和《北京条约》(1860 年),滨海地区和阿穆尔河流域并入俄国
	Айгунский, Тяньцзинский и Пекинский (1860 г.) договоры России и Китая. Присоединение к России Приморья и Приамурья
1861 г.	取消农奴制度
	Отмена крепостного права
1865-1885 гг.	征服中亚
	Покорение Средней Азии

1867 г.	俄国将阿拉斯加和阿留申群岛卖给美国 Продажа Аляски и Алеутских островов США
1874 г.	民粹派"到民间去运动" "Хождение в народ" народников
1881 年 3 月 1 日 (1 марта 1881 г.)	亚历山大二世被民意党人杀害 Убийство Александра II народовольцами
1883 г.	格·瓦·普列汉诺夫在日内瓦创立"劳动解放社" Создание Г. В. Плехановым в Женеве группы "Освобождение труда"
1891 г.	西伯利亚大铁路开始修建 Начало строительства Транссибирской магистрали
1898 г.	俄国社会民主工党第一次大会在明斯克召开 I съезд РСДРП в Минске
1904-1905 гг.	俄日战争 Русско-японская война
1905-1907 гг.	第一次俄国革命 Первая русская революция
1906 г.	第一届国家杜马 I Государственная дума
1907 г.	第二届国家杜马 II Государственная дума
1907-1912 гг.	第三届国家杜马 III Государственная дума

1912-1917 гг.	第四届国家杜马
	IV Государственная дума
1917 г.	
2 月 27 日	二月革命开始,俄国专制制度被推翻
(27 февраля)	Начало Февральской рево люции, свержение самодержавия в России
3 月 2 日	尼古拉二世退位;临时政府成立
(2 марта)	Отречение Николая II от престола; образов-ание Временного правительства
10 月 25 日	彼得格勒武装起义;十月革命取得胜利
(25 октября)	Вооруженное восстание в Петрограде; победа октябрьской революции
10 月 25-26 日	俄罗斯苏维埃共和国宣告成立,《和平法令》和《土地法令》通过
(25-26 октября)	Провозглашение Российской Советской Республики, принятие декретов "О мире" и "О земле"
11 月 2 日	苏维埃政权通过了《俄国各族人民权利宣言》
(2 ноября)	Принятие Советской властью "Декларации прав народов России"
1918 г.	
2 月 1 日	人民委员会通过了从 1918 年 2 月 14 日(俄历 1 日)起在俄罗斯共和国推行格列高利历(公历)的法令
(1февраля)	Декрет СНК о введении в Российской Республике григорианского календаря с (1) 14 февраля
3 月 3 日	布列斯特和约签订

(3 марта)	Подписание Брестского мира
3月10-12日	苏维埃政府迁至莫斯科,俄国首都迁至莫斯科
(10-12 марта)	Переезд советского правительства в Москву, перенесение столицы России в Москву
1919 г.	
1月11日	人民委员会通过了实行余粮收集制的法令
(11 января)	Принятие СНК декрета о введении продразверстки
3月	第三国际(共产国际)成立
(март)	Создание III Интернационала (Комитерна)
12月26日	人民委员会通过了扫除文盲的法令
(26 декабря)	Принятие СНК декрета о ликвидации неграмотности
1921 г.	
3月21日	从战时共产主义政策转向新经济政策
(21 марта)	Переход от политики военного коммунизма к новой экономической политике (нэпу)
1922 г.	
12月30日	苏联成立
(30 декабря)	Образование СССР
1925 г.	
12月	联共(布)中央会议通过了工业化的方针
(декабрь)	Принятие съездом ЦК ВКП (б) курса на индустриализацию
1925 г.	
10月27日-11月2日	党的15次会议通过了斯大林"关于在一个国家建成社会主义"的理论

(27октября-2 ноября)	Принятие на XV партийной конфереции сталинского тезиса "О построении социализма в одной отдельно взятой стран"
12月2-19日	联共(布)15大通过了集体化的方针
(2-19 декабря)	Принятие XV съезда ВКП(б) курса на коллективизацию
1928 г.	
10月	第一个五年计划开始
(октябрь)	Начало первой пятилетки
1929 г.	全盘集体化开始
	Начало сплошной коллективизации
1933 г.	
11月16日	苏美建立外交关系
(16 ноября)	Установление дипломатических отношений между СССР и США
1934 г.	
9月18日	苏联加入国联
(18 сентября)	Принятие СССР в Лигу Наций
12月1日	谢·米·基洛夫被害
(1 декабря)	Убийство С. М. Кирова
1935 г.	
3月15日	莫斯科地铁通车
(15 мая)	Открытие Московского метрополитена
8月23日	斯达汉诺夫运动开始
(23 августа)	Начало "Стахановского движения"
1936 г.	
8月19-24日	公开审判"托季联合反苏中心"案

(19-24 августа)	Открытый судебный процесс по делу "Антисоветского объединенного троцкистско-зиновьевского центра"
1937-1938 гг.	大清洗
	"Великая чистка"
1939 г.	
8 月 23 日	苏德互不侵犯条约签订
(23 августа)	Подписание советско-германского договора о ненападении
9 月 1 日	第二次世界大战开始
(1 сентября)	Начало Второй мировой войны
1940 г.	比萨拉比亚和北布科维纳并入苏联
	Присоединение к СССР Бессарабии и Северной Буковины
夏天	苏军进驻立陶宛、拉脱维亚和爱沙尼亚。这些国家并入苏联。
(лето)	Вступление советских войск на территорию Литвы, Латвии, Эстонии и принятие этих республик в состав СССР
1941 г.	
6 月 22 日	法西斯德国入侵苏联
(22 июня)	Нападение фашистской Германии на СССР
9 月 8 日	列宁格勒围困开始
(8 сентября)	Начало блокады Ленинграда
1941 年 9 月-1942 年 1 月	莫斯科近郊战役
(сентябрь 1941 г. -	Битва под Москвой

январь 1942 г.)	
1942 年 7 月-	斯大林格勒战役
1943 年 2 月	
(июль 1942 г.-	Сталинградская битва
февраль 1943 гг.)	
1943 г.	
7-8 月	库尔斯克战役
(июль-август)	Курская битва
11 月 28 日-12 月 1 日	苏、美、英三国首脑德黑兰会议
(28 ноября-1 декабря)	Тегеранская конференция глав правительств СССР, США и Великобритании
1944 г.	
1 月 27 日	列宁格勒围困被解除
(27 января)	Снятие блокады Ленинграда
6 月 6 日-7 月 24 日	欧洲第二战场开辟
(6 июня-24 июля)	Открытие второго фронта в Европе
1945 г.	
2 月 4-11 日	苏、美、英三国政府首脑克里木(雅尔塔)会议
(4-11 февраля)	Крымская (Ялтинская) конференция глав правительств СССР, США и Великобритании
4 月 25 日-6 月 6 日	旧金山联合国大会,联合国宪章通过
(25 апреля-26 июня)	Конференция Объединенных Наций в Сан-Франциско, принятие Устава ООН
5 月 2 日	苏军攻克柏林
(2 мая)	Взятие совескими войсками Берлина

5月8日 法西斯德国投降
(8 мая) Капитуляция фашистской Германии

5月9日 战胜法西斯德国日,伟大的卫国战争结束
(9 мая) День Победы над фашистской Германией, конец Великой Отечественной войны

8月 苏联开始对日本作战
(август) Вступление СССР в войну с Японией

9月2日 日本投降,第二次世界大战结束
(2 сентября) Капитуляция Японии, конец Второй мировой войны

1946 г.

3月15日 人民委员会改组为苏联部长会议
(15 марта) Преобразование СНК в Совет Министров СССР

1948 г. 苏南关系破裂
Разрыв между СССР и Югослвии

1948-1952 гг. 新一轮的镇压潮
Новая волна репрессий

1949 г.

1月25日 经互会成立
(25 января) Создание Совета Экономической взаимопомощи (СЭВ)

8月29日 苏联首次进行原子弹试验
(29 августа) Первое испытание атомной бомбы в СССР

1950 г.

2月14日 苏中友好同盟互助条约签订
(14 февраля) Подписание Договора о дружбе, союзе и взаимопомощи между СССР и КН

1953 г.	
1 月 13 日	“犹太医生案”
(13 января)	“Дело еврейских врачей”
9 月 3-7 日	尼·谢·赫鲁晓夫当选为苏共中央第一书记
(3-7 сентября)	Избрание Первым секретарем ЦК КПСС Н. С. Хрущева
1954 г.	
2 月 19 日	苏联最高苏维埃主席团关于将“克里木州转归乌克兰苏维埃社会主义共和国管辖”令
(19 февраля)	Указ Президиума Верховного Совета СССР “О передаче Крымской области в состав Украинской ССР”
3 月 2 日	在西伯利亚和哈萨克斯坦开垦生荒地
(2 марта)	Подъем целины в Сибири и Казахстане
1955 г.	
5 月 14 日	华沙条约组织成立
(14 мая)	Образование организации Варшавского договора
1956 г.	
2 月 14-25 日	苏共二十大,尼·谢·赫鲁晓夫《关于个人崇拜及其后果》的报告
(14-25 февраля)	XX съезд КПСС, доклад Н. С. Хрущева “О культе личности и его последствии”
10 月	匈牙利事件
(октябрь)	Венгерские события
1957 г.	
10 月 4 日	苏联发射世界上第一颗人造地球卫星
(4 октября)	Запуск в СССР первого в мире искусстве-нного спутника Земли

1958 г.	授予鲍・帕斯捷尔纳克诺贝尔奖 Присуждение Нобелевской премии Б. Пастернаку
1959 г.	尼・谢・赫鲁晓夫访问美国 Визит Н. С. Хрущева в США
1960 г.	从中国召回苏联专家 Отзыв советских специалистов из Китая
1961 г.	
4 月 12 日 (12 апреля)	尤里・加加林飞向宇宙 Полет Ю. Гагарина в космос
1962 г.	古巴(导弹)危机 Кубинский кризис
1963 г.	
7 月 (июль)	苏共和中共代表团在莫斯科谈判,苏中矛盾尖锐化 Переговоры между делегациями КПСС и КПК в Москве, обострение советско-китайских противоречий
1964 г.	
10 月 14 日 (14 октября)	尼・谢・赫鲁晓夫下台,列・伊・勃列日涅夫当选为苏共中央第一书记 Смещение Н. С. Хрущева, избрание Первым секретарем ЦК КПСС Л. И. Брежнева
1964-1965 гг.	亚・尼・柯西金经济改革 Экономические реформы А. Н. Косыгина
1965 г.	授予米・肖洛霍夫诺贝尔奖 Присуждение Нобелевской премии М. Шолохову

1968 г.	
8月	华约军队开进捷克斯洛伐克,"布拉格之春"被镇压
(август)	Введение войск Организации Варшавского договора в Чехословакию, подавление "пражской весны"
1969 г.	
3 月 2-15 日	苏中边界发生武装冲突(在珍宝岛上)
(2-15 марта)	Вооруженный конфликт на советско-китайской границе (на острове Даманский)
1970 г.	授予亚·索尔仁尼琴诺贝尔奖
	Присуждение Нобелевской премии А. Солженицыну
1979 г.	
12 月 28 日	阿富汗战争开始
(28 декабря)	Начало афганской войны
1980 г.	
7 月 19 日-8 月 3 日	奥林匹克运动会在莫斯科举行
(19 июля-3 августа)	Олимпийские игры в Москве
1982 г.	
11 月 12 日	尤·弗·安德罗波夫当选为苏共中央总书记
(12 ноября)	Избрание Генеральным секретарем ЦК КПСС Ю. В. Андропова
1984 г.	
2 月 13 日	康·乌·契尔年科当选为苏共中央总书记
(13 февраля)	Избрание Генеральным секретарем ЦК КПСС К. У. Черненко

1985 г.	
3 月 11 日	米·谢·戈尔巴乔夫当选为苏共中央总书记
(11 марта)	Избрание Генеральным секретарем ЦК КПСС М. С. Горбачева
1986 г.	
4 月 26 日	切尔诺贝利核电站反应堆发生爆炸
(26 апреля)	Взрыв реактора на Чернобыльской АЭС
1987 г.	授予伊·布罗茨基诺贝尔文学奖
	Присуждение Нобелевской премии по литературе И. Бродскому
1 月 9 日	苏共中央全会宣布实行“公开性”政策
(9 января)	Провозглашение Пленумом ЦК КПСС политики “гласности”
1988 г.	
6 月 28 日-7 月 1 日	苏共 19 大通过了关于政治改革、苏联社会民主化的决定
(28 июня-1 июля)	XIX конференция КПСС: принятие решений о политической реформе, о демократизации советского общества
1989 г.	
5 月 16-18 日	米·谢·戈尔巴乔夫访华，中苏关系正常化
(16-18 мая)	Визит М. С. Горбачева в КНР, нормализация китайско-советских отношений
5 月 25 日-6 月 9 日	苏联第一届人民代表大会
(25 мая-9 июня)	I съезд народных депутатов СССР
1990 г.	
3 月 12-15 日	米·谢·戈尔巴乔夫当选为苏联总统；关

	于取消苏联宪法第6条中有关苏共领导和执政地位条款的决定通过
(12-15 марта)	Избрание М. С. Горбачева Президентом СССР; принятие решения об отмене-й статьи Конституции СССР о "руководящей и направляющей роли КПСС"
6月12日	人民代表大会通过了俄罗斯联邦国家主权宣言
(12 июня)	Декларация о государственном суверенитете РФ, принятая на съезде народных депутатов
1991 г.	
3月17日	就苏维埃社会主义共和国联盟是否存在问题举行全民公决
(17 марта)	Народный референдум по вопросу-быть или не быть Союзу ССР
6月12日	鲍·尼·叶利钦当选为俄罗斯苏维埃联邦社会主义共和国总统
(12 июня)	Избрание Б. Н. Ельцина Президентом РСФСР
6月28日	关于取缔经互会的备忘录在布达佩斯签署
(28 июня)	Подписание в Будапеште Протокола об упразднении СЭВ
7月1日	关于中止华沙条约活动的协议在布拉格签署
(1 июля)	Подписание в Праге Соглашения, прекращающего действие

	Варшавского Договора
8 月 19-21 日	国家政变的尝试，国家紧急状态委员会成立
（19-21августа）	Попытка государственного переворота. Образование ГКЧП.
8 月 23 日	苏共在俄罗斯联邦境内的活动被禁止
（23 августа）	Запрет на деятельность КПСС на территории РФ
12 月 8 日	白俄罗斯、俄罗斯联邦和乌克兰领导人在明斯克附近的“别洛维日密林”签署成立独立国家联合体协议
（8 декабря）	Подписание в “Беловежской пуще”，близ Минска， соглашения о создании Содружества НезависимыхГосударств руководителями Белорусии， РФ и Украины
12 月 21 日	九国领导人在阿拉木图会晤，最终停止苏联存在的宣言通过
（21 декабря）	Принятие декларации об окончательном прекращении существования СССР на Алма-Атинской встрече глав девяти государств

Литература
(参考书目)

李传明编,《苏联史》,上海外语教育出版社,1985年版。

孙成木、刘祖熙、李健主编,《俄国通史简编》(上、下),人民出版社,1986年。

王钺,《往年纪事译注》,甘肃民族出版社,1994年。

周尚文、叶书宗、王斯德,《苏联兴亡史》,上海人民出版社,1993年版。

Бенедиктов Н. Словарь русской истории. Нижний Новгород, 1997.

Верт Н. История советского государства. Москва, 1994.

Гумилев Л. Н. От Руси к России. Москва, 1992.

Джузеппе Боффа История Советского Союза. Москва, 1994.

Ишилова А. История России в рассказах для детей. Москва, 1994.

Карамзин Н. История государства Российского (в 12 томах). Издательство《Золотая аллея》, 1993.

Ключевский В. О. О русской истории. Москва, 1993.

Корнилов А. А. Курс истории России XIX века. Москва, 1993.

Ляшенко Л. М. Царь-освободитель. Москва, 1994.

Павленко Н. И. История России. Десятый класс. Москва, 2002.

Платонов С. Ф. Лекции по русской истории. Москва, 1994.

Пушкарев С. Г. Обзор русской истории. Ставрополь, 1993.

Сахаров А. Н. История России (в 3 томах). Москва, 1996.

Федоров В. А. История России XIX-начала XX вв. Москва, 1998.

Хуторской В. Я. История России (Советская эпоха 1917-1993). Москва, 1994.

Энциклопедический справочник: Мир русской истории. Москва, 1997.